中國學術思想
研究輯刊

三一編
林慶彰 主編

第2冊

周易〈彖〉〈象〉體例及思想研究

曹行 著

花木蘭文化事業有限公司

國家圖書館出版品預行編目資料

周易〈彖〉〈象〉體例及思想研究／曹行 著 — 初版 — 新北市：

花木蘭文化事業有限公司，2020〔民 109〕

目 2+282 面；19×26 公分

（中國學術思想研究輯刊 三一編：第 2 冊）

ISBN 978-986-485-992-4（精裝）

1. 易經 2. 研究考訂

030.8   109000217

ISBN-978-986-485-992-4

中國學術思想研究輯刊

三一編　第二冊　　　　　　　　ISBN：978-986-485-992-4

周易〈彖〉〈象〉體例及思想研究

作　　　者	曹行
主　　　編	林慶彰
總 編 輯	杜潔祥
副總編輯	楊嘉樂
編　　　輯	許郁翎、張雅淋　美術編輯　陳逸婷
出　　　版	花木蘭文化事業有限公司
發 行 人	高小娟
聯絡地址	235 新北市中和區中安街七二號十三樓
	電話：02-2923-1455／傳眞：02-2923-1452
網　　　址	http://www.huamulan.tw 信箱 hml810518@gmail.com
印　　　刷	普羅文化出版廣告事業
封面設計	劉開工作室
初　　　版	2020 年 3 月
全書字數	226977 字
定　　　價	三一編 25 冊（精裝）新台幣 50,000 元

周易〈彖〉〈象〉體例及思想研究

曹行 著

作者簡介

曹行，1952 年出生於臺北。先後曾就讀臺灣科技大學及交通大學計算機工程研究所，主要研究領域爲人工智能及影像識別。並應輔仁大學之聘，於資訊管理學系任教十餘年。其後辭去教職自行創業，經營資訊系統商業應用業務。2011 年因醉心中國先秦經典，乃重拾書本，入學臺灣大學哲學研究所碩、博士班。取得博士學位，並赴河南逢其原書院講學。在學術研究方面，以易經文獻及先秦儒學爲主，尤其注重儒學的生活日用。

提　要

　　周易《象傳》《大象傳》及《小象傳》都是解釋周易古經之作。本論文首要目標在針對此三傳，探究其解經的方法、規則、文體、及慣例，並將之說清楚，講明白。先求能對三傳釋經體例有清楚的認識及解說，其次才是對三傳思想的客觀剖析與比較。

　　爲了讓上述的研究工作能有一個好的起始點，本論文從二擱置及一假設開始。二擱置指擱置傳統易學的二個信念，即（1）周易與天地準；（2）周易成書人更三聖。一假設指本論文假設《象傳》《大象傳》及《小象傳》爲三份各自獨立的文本。第一項擱置旨在暫時解除易經神秘的面紗，第二項擱置旨在降低非必要的學術限制，一項假設的目的在避免《經》與《傳》之間，《傳》與《傳》之間的彼此糾纏。

　　在二擱置及一假設的前提下，本研究對三傳解釋卦畫及解釋卦爻辭的方法，作了全面性的整理、分析及比較，並從其易例及文例中，研判《大象傳》與《小象傳》相差甚遠，不能是同一時期或同一著作。《象傳》與《小象傳》則近似處甚多，有可能同源，甚或是同一著作。此外，亦依研究所現之事證對三傳提出一些新觀點：三傳未必是源於儒家，亦有可能源自王官。尤其《大象傳》，應成書於《象傳》及《小象傳》之前，並可能在孔子之前。

目次

第一章 緒 論

第一節 研究動機及目的

　　本論文期望能以理性求眞的精神，針對《周易》﹝註1﹞文本中之《象傳》
《大象傳》及《小象傳》三傳進行研究，以澄清相關之概念，設定比較之判
準，並提出易經詮釋的新方法。

　　《周易》在中國經典文獻上，有其特殊地位，是爲群經之首﹝註2﹞。不但
如此，《周易》本身與其他經典相較，在文體上，內容上，以及成書歷程上，
亦甚具特色。

　　就文體而言，易經文章結構極具規則性。《周經古經》六十四卦，每卦六
爻，共計 384 爻，另加乾卦用九、坤卦用六，實得 386 爻。卦有卦畫、卦名、
及卦辭，爻則有爻題及爻辭。《象傳》及《大象傳》針對 "卦" 提出解釋及發
揮，故各有六十四則。《小象傳》則針對 "爻" 提出解釋及發揮，故有 386 則。
《經》與《傳》之文體架構井然有序。也因爲如此，此三傳釋經的方式，亦
應蘊含有相當的規則性，可供研究發掘。

　　就內容而言，傳統易學「推天道以明人事」﹝註3﹞，認爲《周易》內容涉
及天道，「易與天地準，故能彌綸天地之道」（繫辭傳）。然而天道渺茫，超越

﹝註1﹞ 習慣上常稱《周易》爲《易經》，本論文爲了討論上的需要，稱《周易》之經
　　　　文部分爲《周易古經》或《易經》，稱十翼部份爲《易傳》。《易經》及《易傳》
　　　　合稱爲《周易》，或《周易》經傳。
﹝註2﹞ 《漢書・藝文志》輯劉歆《七略》書目，首列易經十二篇（易經上下二篇及
　　　　易傳十篇）。《四庫全書》之編纂，亦以易類爲經部第一。
﹝註3﹞ 《四庫全書・總目》〈易類〉序「易之爲書，推天道以明人事者也」。

人之經驗所能及，亦非人力所能盡知盡述，故其內容或帶有某些神秘色彩，而無法以理性窮盡之。加以六十四卦各自完整獨立，通篇並無明顯的論述主題，但在駁雜的內容中，又似乎對天道運作規則及人事吉凶之理，有所闡述及發揮。此亦誘使人的理性想從中探索發現潛藏的規則，期能以此易理推演之中掌握天道變化，進而知曉人事。

就歷史而言，《周易》之成書，傳統有「人更三聖，世歷三古」〔註4〕之說，即伏羲畫卦，文王繫辭，孔子作易傳（十翼）〔註5〕。其中伏羲氏固為傳說中人物，正史所未載，文王及孔子則是儒學道統中的聖人，這也形成了《易傳》釋《易經》的權威性。待鄭玄、王弼合傳於經，〔註6〕對《周易》文本進行重大改造之後，《經》與《傳》的界線逐漸模糊。卦爻辭與解釋卦爻辭的《彖傳》《大象傳》及《小象傳》遂融合成一個不容分割的整體。〔註7〕

上述的特殊性，使得《周易》文本在理解上產生甚大的困難。一方面卦畫及卦爻辭的排列顯示某些規則性，另一方面又預設此規則性暗通天道。更有甚者，《經》與《傳》合而為一，不容分割，因而要求通篇要有融貫一致的理解。這也造成了傳統易學眾說紛紜，莫衷一是，或繁瑣駁雜，或訴諸神秘，或流於教條，紛紛嚷嚷，爭論不休，卻始終難以說清楚。

所幸今日自由開放的學術風氣，使我們有機會將傳統「易與天地準」及「人更三聖，世歷三古」的信念暫時擱置。改以理性求真的精神，直接面對《周易》文本，回到事物本身，從文本中，而非信念中，探索可能的真相。

所謂將「易與天地準」的信念暫時擱置。並不是對此命題提出否定或不與討論，而是先不以肯定某種天道做為易學的預設。在不作預設的基礎下，再從《周易》文本中去討論天道。

同樣的，暫時擱置「人更三聖，世歷三古」的信念，也不是要去否定這樣說法。而是不希望以此為易學研究的前提。此點尤其關鍵，因為若預設《周易》合天道且為三聖所共著，天道只能是一個，三聖所涉之天道為同一天道，

〔註4〕《漢書・藝文志》「故曰易道深矣，人更三聖，世歷三古。」三聖指伏羲畫卦，文王繫辭，孔子作傳。

〔註5〕《易傳》傳統分上下《彖傳》二篇、上下《象傳》二篇、上下《繫辭傳》二篇、《文言》、《說卦》、《序卦》、《雜卦》各一篇。共十篇。漢人視此十篇為《周易古經》之羽翼，故亦稱"十翼"。

〔註6〕《四庫全書・總目》「自鄭元傳費直之學，始析易傳以附經。至弼又更定之。」

〔註7〕今通行本另有《文言傳》亦附於〈乾〉〈坤〉二卦之下。但因僅此二卦，故未列入本研究重點。

聖人所釋之天道，理當為一，故卦畫、卦爻辭、及易傳，均在說同一天道本體而必須融通無礙。此外，若先將《易傳》定位為孔子所作，那將意味著，《象傳》《大象傳》及《小象傳》的作者為同一人，也意味著此三篇解釋《易經》的著作，有相同的思想體系及解經觀點，也有相同的權威性。三篇著作不但要彼此相通，亦必須容許相互解釋。此將造成《周易》理解上極大的限制及困難，甚至有曲解之虞。〔註8〕

　　為了使《象傳》《大象傳》及《小象傳》的研究有一個較新的視野，本論文將視《象傳》《大象傳》及《小象傳》為三篇獨立的文本。獨立文本意指，三篇文本自成系統，各自有其作者，有各自的思想及易學觀點。三篇文本的作者，可能是同一人也可能不是同一人；所承載的思想或觀點，可能相同也可能不同。對此，在研究之前先不作預設，但可作為異同分析比較的一個議題。同理，對於《周易》成書之本意，及其天道思想、學派歸屬等問題，在研究之前亦先不作預設，但可作為研究分析的一些議題。

　　經由以上兩項擱置，將可大幅甩開傳統易學的包袱，使研究的焦點能回到文本自身。直接從三篇文本中，及三篇文本與《周易古經》的關係中，分別各自探討其解經體例及所承載之思想，然後加以相互比較分析。以澄清易學史上的一些爭論，如作者問題、天道問題、學派歸屬問題等。以期能在有更清楚的認識之後，再重構《周易》經與傳〔註9〕的關係。

　　總結以上，本研究主要在企圖以哲學的態度，理性求真的精神，重新檢視並比較《象傳》《大象傳》及《小象傳》之體例與思想，以及與卦畫及卦爻辭的關係。其終極目的當在求對《周易》詮釋有所貢獻。以下針對本研究的學術回顧，研究方法，及章節架構等，分別敘述之。

第二節　周易詮釋之回顧及展望

　　《周易》含括《易經》及《易傳》兩部分。《易經》與《易傳》不但成書年代及作者不同，在性質上亦有極大的差異。余敦康於〈從《易經》到《易傳》〉一文，開宗明義便說「《易經》是部占筮書，《易傳》則是一哲學

〔註8〕例如為求相互融貫，以甲傳釋乙傳，使之相通；或扭曲文意，以使甲傳與乙傳所示之概念一致。

〔註9〕"經"指《周易古經》，"傳"指《象傳》《大象傳》及《小象傳》。

書」〔註10〕，這樣的認識，其實是有些偏頗的。《易經》部分姑且不談，但《易傳》主要是爲解釋《易經》而作，雖然在解釋的內容中，帶有或濃或淡的哲學色彩，但在本質上是釋經之作。若脫離《易經》脈絡，僅截取《易傳》中的某些句子，在義理上作開展，多爲學者創造性的發揮，〔註11〕而未必是《易傳》之本義。傳統易學以《易傳》解讀《易經》，學者再爲《周易》經傳作注疏，層層展開。若說整個易學，其實就是以《易經》爲核心所建構的詮釋體系，應屬允當。

傳統易學儘管著述繁多，但多因受限於「人更三聖，世歷三古」之說，視《周易》經傳爲一整體，爲了強調經與傳之間，以及傳與傳之間的融通性，往往模糊了文本的本來面目，在研究上產生不必要的困難。故而始終難以說清楚，而流於各持己見，互相攻駁的局面。

近代易學研究，不論在材料上，思想上，方法上，以及視野上，都有新的氣象及發展。在材料上有考古發現提供大量先秦及漢初之文獻及器物；在思想上有更多自由更少箝制的學風；在方法上能吸取西方之科學精神及研究方法。故在《周易》經典詮釋上，與傳統相較，的確有相當程度的突破。例如高亨的《周易古經今注》、《周易大傳今注》，及陳鼓應、趙建偉的《周易注譯及研究》等，都能擺脫傳統易學研究上的束縛，以更注重證據的，更關心《周易》文本原貌的進路，重新詮釋《周易》經傳。

但無可諱言的，現代易學研究，在《周易》經典詮釋上，亦有一股疑古之風。在強調科學方法，講求證據之餘，對周易經傳的成書，及所承載的思想，時採否定或輕視的態度。例如高亨即視《易經》爲占筮的記錄，而毫無思想內容可言。〔註12〕李鏡池也認爲《大象傳》沒有價值。〔註13〕但是，如果我們貶

〔註10〕見余敦康〈從《易經》到《易傳》〉，收錄於黃壽祺，黃善文編《周易研究論文集》第三輯，北京：師範大學，1990 年。頁 107～133。原載於《中國哲學》第七輯，1982 年。

〔註11〕例如「窮理盡性以至於命」（說卦傳），在理學家眼中，「窮理」便與《大學》結合而爲「格物窮理」，「盡性」便與《中庸》之「天命之謂性」及《孟子》「盡其心者，知其性也。知其性，則知天矣。」結合，而爲「盡性知命」。或合三者爲一，而有「窮理盡性至命，只是一事。纔窮理便盡性，纔盡性便至命。」「理也，性也，命也，三者未嘗有異」（程氏遺書）之本體論。

〔註12〕高亨《高亨《周易》九講》，北京：中華書局，2011 年。頁 9「筮人將其筮事記錄，選擇其中之奇中或屢中者，分別移寫於筮書六十四卦卦爻下，以爲來時之借鑑，逐漸累積，逐成卦爻辭之一部分矣。」

〔註13〕李鏡池《周易探源》，北京：中華書局，1987 年。頁 263「專講卦象的《象傳》，

低了《周易》經傳的價值，怎麼會花工夫去研究呢，若不花工夫去研究，又怎麼能探究它的價值呢？所以過份尊古、泥古固然是易學研究的障礙，過份疑古、貶古亦可能對易學研究不利，這都不是理想的《周易》詮釋態度。

如何客觀的，不抱成見的，貼近文本的，清楚而明確的詮釋《周易》經傳，乃是目前周易詮釋學術研究仍待克服的困難之一。對《易經》的詮釋，不能不參考《彖傳》、《大象傳》、《小象傳》，因為此三篇著作，不論從歷史的角度或是受重視的程度，都是《易經》詮釋最權威之作。欲探究《易經》之原意，應先研究此三篇著作，及其與《易經》之關係，此當是合理之主張。

在《彖傳》、《大象傳》、《小象傳》三篇的比較方面，傳統易學因為接受《易傳》為孔子所著，故多融合而少比較。當代學者意識到《易傳》諸篇可能為不同的著作，而有各別分析彼比較之必要，故始有專書討論此問題。例如戴璉璋之《易傳之形成及其思想》即分章節逐一分析〈彖〉〈象〉〈文言〉〈繫辭〉〈說卦〉〈序卦〉〈雜卦〉等傳，並比較各篇思想。戴璉璋強調「如果要了解《易傳》思想的真相，先為各篇個別地作內容分析是必要的。以此為基礎，再從事比較，彼此的異同就可以一清二楚。認清各篇思想的異同以後，很多疑慮同時也可以得到澄。」〔註14〕其後，黃沛榮之《周易彖象傳義理探微》，專門針對《彖傳》、《大象傳》、《小象傳》三傳分章探討其義例及哲理，並進行比較。〔註15〕王博之《易傳通論》亦分章個別討論《易傳》諸篇之解經體例及義理思想，尤其針對《彖傳》、《大象傳》、《小象傳》、《繫辭傳》、及《說卦傳》，逐一探討其年代及作者問題等。〔註16〕這類的研究，都甚具開創性及啟發性。此外另亦有雖非專書，但書中設專章討論者，如李鏡池之《周易探源》，廖名春之《周易經傳與易學史新論》，楊慶中之《周易經傳研究》等。上述專書，在論述的方向上，雖然已意識到《彖傳》、《大象傳》、《小象傳》為獨立的文本，而予以分開討論。但在討論的架構上，似仍缺乏橫向的聯繫。以致比較強調分章直敘，或主觀評論。而較少對同一議題，依文本內容作客觀之分析比較。〔註17〕

　　　說不出甚麼道理來。」
〔註14〕戴璉璋《易傳之形成及其思想》，臺北：文津出版社，1989 年。頁 4～5。
〔註15〕黃沛榮《周易彖象傳義理探微》，臺北：漢京文化，1984 年。
〔註16〕王博《易傳通論》，台北：大展出版社，2004 年。
〔註17〕黃沛榮在《周易彖象傳義理探微》中，進行了比較多這類的比較，甚具參考價值。

　　既然《象傳》、《大象傳》、《小象傳》皆爲解釋同一本《易經》之作品，三傳彼此對同一議題的詮釋上是否有共同點？若觀點有異，各自之觀點爲何？是否有認識上的，或哲學思想上的差異？這些問題迄今仍較少有專文討論，但確爲《易經》詮釋是否可系統化的關鍵。

　　綜合上述，目前在《象傳》、《大象傳》、《小象傳》分析比較，及《易經》文本詮釋之學術研究上，仍有一些問題及挑戰有待克服，例如(1)如何以較客觀的，貼近文本的方式詮釋三傳。(2)三傳的橫向比較，包括解經方法上，文體用語上，以及哲學思想上的異同。(3)如何擺脫繁瑣，以更淺近的語言及思維，將《象傳》、《大象傳》、《小象傳》及《易經》的內容說清楚，講明白。

　　上述三個問題，其實是一個問題。就是如何客觀的，貼近文本的，把《周易》說清楚，講明白。這個問題的關鍵在方法論，要有客觀的，有效的方法，才會有客觀的，清楚的結果。

第三節　研究方法說明

　　在研究方法上，本論文主要採假說演繹法（hypothetical deductive method）及比較研究法（comparative method），以求能對《周易》經傳文本進行更客觀的，更清楚的分析、比較、及詮釋工作。由於《象傳》、《大象傳》、及《小象傳》都是以《周易古經》爲對象的釋經之作，故而在某些問題的研究上，及觀念的建立上，會使用到詮釋學的方法。事實上，整個易學其實就是在對《周易古經》的理解及詮釋中建立起來的。

一、假說演繹法

　　在假說演繹法方面，主要在針對問題，預設解釋問題的假說，根據假說進行演繹推理，再通過實證，檢驗演繹推理的結論是否正確。此方法需要實證檢驗，常用之於自然科學。但《周易》經傳乃人爲之著作，並非自然界之產物，無法以實驗方式反覆觀察求證，故此處所謂之實證，主要來自《周易》經傳文本以及相關文獻上的證據。然而這類的證據，亦非絕對性。許多地方有賴於詮釋者對此證據的解釋。而各家解釋更關係到詮釋者對問題的主觀態度。例如，對《易傳》是否爲孔子所作的爭論，正反雙方都使用相同的證據，

但隨著詮釋者對《易傳》成書所持立場之不同，就有不同的解釋。〔註18〕

　　這也在強調，面對相同問題及文獻，詮釋者可能因預設立場之不同，而有不同的結論。這些預設，對詮釋者而言，可能是堅信不移的真理，但對旁觀之研究者而言，應該只是詮釋者所給的假設。各家學者對自己的預設立場，可能有所交待或論證，亦可能視為當然而不作交待。但是讀者若不理解詮釋者所持的立場，而誤以為此結論為真理，則往往陷入偏見而不自知。

　　以復卦之象辭為例，〈大象〉曰「復，先王以至日閉關，商旅不行，后不省方」。王弼注「冬至，陰之復也。夏至，陽之復也。故為復，則至於寂然大靜。先王則天地而行者也，動復則靜，行復則止，事復則無事也。」〔註19〕以"靜"，"止"，"無事"為根本。不論事物如何發展，最後總會回復到靜止。同一句，程頤則注曰「至日陽始生，順天道，人亦安靜以養其陽。」〔註20〕以陽為生長的動力，而"靜"之目的乃在養其陽。"動"才是天道，才是事物的根本。兩家對文本字詞語意的認識並無差異，但結論卻大相逕庭。原因其實很清楚，王弼注是取道家的立場，而程頤注係持儒家立場。我們若僅就雙方之結論，去論斷是非對錯，是沒有太大意義的。反之，若能了解雙方的預設立場，當更能從雙方的詮釋中，尋找更佳的理解。

　　假說演繹法的概念其實在古老的幾何學上早已被廣為使用。幾何學以公設及定義為基礎，有系統的演繹出所有的定理。幾何學上的公設，即此處所謂的假設，或預設。是只能同意，無法證明的。不同的預設，也有可能推論出不同的結果。所以結論是否正確，是要看在哪一組公設之下所推演出來的，以及推論的過程是否正確，而不是單從結論本身去判斷。我們對《周易》的詮釋，亦應執此一態度。假說演繹法的應用，在《周易》文本詮釋的研究上，可分個兩面向來看。其一是以預設立場為基點，以此基點配合文本材料，作合理的詮釋與論證，以演繹或歸納出結論。另一則是從學者之結論著手，配合文本材料，理解其論證的過程，並於其中分析歸納其預設立場，使能正確掌握其論點之基礎。

〔註18〕例如，《論語・述而》「五十以學易，可以無大過矣。」與「五十以學，亦可以無大過矣。」的爭論。

〔註19〕王弼撰，樓宇烈校釋《周易注校釋》〈復卦・象曰〉，北京：中華書局，2012年。

〔註20〕程頤撰《易程傳》〈復卦・象曰〉，收入楊家駱主編：《易程傳，易本義》，臺北市：世界書局，1962年。

　　是否所有的假說或預設立場都是合理的？有關假說本身的合理性問題，可朝下列三點檢驗之：

　　（一）假說在現階段，應尚無法由其他已被普遍接受的知識或事實證成為真或偽，故只能是假設。

　　（二）假說應與經驗或已被普遍接受的知識不相違。

　　（三）假說在論證的過程中有用。

　　若與上述三條件之一相違，該假說就應該被拋棄，[註21] 另謀他說。例如，若有人預設 "卦爻辭為文王所作"，並以此為前提展開《易經》詮釋。則這樣的詮釋可能會產生問題，因為爻辭中所敘之事，有些可能發生在文王歿後。若如此，則 "卦爻辭為文王所作" 將與已被普遍接受的歷史知識相違，而需要額外的解釋。

　　再者，雖說理論系統本身只要能與假說融貫解釋，並無所謂正確與否的區分。但若二理論經分析後，各自整理出理論背後之二組預設。則可以就二組預設之融貫性、完整性、及清晰性，進行比較，以作為理論系統優劣判斷之準繩。略說明如下：

　　（一）融貫性：同組預設彼此之間的融貫性。一組預設，在推論過程中，以能相互支持，融貫一致者為優。反之，若本身便不一致，或在推論過程中互不相干，甚或可能推導出矛盾彼此之結論者，顯然為劣。

　　（二）完整性：預設雖然並非在全部論述過程中有用，但應在全部論述過程中都適用。若某些預設只適用於某一部份，而無法適用於全體，或使用於某些部份時，會有矛盾產生，則此組預設相對為劣。

　　（三）清晰性：預設之內容可清楚定義，並容易有一致之理解者為優。反之，若無法清楚定義，或其解釋可能因人而異，則相對為劣。

　　以上概述假說演繹法之內容及應用，其最終目的，當在儘可能的把論點說清楚。力求完整交待係基於何種預設立場之下，所推得之結論。以免流於偏頗而不自知。

　　此外，本研究在假設、演繹、與檢證之間，要求是在同一文本之內進行，避免跨文本或跨作者方式進行。此點在易學研究中尤其重要，因為所有易學著作基本上都是對《易經》的發揮，是很容易建立橫向關係的。若將甲文本

〔註21〕若與第一點相違，即使證實為真，亦不再是假說，而可視之為真理、定理（theory）。

的觀點求證於乙文本，或以甲作者的觀點解釋乙作者，再加以旁通發揮；以此方式，任何命題其實都可能在浩瀚易學的某本著作中找到一些支持，但這樣做其實已失去檢證的目的。所以，《彖傳》的假設、演繹、與檢證，只能在《彖傳》中進行，也只能是《彖傳》的觀點，不能用於《大象傳》；《易程傳》的假設、演繹、與檢證，只能在《易程傳》中進行，也只能代表程頤的觀點，不宜用於其他人。

二、比較研究法

比較研究法，簡單的說，就是針對問題，透過比較而找出其中的共同點或差異點，來深入認識事物本質的一種研究方法。在程序上，先將不同的事物或現象，加以有目的的敘述，解釋，然後予以分解、分類、並列、比較，以找出其中的異同，並歸納出趨勢或原則。藉此以有系統且客觀的發現問題，探究原因，或比較優劣。

由於《周易》文體本身潛在的規則性，故而特別適合比較研究法。使用比較研究法，最重要的目的，當在盡可能的言之有物。對各文本或各家詮釋，若有所議論或評價時，必定是基於比較，而非憑一己之喜惡，妄下斷語。

在《周易》經傳的詮釋上，經由客觀的分析比較，可以用較廣闊的視野，對《周易》詮釋之相關文獻進行更周全的掌握。本研究將針相關文本，進行"質"與"量"的比較工作。在質的方面，主要是對概念、性質、觀點、或主張的比較，包括：

（一）對同一文本，不同詮釋者之詮釋立場及論點之比較。例如針對《彖傳・隨》「剛來而下柔」，可比較王弼、孔穎達、程頤、高亨等詮釋觀點之異同，以掌握不同詮釋者在解釋卦畫及卦辭之前，對易學所持之預設觀點。

（二）不同文本，針對著作體例及詮釋方法上進行比較。例如：《彖傳》與《大象傳》在上下卦關係的主張上，有何異同。《彖傳》與《小象傳》對爻位的主張或用語，有何異同等。

（三）對《易經》詮釋觀點之比較。不論是《彖傳》、《大象傳》、《小象傳》，或古今學者對《易經》的注疏，其目的都在解釋《周易古經》的內容。但因背景或立場的不同，而又有不同的見解。經由分析比較，或可找出各家詮釋背後，所持之立場或理念上的異同。並比較所持立場或見解的融貫性、完整性、及清晰性。

在量的比較方面，由於《周易》卦及爻的結構所呈現的規則性及重複性，使《周易》經傳文本的研究可採用計量的，甚至是統計的方式，以觀察並解析字詞之使用，或字詞與概念之間關係的顯著性以及普遍性，例如在解釋中爻時，出現 "中" 字的頻率，或在解釋卦爻辭時出現聖人或君子的次數等。自統計的觀點論之，數字不僅只是數字，數字與數字之間的比較，多多少少反了彼此之間關係的強弱，例如《小象傳》在 386 則釋爻文句當中，出現 "中" 字的比例，與 128 則釋中爻文句當中，出現 "中" 字的比例，二者作比較，可突顯出《小象傳》以 "中" 字釋中爻的顯著程度。

在此仍必須要強調，本研究此謂的統計的方式，並不能說是用統計學的方法。統計學，尤其是推理統計學，本身有嚴謹的理論、演算、及判準設定方式，本研究只是採統計學的精神，讓數字以可供比較的面貌出現，並以數字比較來顯示母體的可能性質。

三、詮釋學方法

詮釋學，簡單的說，就是探討理解與解釋的方法以及理解本身的學問。有關經典解釋的學問，在中國傳統上多指訓詁學或經學，在西方傳統則有詮釋學。〔註 22〕西方的詮釋學早期從聖經的解釋開始，逐漸演變為哲學的詮釋學，至近代更呈現多樣的風貌。帕瑪（Palmer）在其《詮釋學》中給出了詮釋學（Hermeneutics）在現代的六個定義〔註 23〕，六種定義顯示了詮釋學發展的六個階段的六種風貌，更重要的是「詮釋學的內容自身亦日趨改變」〔註 24〕。在多樣的風貌中，大約可歸納為兩個面向：一方面是方法論的詮釋學，研究如何正確的，如實的，甚至是更好的理解文本，以重建文本意義或作者意圖；另一方面是存有論的詮釋學，研究理解的本質，以及理解本身與人、存在、語言等之關係。

本處所謂的詮釋學方法，主要在指詮釋學多樣面貌中的方法論部分，而非針對理解本身。雖然如此，但也接受現代詮釋學中，有關理解之本質的一些觀點及啟發。詮釋不脫理解，面對文本，對理解的追求，有所謂如實的理

〔註 22〕 更嚴謹的說，傳統訓詁學或經學比較像西方的解經學（Exegesis），詮釋學則是由解經學演變形成。

〔註 23〕 參考帕瑪著，嚴平譯《詮釋學》，臺北市：桂冠，1992 年。頁 P37～51。

〔註 24〕 同上，頁 38。

解，更好的理解，以及不同的理解等主張。〔註25〕

　　就此首先，本研究相當程度的接受當代詮釋學者對作者原意不可探究的主張。雖然如此，但對正確的理解與錯誤的理解之間，仍應區有所區分。就文本詮釋言之，理解至少須是融貫的理解。所謂融貫，應有下列三個涵義：第一，文本自身的語詞，段落，及全文之間的解釋，不能相互矛盾不一致。第二，文本的解釋，須與可經驗之事物相符、不能與經驗世界相矛盾。第三，文本之解釋必須與已知的歷史事實相符，例如作者當時當地的語言、文字、器物、社會制度、生活習慣等。詮釋必須基於融貫的理解，這是本研究對易經詮釋所設的第一個判準。

　　當代詮釋學者貝蒂（Emilio Betti）為文本詮釋定下四條原則〔註26〕如下，頗具參考價值：

　　(1) 自律性原則：強調文本的獨立性。我們理解的對象是文本自身，不依賴詮釋者主觀的見解，也無關乎作者。以此確保詮釋的客觀性。

　　(2) 整體性原則：追求並確認文本的整體意義，使整體與部分能和諧一致。

　　(3) 現實性原則：詮釋者觀點重新注入文本詮釋中，重新建構文本的意義。

　　(4) 和諧原則：詮釋者在文本的客觀意義及主觀意義中，起協調的作用，並給作者最大的信任，求理解的客觀與公正。

　　這其中自律性原則尤其值得注意，本研究的關注焦點在《彖傳》、《大象傳》、《小象傳》，以及《周易古經》四本著作上，一切討論最終都必須回到這些文本本身，也就是現象學所主張的「回到事物本身」（Back to the thing itself）。在這裡，所謂的事物就是充滿意義的文本。至於文本作者的生平、人格乃至權威性，以及它人對此文本的注疏、詮釋、或評論，都僅只是參考而已。文本獨立存在，所有的理解必須直接面對文本，是本研究對易經詮釋所設的第二個判準。

　　現代詮釋學，尤其是高達美（Gadamer），多認為理解總是帶著某種前結構或前視域去理解，所以對文本的詮釋總是基於某種預設，不可能存在著無預設的詮釋，也沒有所謂的「正確的詮釋」〔註27〕。有關這方面的討論涉及

〔註25〕參考張鼎國〈「較好地」還是「不同地」理解〉，收錄於黃俊傑編《中國經典詮釋傳統（一）：通論篇》，頁15～50，臺北市：喜馬拉雅基金會，2001年。

〔註26〕參考潘德榮《文字‧詮釋‧傳統：中國詮釋傳統的現代轉化》，頁38～39，上海：上海譯文出版社，2003年。

〔註27〕參考帕瑪著，嚴平譯《詮釋學》，頁211～213。

理解之本質的哲學思考，雖非本研究興趣所在，但乃予以關注。本研究對「正確的詮釋」問題之觀點，如前所述，只要是融貫的，都可以接受為正確的。有關前結構問題，本研究採取這樣的一個立場：詮釋者不可能沒有前見〔註28〕，但讀者或詮釋者本人，應努力把前見顯現出來，以作為理解或詮釋文本的預設立場。前見（預設）之合理性的檢驗，是為本研究對易經詮釋所設的第三個判準。

　　易學研究不離經典詮釋，整個易學，就是對《周易古經》的層層解釋。以《周易正義》為例，先有《周易古經》，然後有《易傳》以解釋經文卦畫、卦名、及卦爻辭。再有王弼《周易注》為《周易》經傳作注，孔穎達再為王弼《周易注》作疏而編撰《周易正義》，歸根結底，《周易正義》就是對《周易古經》的層層解釋。中國的經典詮釋自有其歷史傳統及特色，傳統的經典詮釋工作，將經文視為人間道德真理的容器。經典詮釋的目的，有相當大的程度在期望經由訓詁或義理解說，以尋找並顯示其中所隱藏的道德真理或微言大義，因而有很強的目的性。此外亦有許多諸如崇古、尊古、家法、疏不破注等傳統或原則等。對於國學的一些解經傳統，今日雖未必一定要遵守，但亦應給予相當的理解與尊重。

　　針對經典文本詮釋，傅佩榮提有四個步驟的詮釋學方法，〔註29〕即：經典(1)究竟說什麼，(2)想要說什麼，(3)能夠說什麼，以及(4)應該說什麼。唯本研究限於篇幅，對於三傳的詮釋，大體針對前二階段，對於「能夠說什麼」著墨較少，至於「應該說什麼」則盡量避免，以減低個人主觀價值判斷的涉入。

　　本研究將西方詮釋學方法應用到《周易》經傳及相關文獻的解讀。首先要強調，此處所討論之詮釋學方法，其使用對象僅限於以文字書寫之文本，而非一切歷史的流傳物，更非語言或對話。其次要考慮到《周易》經傳系統的歷史脈絡。在此二前提之下，提出了對《周易》相關文本詮釋之正確與否的三個判準，分別是(1)詮釋必須基於融貫的理解。(2)文本獨立存在，所有的理解必須面對文本自身。(3)詮釋的預設立場必須是可理解的。

〔註28〕海德格的前結構包括前所有（fore-having），前觀點（fore-sight），及前概念（fore-conception），本處所謂之前見主要指前結構中的前觀點。

〔註29〕參考傅佩榮《傅佩榮先秦儒家哲學十六講》，新北市：立緒文化，2018年。頁18～22。

以此，本研究將以《彖傳》《大象傳》《小象傳》為詮釋《周易古經》的三篇獨立文本。各有其釋經預設立場。《周易》經傳的相關注疏，如王弼《周易注》，程頤《易程傳》等，亦各自為獨立的文本，有其自身的釋經預設立場。本研究將以上述的三項判準，努力回溯各文本的預設立場，以使能展開最融貫的理解。除此之外，就本研究的各項立論或主張，也應盡可能的表明預設立場，以讓讀者明白，本研究所有的論述，都是以什麼樣的假設為基礎所作的推論或展開。

第四節　章節簡介及編排

本論文下設八章。除本章外，第二章旨在對古今易學之研究及發展狀況作歷史性回顧，包括易學研究的成果、問題、及困境等。首先對《周易》經傳文本之形成及傳世過程進行必要考證，以對《周易》經傳之創作過程及內容結構有一基本說明。在易學研究著作及成果方面，區分為傳統及近代兩塊，區分的標準大約以是否受西方思潮影響為準，以未受或不受西方思潮影響者為傳統易學；接受西方哲學、科學、民主等思潮，或受其影響者為近代易學。此外，自清末迄今，考古學上的重大發現，出現了許多易學研究的新材料，包括文字學上的，歷史學上的，以及文獻學上的，這些新材料對近代易學研究影響其巨，故設專節討論之。

第三、四、五章分別以《彖傳》、《大象傳》、及《小象傳》為對象，進行體例及思想研究。體例指其釋經之文體及慣例，思想主要指藉釋經所作的發揮。在體例方面，首先針對其文本之結構、屬性、特色、歷史地位等，做整體性的把握。然後說明各傳對卦畫的解析方式及常用語詞，再分析其對卦名、卦辭、爻辭等之引用與解釋方法，以及文體慣例或規則性，並討論其可能的預設立場。在思想方面，由於三傳皆為釋經之作，利用解經之便並作自身思想的發揮，故首先必先澄清並設定其釋經本意與思想發揮之界線。其次，所謂某傳蘊有某種思想，應是自文句中解析歸納所之結果，而非先主觀地認定其中含有某種思想，然後再從文句中尋找證據並強加解釋。但為了便於比較，三傳之研究亦會針對宇宙論、存有論、天論，天人關係，聖人觀，學派思想屬性等重要的哲學論題，在文句中爬梳相關論述，並做統計分析整理。

　　第六章旨在針對《彖傳》《大象傳》及《小象傳》之著作體例及釋經觀點進行總整理並比較其異同。例如對八經卦的卦象、卦德，上下，內外等轉換規則，對爻位、爻象的諸如中、正、剛、柔、陰、陽、往、來、進、時、應、志行、上行、下行、時義、當位等語詞之定義及用法等。在異同之比較上，《彖傳》及《大象傳》之比較，會偏重在八經卦的卦象、卦德，上下，內外等轉換規則；《彖傳》及《小象傳》之比較會偏重在爻位、爻象相關語辭之定義及用法。至於《大象傳》及《小象傳》，二者雖合稱《象傳》，但在著作體例上，可供比較之體材有限，只是聊備一格，以示完整。除此之外，三傳均為詮釋《易經》之作，故卦畫與卦爻辭之關係問題，三傳釋經的策略，以及三傳著作年代先後順序等，亦是本章討論之重點。

　　第七章承第三、四、五章的分析，進一步對三傳背後所蘊之哲學思想進行比較。包括形上學、天論，聖人觀、天人關係等相關議題之信念或主張。並針同一議題，《彖傳》《大象傳》及《小象傳》彼此哲學立場之異同，進行比較。此外亦對三傳之學派歸屬及可能源流等問題作綜合討論。

　　最後，於第八章總結本論文的一些重要成果，並嘗試對易學之核心問題，即易經定位問題，或可謂之 "基源問題"〔註30〕，提出論述，以作易學研究的可能方向及選擇。

　　《易經》既有規則性的數學排列組合，又有古奧難通卻又模稜兩可的文字。所言說的內容，既散漫無章，又似暗藏規律。給人無限神秘又可無限發揮的感覺。然而若就將《周易》視為學問的觀點，則研究《易經》的終極目標，就在以理性去除神秘，把事情說清楚。本論文的終極目的，也就期望在去除《易經》神秘面紗的工作上，能作出一些小小的貢獻。

　　另就本文在符號使用的慣例作一說明。本論文以《……》表示獨立之書籍，以〈……〉表示書籍中之篇章或表格，以「……」表示引文，以 "……" 表示特定之字詞，以（……）表示補充說明。

　　對彖傳及大、小象傳，由於本論文視之為三本各自獨立之著作，故應稱之為《彖傳》、《大象傳》、《小象傳》。但有時為了表示其為《易傳》中之一篇，故亦稱為〈彖傳〉、〈大象傳〉、〈小象傳〉。另者，雖然習慣上亦常稱《周易》

〔註30〕勞思光於《新編中國哲學史》〈論中國哲學史之方法──中國哲學史序言〉，臺北：三民，2010 年，頁 1～19。提出基源問題研究法。認為「一切思想理論，基本上是對某一個問題的答覆或解答。」本研究主張《周易古經》的定位為易學思想研究的基源問題。

為《易經》，本論文基於區分 "經" 及 "傳" 的觀點，稱《周易》之經文部分為《周易古經》或《易經》，稱十翼部份為《易傳》。《易經》及《易傳》二者合稱為《周易》，或《周易》經傳。此外，為了敘述上的流暢感，在無混淆的況下，對《周易》經傳有時不加書名號，逕稱之為周易古經、彖傳、大象傳、小象傳。

第二章　易學之傳承及現況

第一節　周易經傳之形成及先秦易學

　　周易古經可分為卦畫，卦名，卦辭，及爻辭四部分。若以人類文明由簡入繁的觀點推測，當是先有卦畫，再有卦名及卦辭，然後才有爻辭。卦畫亦當是先有三畫卦，再有六畫卦。有關卦畫及卦爻辭的產生，古人早有討論。孔穎達《周易正義·卷首》有〈論重卦之人〉及〈論卦辭爻辭誰作〉二篇，摘錄重點如下。可作傳統易學對《周易古經》編纂過程考證之範例：

> 然重卦之人，諸儒不同，凡有四說。王輔嗣等以為伏羲畫卦，鄭玄
> 之徒以為神農重卦，孫盛以為夏禹重卦，史遷等以為文王重卦。（論
> 重卦之人）

> 其《周易》繫辭凡有二說。一說所以卦辭爻辭並是文王所作。…二
> 以為驗爻辭多是文王後事。…驗此諸說，以為卦辭文王，爻辭周公。
> 馬融、陸績等並同此說，今依而用之，所以只言三聖，不數周公者，
> 以父統子業故也。（論卦辭爻辭誰作）

　　孔穎達之論證，其原始材料大體不出《繫辭傳》與《史記》，所涉人物如伏羲、神農等，皆為傳說中之人物，並無具體活動年代及事跡。是故不論是伏羲重卦或神農重卦，乃至夏禹重卦，就歷史意義言之，其實並無差別。文王與周公則是歷史人物，有生卒年代及歷史事件可供考證比對，所以孔穎達分析，若卦爻辭為文王所作，不該會出現如升卦六四「王用亨于岐山」及明夷六五「箕子之明夷」等爻辭，因為這些歷史事件的敘述只能發生在文王歿後。細讀此摘錄當可發現，古人在周易古經的考證上，有下列數點值得注意：

（一）古人可使用的原始材料在先秦典籍中並不多見，《繫辭傳》算是最重要的一本。然而《繫辭傳》對周易古經的來歷多作疑辭，例如「易之興也，其當殷之末世，周之盛德邪，當文王與紂之事邪。」這至少也可以證明，在《繫辭傳》成書之時，周易古經的來源及創作過程已經不很清楚了。

（二）雖然如此，但古人還是在有限的線索中努力尋找周易古經的起源，並有將易經的創始往遠古方向甚至不可考的方向上推演的傾向。這一方面是傳統崇古思想使然，另一方面也是藉由與古代聖人的結合，以樹立周易古經的權威性及神秘性。

（三）古人理性思辨的能力，以及對周易古經解釋力圖合理融貫的要求，依然是不可忽略的。孔穎達將卦辭的作者，由文王退守至文王父子，以「父統子業」解釋「人更三聖」，就是基於理性的要求所提出的解釋。當然，力求解釋之融貫的方式亦不止此一種，例如漢儒將「箕子」解釋爲「荄茲」〔註1〕以避開「箕子之明夷」的事件發生在「西伯拘羑里演周易」（史記・太史公自序）之後的尷尬。同理，王弼、孔穎達注疏晉卦卦辭「康侯用錫馬蕃庶」，以「康侯」爲侯之美名，〔註2〕以避開周成王封弟康叔爲侯〔註3〕的史事。就此觀點，亦可理解古人在提高《易經》之權威性，以及合理解釋易經內容之間，所作的努力。

有關周易古經編撰的原始目的應該與占筮不脫關係，《尚書》及《周禮》中都記載有以筮占決疑的相關敘述，且均卜、筮並列，以求天意。《尚書・洪範》曰：

> 稽疑。擇建立卜筮人，乃命卜筮。曰雨，曰霽，曰蒙，曰驛，曰克，曰貞，曰悔，凡七。卜五，占用二，衍忒。立時人作卜筮，三人占，則從二人之言。汝則有大疑，謀及乃心，謀及卿士，謀及庶人，謀及卜筮。

《周禮・春官宗伯》述及掌管卜筮的官員，其下設有占人、筮人等，負

〔註1〕《漢書・儒林傳》「蜀人趙賓好小數書，後爲易，飾易文，以爲箕子明夷，陰陽氣亡箕子：箕子者，萬物方荄茲也。」

〔註2〕王弼《周易注》〈晉卦〉「康，美之名也。」孔穎達《周易正義》疏「康者，美之名也。侯謂昇進之臣也。」

〔註3〕《尚書・康誥》〈序〉「成王既伐管叔、蔡叔，以殷余民封康叔，作《康誥》、《酒誥》、《梓材》。」1931年出土的康侯簋上有銘文記載了周成王「令康侯啚於衛」。此康叔爲康侯之鐵證。

責實際的操作或記錄，並以大卜爲首，總掌卜占、筮占、夢占等與預測未來
有關的事務。其相關文字如下：

> 大卜…掌三易之法，一曰「連山」，二曰「歸藏」，三曰「周易」。其
> 經卦皆八，其別皆六十有四。
>
> ……
>
> 占人。掌占龜，以八筮占八頌，以八卦占筮之八故，以視吉凶。凡
> 卜筮，君占體，大夫占色，史占墨，卜人占坼。凡卜筮，既事，則
> 系幣以比其命。歲終，則計其占之中否。

其中明顯以卜爲龜占，以八經卦及六十四別卦爲筮占，並以周易爲三易
之一，即三種占筮法中之一種。〔註4〕

值得注意的是，在《周禮》中，大卜、大祝、與大史、均屬春官系統，
其共同首長爲大宗伯，中國古代常將史、巫合稱，或祝、巫合稱，例如《易
經》巽卦「用史巫紛若」，另如《帛書易傳》〈要篇〉「吾與史巫同涂而殊歸者
也」「祝巫卜筮其後乎」等，此「巫」應非原始以巫術治人者，而是在祭祀體
系下的助祭者或祝禱者，故巫祝合稱。筮占的目的在預知未來以決疑惑，預
知未來須通鬼神，鬼神又與祭祀有關，史官又與祭祀及卜筮事件的記錄有關。
〔註5〕在古代，這些卜筮，祭祀，與記錄等職掌之間，並不是那麼清楚與固定
的〔註6〕，陳來便主張「殷商西周的 "史" 與祝宗卜巫在職能上往往互通，並
不能分得那麼清楚，在諸侯國，更是如此。」〔註7〕

有關西周的易學或筮占記錄，除近代考古有零星的發現外，〔註8〕並無較
可信的古代文獻有所記載。直到《春秋左傳》及《國語》所記之時代，才留
下了 22 則當時與周易占筮有關的記錄，其中 19 則在《左傳》，3 則出自《國
語》之〈晉語〉及〈周語〉，由於這 22 則實例記錄大體發生在春秋時期，我
們或可以此代表春秋時期的易學風貌。〔註9〕在 22 例中，有能力解釋占筮結

〔註4〕以上可參考李學勤《周易溯源》，成都：巴蜀書社，2006 年。頁 1～93，有較
詳細的論述。
〔註5〕《說文》「史，記事者也。」
〔註6〕參考陳來《古代宗教與倫理——儒家思想的根源》，北京：三聯書店，1996 年。
頁 46～55。
〔註7〕同上，頁 49。
〔註8〕參考李學勤《周易溯源》〈第三章 考古發現中的筮法〉，頁 177～249。
〔註9〕二十二例中，若依發生之時間而非記錄之時間推算，最早當發生在 705 BC 左
右，即魯莊公二十二年（672 BC）時倒敘三十餘年前「周史有以周易見陳侯

果的，大都是史官〔註10〕，卜官〔註11〕，或王公大臣〔註12〕等。這也附合上述《周禮》中的敘述。22 例中，實際發生占筮行爲以論吉凶者佔 16 例，不經占筮直接引卦爻辭以說吉凶之義理者 5 例，另一例僅引爻辭爲證以說它事〔註13〕。其中 16 則占筮記錄爲當時的占筮行爲，以及對周易卦畫與卦爻辭的解釋方式，留下了寶貴的資料。今日易學中常見的解卦方式，例如以易象比附卦爻辭；或將易象或卦爻辭作義理引申；或以史事解說卦爻辭等，在《左傳》或《國語》中都可以找到例證。另者，在 16 則記錄中，有二則所引用的爻辭不同於今本《易經》，亦可視爲當時《易經》之爻辭尚未完全定型之證據。

不經占筮而直接以卦爻辭說義理的 5 例〔註14〕尤其得注意。這些例子說明了在當時的易學，已有能力將《易經》自訴諸天意的占筮行爲中脫離，轉而以可普遍化的人間事理解釋卦畫及卦爻辭，此實爲人文精神的一大進步。事實上，除了此 5 例之外，在具體筮占行爲的 16 例中，亦不乏有以義理解卦者。例如《左傳・昭公十二年》南蒯筮占遇坤之比（坤卦六五）爻辭爲「黃裳元吉」是爲大吉，惠伯從德行義理解釋「吾嘗學此矣，忠信之事則可，不然必敗…筮雖吉，未也。」這也就是說，在春秋時期，易學已不是單純的筮占之學，藉由卦爻辭以說人間事理的思想已經開始萌芽。

《易傳》的出現是易學史上的第一等大事，傳統易學認定《易傳》爲孔子所作，所謂「人更三聖，世歷三古。」之說就此完成，從此傳統易學體系大體定型。《易傳》十篇，漢人稱爲十翼，由於傳統視之爲出自孔聖人手，其重要性及權威性自不待言。《易傳》既稱之爲傳，是爲釋經之作，此無庸置疑。尤其是《彖傳》及大、小《象傳》，直接解釋卦畫、卦名、及卦爻辭，形成對《易經》的完整詮釋。《易傳》除了對卦畫及卦爻辭作解釋之外，更在解釋的

者，陳侯使筮之，遇觀之否。」最晚在魯公九年（486 BC）「晉趙鞅卜救鄭…陽虎以周易筮之，遇泰之需。」

〔註10〕 例如周史、史蘇、史墨。

〔註11〕 例如卜徒父、卜偃、卜楚丘。

〔註12〕 例如知莊子、陳文子。

〔註13〕 《左傳・昭公二十九年》龍出現於晉都絳，魏獻子對此迷惑，請教蔡墨，蔡墨以乾卦爻辭解說龍之性質。

〔註14〕 此五例分別爲：(1)魯宣公六年，鄭國伯廖以豐之離（豐卦上六）爻辭評鄭公子曼滿。(2)魯宣公十二年，晉國知莊子以師之臨（師卦初六）爻辭論斷副帥彘子必敗。(3)魯襄公二十八年，鄭國游吉以復之頤（復卦上六）爻辭比喻楚國國君行爲之不當。(4)魯昭公元年，晉國醫者以蠱卦之卦名卦旨論晉侯之病。及(5)魯昭公三十二年，魯國史墨以大壯之卦畫及卦名論魯君之死及季氏之盛。

內容上，對《易經》作相當程度的義理發揮，使《易經》進一步遠離占筮，而成為承載義理的經典。自此以後，《易經》的地位逐漸提高，而成為五經之首。

第二節　周易經傳之結構及性質

周易古經由 64 卦所構成，其結構甚具規則性，每一卦自成一單元。每一單元又可區分為卦畫、卦名、卦辭及六爻，每爻又可分為爻題及爻辭。以下對周易古經之構成元素逐一討論之。

（一）卦畫

卦畫由六個陰陽符號所構成。易學裡三個陰陽符號組合構成八個經卦，是為三畫卦，或稱經卦；二經卦重疊而成六畫卦，或稱別卦，重卦。六個陰陽符號可以有 64 種上下組合方式，或說二經卦有 64 種上下組合方式。傳統易學視六畫卦為兩個三畫卦相重的說法，其來有自，所謂「八卦成列，象在其中矣。因而重之，爻在其中矣。」（繫辭傳）。春秋易學及《易傳》諸篇中，皆採此說。〔註 15〕近代易學對此始有異議，理由有二：(1)考古學家對數字卦的發現，有六個數目字組成的一組符號，或為六畫卦之源始。(2)《易經》卦序，非覆即變，是直接從六爻來變化安排，並無二經卦相重的觀念。〔註 16〕從歷史文物考證觀點，六畫卦是否二經卦相重而產生，實難有定論，但就先秦文獻之記載，至少在東周時期的《左傳》《國語》《彖傳》《大象傳》等相關之易學著作而言，都是以二經卦相重來分析占筮或解釋易經，六十四卦來至八經卦相重，應是當時普遍接受的說法。另若從人類文明由簡而入繁的規律來看，先有三畫卦，才有六畫卦，也是十分合理解釋。

（二）卦名

六十四卦作為一種圖形符號，必須要有名稱，以便稱呼或引用，卦名就是卦畫的名稱，也是卦畫的代表文字。64 組卦畫對應 64 個卦名，就構成易經最核心的部分。

卦名除了做為做為卦畫的識別名稱外，本身也是文字，是文字就會有約

〔註 15〕《易傳》中〈序卦〉及〈雜卦〉未涉及別卦是否經卦相重問題。

〔註 16〕有關此重卦方面的討論，可參考黃沛榮《易學乾坤》〈周易重卦說辯證〉，臺北：大安出版社，1998 年。頁 59～87。黃先生經反覆考證，仍採重卦說。

定俗成的意義，但也有在易學脈絡下所專屬的意義。卦名文字在易學下的意義，可以稱之爲卦義或卦旨。卦名一方面是卦畫之名，另一方也是卦卦旨之名。例如 "屯"，爲卦畫 ䷂ 之名，在易學上屯（卦）之大旨爲屯聚之初的艱難。[註17] 也就是說，屯卦之屯，不只是字面上的意思，另有在屯卦所專屬的意思。

（三）卦辭

卦辭，即卦下所繫之辭，傳統認爲是文王所繫，是爲總理全卦之說明。那麼，卦名與卦辭的關係爲何？若從常理觀之，當是先有卦畫及卦名，然後才有卦辭以對卦畫及卦名作簡短說明，但亦有學者主張先有卦辭，後提卦名者，例如高亨[註18]，高亨之說應是立基於其主張周易卦爻辭爲古代占筮記錄編纂有關，[註19] 故先有占筮記錄，再編纂成卦爻辭，再取卦名。唯此說較難解釋爲何蒙卦多言 "蒙"，需卦多言 "需"，比卦多言 "比" 等，故不採此說，仍以先有卦名後有卦辭爲宜。

（四）爻辭與爻題

依卦畫，一卦統攝六爻。《易經》以由下而上的順序，將一卦之六爻各繫以爻辭。之後爲了稱呼上的方便，又在爻辭之上加設爻題。爻題有兩個作用，一作爲該爻的稱謂，以便引用；二可作爲該爻在卦畫上的說明，包括位置及陰陽符號。其中以初、二、三、四、五、上代表六爻的六個位置，以六、九代表陰陽。六爲陰符，九爲陽符。例如屯卦初九即表屯卦之初爻，其爻符爲陽。爻題的使用較爻辭爲晚，以爻題指稱卦畫的慣例始於何時已不可考，春秋易學多以某卦之某卦[註20] 以指稱某爻，但找不到爻題的記載。上博簡本及帛書本之《周易》經文已見爻題[註21]，《易傳》中《小象傳》、《文言傳》、及《繫辭傳》業已使用爻題以引爻辭。此可爲爻題出現的年代提供一個大略的參考，應是在春秋之後，上博竹簡之前的戰國時代。

〔註17〕 此視詮釋者而可能有異，此處採《象傳》之解釋。

〔註18〕 高亨《周易古經通說》，北京：中華書局，1958 年。頁 18「古人著書，率不名篇，篇名大都爲後人所追題，如書與是也。周易之卦名，猶書詩之篇名，疑筮辭在先，卦名在後，其僅有六十四卦形以爲別，而六十四卦名以爲稱，依筮辭而題卦名，亦後人之所爲也。」

〔註19〕 參考高亨《高亨《周易》九講》，頁 3。

〔註20〕 例如屯卦初九則稱屯之比。

〔註21〕 參考劉大鈞《今、帛、竹書《周易》綜考》，上海：上海古籍，2004 年。頁 192～271，附錄 2，〈今、帛、竹書《周易》六十四卦經文〉。

（五）卦畫與卦爻辭關係

相對於卦畫，卦名、卦辭、及爻辭都是文字。也就是說，易經的構成，其實可以分爲圖畫及文字二部分，文字部分可統稱之爲卦爻辭。那麼，易經的圖與文之間，也就是卦畫與卦爻辭之間，是否存在有某種聯繫？易學中有「言生於象」〔註 22〕的說法，認爲卦爻辭是卦畫遵循某種規則轉換而產生的當然結果。有關此圖文關係的探討，涉及易道與天道問題，容於之後章節續做討論，此先就易經卦爻辭作者之角度分析之，圖文關係之可能答案有二：(1) 卦爻辭爲作者的創作：周易古經作者或依其人生體驗，或依歷次的占筮記錄，以撰寫並編輯卦爻辭，繫於卦畫之後。也就是說，文繫於圖，卦爻辭僅只是卦畫下所繫之辭，二者無必然關係。(2) 卦爻辭是爲卦畫依規則演算的結果：周易古經作者從卦畫中領悟天道創發易道，並依天道及易道規則，自卦畫推演出卦爻辭。也就是說，文出於圖，卦爻辭是卦畫推演的必然結果。圖文演算規則存在，且圖文之間有必然關係。

有關此圖文關係的認定，對後代易學發展之影響極其關鍵。蓋若屬前者，則對周易古經的解釋，相對的會比較重視卦爻辭內容，並發揮其中所述之義理。若屬後者，則對周易古經的解釋，相對的會比較重視卦畫的生成變化規則，並期望藉此以窺天道。

以上所述之 "天道"、"易道"、"義理" 等語詞，在概念上或有歧義，以下略做澄清。"天道" 即天之道，天之運作規則。天道之天可以有兩種意義，一指經驗所能及的天，即自然界之天，或可稱之六合之內〔註 23〕；一指超越經驗所能及的天，即形而上之天，或可稱之六合之外〔註 24〕。

本研究所言之天道，若無特別說明，多指六合之外的天道，六合之內的天道則稱之爲天地之道，以符《象傳》或《大象傳》之慣例。〔註 25〕天地之道爲可觀察，可以感官認識並理解的自然界運作規則，六合之外的天道指人無法以感官直接認識，也無法具體描述，但卻眞實存在且影響宇宙萬物的規律或法則。

〔註 22〕王弼《周易略例・明象》「言生於象，故可尋言以觀象。象生於意，故可尋象以觀意。」

〔註 23〕《莊子・齊物論》「六合之內，聖人論而不議。」

〔註 24〕《莊子・齊物論》「六合之外，聖人存而不論。」

〔註 25〕其實《周易》經傳諸篇之作者，在撰述時，未必對六合之內或外有清楚的界定，天道或天地之道的含義也未必能準確區分。

　　"易道"，簡單的說，就是《易經》所蘊之道。從易經卦畫及卦爻辭的探索研究中，領悟到的易經內藏之運作方法及變化規則，諸如卦畫與卦畫之間的生成變化，卦畫與卦爻辭之間的對應轉換等，皆可稱之為易道，易學的最終目的亦應關係到易道之探究。傳統易學上，易道還有一個更深刻的意義，就是易道可通天道。故《繫辭傳》說「夫易，廣矣大矣。」「易與天地準，故能彌綸天地之道。」既然天道是人所無法直接認識的，而易道又可與天道相類比，經由易道以窺天道是一個合理的途徑。

　　"義理" 二字連用始見諸文獻者，或在《禮記・禮器》「忠信，禮之本也；義理，禮之文也。」義通儀，義理當指外在形儀之操作。但演變至宋明理學，義理一詞多作倫理道德之行事準則來使用。〔註26〕考察 "義" 字之原意，多作儀或宜使用，〔註27〕例如「務民之義，敬鬼神而遠之。」（論語・雍也）之義。而未必是內在的道德選擇或道德力量，如《孟子》「配義與道」或「羞惡之心，義之端也。」（公孫丑上）。故易學中所謂之義理，亦未必須強作人倫道德之理解釋。所謂義理，即合宜之理，適當之理，可以是自然界運作之理，更可以是人間事物之理。

　　今本完整之《周易》含經及傳二部分，周易古經稱為《易經》，解釋《易經》的著作稱為《易傳》。但易學傳統上，不是所有解釋《易經》的著作都稱為《易傳》，《易傳》往往專指十翼而言。十翼雖以十稱之，其實只有〈彖傳〉、〈大象傳〉、〈小象傳〉、〈繫辭傳〉、〈文言傳〉、〈說卦傳〉、〈序卦傳〉、〈雜卦傳〉八篇〔註28〕。此其中前六篇之認定又與《史記・孔子世家》「孔子晚而喜易，序彖、繫、象、說卦、文言。」之解讀有關。〈序卦傳〉及〈雜卦傳〉有可能所出較晚，為漢宣帝時所得之逸書。〔註29〕

　　有關《易傳》之作者及成書年代問題，尤其是孔子與《易傳》的關係，

〔註26〕例如《論語》「仁者樂山」朱熹注「仁者安於義理而厚重不遷，有似於山，故樂山。」或稱宋明理學為義理之學等。

〔註27〕《說文》「義，己之威儀也。」，《釋名・釋言語》「義，宜也。裁制事物，使各宜也。」，《中庸》亦曰「義者宜也」。

〔註28〕傳統作七篇，係合〈大象傳〉與〈小象傳〉為〈象傳〉一篇。本文主張大小〈象傳〉應是二篇。

〔註29〕王充《論衡・正說》有「至孝宣皇帝之時，河內女子發老屋，得逸易、禮、尚書各一篇。」學者如李鏡池等亦有主張此逸易即含說卦傳、序卦傳及雜卦傳。筆者案：得書之晚並不等於作書之晚。

當代學者屢有討論。近年來如何澤恆的〈孔子與易傳相關問題覆議〉〔註30〕，楊慶中的〈孔子與《易傳》與《易傳》成書的年代〉〔註31〕，鄭吉雄的〈《易傳》作者問題檢討〉〔註32〕等，都針對此問題，綜合古今諸說及出土簡帛文獻，作了詳盡的分析與整理。本章第五節亦對此議題自本論文之觀點略作敘述，並於第六、七兩章作進一步討論。

　　《易傳》八篇，雖說都是解釋《易經》之作，但其構作及目的卻各有其趣。〈彖傳〉釋六十四卦之卦畫、卦名、及卦辭；〈大象傳〉釋六十四卦之卦畫及卦名；〈小象傳〉釋 286 爻之爻象及爻辭。〈繫辭傳〉則有如一篇易學論文，對周易之演變，占筮之方法，易道之精要，哲學之義蘊等諸多議題，皆有所議論。〈文言傳〉專釋乾坤卦之卦爻辭，大體依彖傳而發揮。〈說卦傳〉有如易學中八經卦象徵之參考書、〈序卦傳〉解釋今本易經之卦序、〈雜卦傳〉以覆變成對方式，極簡要的解釋卦名。八篇之中，除了〈繫辭傳〉提及筮法，並以占筮爲聖人用易之法〔註33〕外，其餘七篇皆不涉占筮。

　　《易傳》中〈彖傳〉、〈大象傳〉、〈小象傳〉三篇，解釋周易古經之卦畫、名、卦辭、及爻辭，三篇構成對《易經》的完整解釋，也是本研究的主要對象。

第三節　周易經傳之傳世文本

　　《周易》經傳之傳世文本，以《四庫全書》所收錄者爲例，今之常見者有王弼《周易注》、孔穎達《周易正義》、程頤《易程傳》（伊川易傳）、朱熹《周易本義》等。其中以王弼《周易注》成書最早〔註34〕，若略去各家注疏，但考其《周易》經傳本文之出處，其實均源出於王弼《周易注》。

〔註30〕何澤恆〈孔子與易傳相關問題覆議〉，《台大中文學報》，2001 年第十二期，1～56 頁。

〔註31〕楊慶中：《周易經傳研究》，北京：人商務印書館，2005 年。頁 150～187。

〔註32〕鄭吉雄，傳凱瑄《易傳》作者問題檢討〉，上下篇分刊於《船山學刊》，2015 年第三期，頁 62～76，及 2015 年第五期，頁 76～87。

〔註33〕《繫辭傳》「易有聖人之道四焉：以言者尚其辭，以動者尚其變，以制器者尚其象，以卜筮者尚其占。」

〔註34〕《四庫全書》中收錄之易學著作，早於王弼《周易注》者，除《子夏傳》外，有《周易鄭康成注》一卷；《新本鄭氏周易》三卷；及《陸氏易解傳》一卷。皆爲宋、明、清人所輯之殘卷。《子夏傳》則爲僞中生僞，殊不可信。《四庫全書》曰「今本又出僞託，不旦非子夏書，亦非張弧書矣。流傳既久，姑存以備一家云爾。」

　　《周易正義》即以王弼《周易注》之王韓本〔註35〕爲基礎，於其上作疏。而《周易正義》爲唐皇帝詔令編纂頒布，爲官方統一經學之用。自此之後，漢、魏、晉之其他易經版本逐漸亡佚〔註36〕。《易程傳》經傳部份之內容及編排，亦與王韓本同。王韓本採“合經傳爲一”方式，對《周易》經傳作重大改造。將原屬《易傳》中的〈彖〉、〈象〉、〈文言〉部份割裂並加入《周易古經》經文中。爲避免混淆，又於各條冠上“彖曰”、“象曰”、“文言曰”以示區別。從此便成爲後世通行的編次，即今天《周易》的基本體例。有關王弼《周易注》文本之產生過程，《四庫全書·總目》有所交待曰。

> 自鄭元傳費直之學，始析易傳以附經。至弼又更定之。說者謂，鄭
> 本如今之乾卦。其坤卦以下弼所割裂。然鄭氏易注至北宋尚存一卷。
> 《崇文總目》稱存者爲：〈文言〉、〈說卦〉、〈序卦〉、〈雜卦〉四篇。
> 則鄭本尚以文言自爲一傳，所割以附經者，不過〈彖傳〉、〈象傳〉。
> 今本，乾、坤二卦各附文言。知全經皆弼所更定，非鄭氏之舊也。
> 〔註37〕

　　由此可得知，今日所流傳之《周易》經傳內容及編排，分下列四個階段完成。

(1) 費直之前，《易經》與《易傳》爲不同的著作，〔註38〕《易經》上、下二篇，《易傳》十篇〔註39〕。

(2) 費直時，始將《易傳》附於《易經》之後，視爲一書。

(3) 鄭玄在編排上做了一些更動，將〈彖傳〉、〈象傳〉割裂。分別附於六十四卦之卦辭及爻辭之後。

(4) 王弼再將〈文言〉割裂。附於乾、坤二卦之後。此即今本之面貌。

〔註35〕 今本王弼《周易注》俗稱王韓本。東晉，韓康伯承繼王弼《周易注》之精神，於原書增補注〈系辭〉、〈說卦〉、〈序卦〉、〈雜卦〉部份。王注與韓注原本各爲單行，唐時合而爲一。

〔註36〕 見《四庫全書·總目》〈經部·易類·（孔穎達）周義正義十卷提要〉「至穎達等奉詔作疏，始崇王注，而眾說皆廢。」

〔註37〕 見《四庫全書·總目》〈經部·易類·（王弼周易注十卷提要）〉。

〔註38〕 其實在此之前，已有經傳不分的現象，例如《淮南子·繆稱訓》「故易曰：剝之不可遂盡也。故受之以復。」通篇以「易曰」引《易》者共五處，其他四處爲引《易經》，此處引《序卦傳》。

〔註39〕 《漢書·藝文志》「易經十二篇，施、孟、梁丘三家。」；顏師古注「上下經及十翼，故十二篇」。

南宋呂東萊、朱熹等，反對王弼等 "合經傳爲一" 的編排。朱熹之《周易本義》即循古意，改採經、傳分離的方式。《四庫全書》中收錄《原本周易本義》十二卷，及《重刻周易本義》四卷。並於〈提要〉中說明「宋朱子撰是書，以上下經爲二卷，十翼自爲十卷。」是爲前者。「永樂中，修大全，乃取朱子卷次割裂，附之程傳之後。而朱子所定之古文仍復淆亂。」是爲後者。其中原委，顧炎武《日知錄》所敍最詳〔註40〕。

> 前漢六經與傳皆別行，至後漢諸儒始合經傳爲一。自漢以來爲費直鄭玄王弼所亂，取孔子之言逐條附於卦爻之下，程正叔傳因之。及朱元晦本義，始依古文。故於周易上經條下云「中間頗爲諸儒所亂。近世晁氏始正其失，而未能盡合古文。呂氏又更定著爲經二卷傳十卷，乃復孔氏之舊云。」洪武初頒五經，天下儒學而易兼用程朱。二氏亦各自爲書。永樂中，修大全，乃取朱子卷次割裂附之程傳之後。

大儒如朱熹者，其易學著作，縱有心反對經傳不分之傳統，亦難與之抗衡。而終以 "合經傳爲一" 的面貌呈於今世。王弼引傳入經的巨大影響力，於此可見一斑。

綜合以上分析，王韓本的產生，對後世之易學研究至少有下列兩點：

(1) 官學力量，造成《周易》版本一線單傳，而缺乏文獻比對校勘的材料。

(2) 經傳合一，造成《周易》在詮釋上，以傳解傳，經傳互解，經傳不分的傳統。

以上局面，其第一點，需待民初漢熹平石經《周易》經傳殘字的陸續出土及整理，以及七十年代帛書本出現之後，〔註41〕才比較有所突破。至於第二點，則有賴於思想之解放，及研究方法之提升，方能擺脫古人之束縛。

今以漢熹平石經《周易》爲參考，細究王弼對《周易》之改造，其對《易傳》諸篇有實質影響者，有《彖傳》、大、小《象傳》及《文言》四篇，其中除《文言》割裂爲二之外，《彖傳》及大、小《象傳》皆割裂爲六十四篇。此三傳亦因改造過於劇烈，以致原意分割零碎，難以得窺其全貌。唯本研究對《彖傳》、《大象傳》、及《小象傳》之研究，必須回歸其原貌，視之爲三篇獨立且文意完整之文本。以期能更準確的掌握三傳解經所用之方法及所述之宗旨。

〔註40〕顧炎武《日知錄》卷一〈三易〉，收錄於王雲五主編《萬有文庫》，台北：商務印書館，1965 年。

〔註41〕進一步資料參看本章第六節〈出土文獻對易學研究之影響〉。

第四節　傳統易學傳承概述

傳統易學有兩派六宗之說。《四庫全書・總目》〈經部・易類〉序曰：

> 易之爲書，推天道以明人事者也。左傳所記諸占，蓋猶太卜之遺法。
> 漢儒言象數，去古未遠也。一變而爲京焦，入於磯祥。再變而爲陳
> 邵，務窮造化，易遂不切於民用。王弼盡黜象數，說以老莊。一變
> 而胡瑗、程子，始闡明儒理。再變而李光、楊萬里，又參證史事。
> 易遂日啓其論端。此兩派六宗已互相攻駁。

"兩派" 指象數派和義理派，"六宗" 指六種解釋易經的觀點。包括以易說
占筮者，如《左傳》所記之太卜；以易說磯祥讖緯者，如京房、焦贛；以易
說天地造化者，如陳搏、邵雍；以易說老莊玄學者，如王弼、韓康伯；以易
闡明儒理者，如胡瑗、程頤；以易參證史事者，如李光、楊萬里。六宗實際
上可歸屬於兩派，占筮、磯祥、造化三宗可歸屬於象數派，老莊、儒理、史
事三宗可歸屬於義理派。

有關於兩派六宗的區分，可進一步做如下之整理：

（一）針對象數派、義理派之區分：

何謂 "象數"，何謂 "義理"？"象"、"數"、"義"、"理" 之內容如何？學者
之解釋或有不同，基本上，卦畫有 "象"，占筮有 "數"，〔註42〕"象數" 指對
卦畫的解析引申，象數派藉卦畫以占筮或解經。"義理" 則指卦爻辭所蘊之事
理，義理派藉卦爻辭以說人事教訓。若就「易之爲書，推天道以明人事者也」
論之，象數派說易的旨趣在藉《易》以 "推天道"，而義理派說易之重點則在
藉《易》以 "明人事"。因此在解經的方式上，象數派較重視卦畫解析及卦畫
與卦爻辭的連繫，甚至要求每一字詞都要能在卦畫上找到對應關係。相對的，
義理派則比較重視卦爻辭文義及卦爻辭在人事寓意的發揮。然而這些畫分都
不是絕對的，象數派最終仍要面對人事，義理派所說之理也不能完全脫離卦
畫。

（二）針對象數派下之區分：

象數派下有占筮、磯祥、造化三宗。占筮即依一定儀式及步驟，占求六
爻成卦，並依《周易》占斷凶吉以決疑者，文獻上此宗可遠溯至春秋乃至周
初。磯祥即以《周易》預言災異及人事變化者，漢之象數易，如卦氣、消息、

〔註42〕《春秋左傳・僖公十五年》「韓簡侍曰，龜，象也，筮，數也。」

爻辰、八宮、世應等均屬之。造化即宋之圖書易，將周易結合五行，並附會河圖、洛書等思想，以言天地造化。其實不論占筮、機祥、或造化，象數派關懷之重點首在藉占筮以預知未來，其次在以卦畫解釋卦爻辭之來歷。其差別只是在卦畫解析方式上的差異，或說藉易以推天道的方法不同而已。

（三）針對義理派下之區分：

義理派之下有老莊、儒理、史事三宗。在老莊方面，雖然王弼等或有援老入易之處。但大體上引儒之處仍多，說老莊處則相對較少。或許我們只能說，王弼《周易注》有雜揉攙合道家思想之處，而不為純正之儒家趣向。在史事方面，如楊萬里等，仍採儒理說易，只是多以史事參證而已。故嚴格來說，《四庫全書》歸之為義理派者，多以人倫綱常說易，尤其是在易傳的詮釋上，仍是以儒家為主。三宗只是儒家純正程度上的差異。真正以道家或以歷史為主軸說易之義理者，恐怕要到近代才會出現。

象數固然重占筮，但占筮或義理之間，亦非可截然畫分為二，占筮之後以義理解釋者亦常見。例如《左傳・襄公九年》穆姜占得隨卦，以體之長、嘉之會、義之和、事之幹，釋元、亨、利、貞，並預測自己將死於東宮〔註43〕。穆姜之占並未以象數說之。再如朱熹《周易本義》即設〈筮儀〉專章，詳說占筮之設備、程序及禮儀。在卦爻辭的解釋上，亦多有站在占者立場而說者。但一般不將朱熹歸於象數派。

綜而言之，象數派與義理派的區分，主要仍在解經方式，而非占筮與否。象數重視卦畫解析，義理重視卦爻辭之事理，二者其實不易截然二分。

近代學者對易學的流派，作了更細緻的分類。例如廖明春，康學偉，梁韋弦合著之《周易研究史》，將兩漢易學研究分為三個傾向〔註44〕。一是以孟喜、焦贛、京房為代表的官方易學，即後世所稱之象數派或漢易，主以卦象、數字、卦氣、陰陽災變等說易。一是費直之易學，以十翼釋易。注重經傳之

〔註43〕《左傳・襄公九年》「姜曰：亡，是於周易。曰：隨，元亨利貞，咎，元，體之長也，亨，嘉之會也，利，義之和也，貞，事之幹也，體仁足以長人，嘉德足以合禮，利物足以和義，貞固足以幹事，然故不可誣也，是以雖隨無咎，今我婦人而與於亂，固在下位，而有不仁，不可謂元，不靖國家，不可謂亨，作而害身，不可謂利，棄位而姣，不可謂貞，有四德者，隨而無咎，我皆無之，豈隨也哉，我則取惡，能無咎乎，必死於此，弗得出矣。」

〔註44〕廖明春，康學偉，梁韋弦《周易研究史》，長沙：湖南出版社，1991 年。73頁。

文意，及義理之闡發，遂爲義理派之先河。另一則與黃老道家結合，以闡發道家養身及陰陽災變等思想，如楊雄、魏伯陽等。

　　魏晉隋唐之易學，則分爲四個走向〔註45〕。包括繼承漢易傳統，以象數解易者，如管輅、孫盛、李鼎祚等。及拋棄象數解易傳統，開創以老莊玄學說易之玄學易理一派者，如王肅、王弼、韓康伯等。另有將佛教與易學結合，以易佛會通說佛理者，如蕭衍、宗密、李通玄等。以及將道教與易學結合，繼承魏伯陽《參同契》之說，借易學談練丹術，並爲道教宇宙觀立基礎者。

　　宋元時期，受到政治上及佛道思想上的衝擊，宋代易學發展甚是蓬勃。在象數派上，發展出圖書易學，以河圖、洛書、太極圖說易。在義理派上，視老莊玄學解易爲不當而加以排除，並致力發展以儒家思想解說《周易》經傳哲理。儒理一派雖可謂宋易之主流，但在義理的發明上，亦因人而異。大體上，北宋有程頤爲首之理學一脈，偏重取義說。以及張載爲首之氣學一脈，偏重取象說。南宋有義理爲主兼蓄象數的朱熹易學。有陸九淵、楊簡等心學之易學。亦有葉適等功利學派注重實用的易學思想。〔註46〕

　　另如朱伯崑之《易學哲學史》，亦有類似的分類。朱氏將西漢易學分爲官方易學、費直易學，及道家黃老易學三派。〔註47〕將東漢易學分爲儒家易學傳統，如鄭玄、荀爽、虞翻等；及道家道教易學，如魏伯陽〔註48〕。將魏晉易學區分爲玄學派，如王弼、韓康伯；及象數派〔註49〕。將宋明之易學，依其所蘊之哲學思想，區分爲五大流派。分別爲理學派、數學派、氣學派、心學派，及功利學派〔註50〕。

　　至於明、清之易學，多承繼漢、宋易學之遺緒，予以進一步的整理、闡揚、或詰難，而較少有大幅創新之說。大體而言，明代主要在宋易之繼承，清代則在漢易之復興。然而清代在漢易的發揚上，並非是一體全收的。對讖緯迷信的部份，只是站在歷史的角度做敘述。其主要仍在以文獻學、考據學的方法治易。排斥宋儒以易經作爲自己哲學思想注腳之治學態度，轉而強調實事求是。可惜的是，清代學者受限於思想上的箝制，及新材料的缺乏。雖

〔註45〕同上，133～135頁。
〔註46〕同上，198頁。
〔註47〕朱伯崑《易學哲學史》第一卷，北京：華夏出版社，1995年。115頁。
〔註48〕同上，第一卷，198頁。
〔註49〕同上，第一卷，316頁。
〔註50〕同上，第二卷，第8頁。

然在精神已開始講證據、論方法，但眞正能對傳統易學有所突破，仍需待二十世紀以後。

値得一提的是清乾隆朝《四庫全書》的編著。共收錄易類著作一百五十九部，一千七百四十八卷。附錄八部，十二卷。內容不可不謂繁浩完備。然而《四庫全書》在書卷的分類取捨上，仍是有所依據的。所謂「易道廣大，無所不包，旁及天文、地理、樂律、兵法、韻學、算術，以逮方外之爐火，皆可援易以爲說。而好異者又援以入易，故易說愈繁。」〔註51〕。故對於內容與易經關係較遠，或附會過甚者，或置於附錄，如《乾坤鑿度》；或置於子部，如《焦氏易林》、《京氏易傳》、《皇極經世書》置於術數類；《參同契》置於道家類。理由是「不以魏伯陽、陳摶等方外之學，淆六經之正義也〔註52〕」。雖然這些著作，在一般易學或易學史討論中亦常被提及。

總結傳統易學之學派及傳承，不論是以象數或以義理說易者，各家學說在其背後，對易經本身，或隱或顯的，有一些不同的看法。《周易正義·卷首》即針對易經著作本身，提出了八個議題，堪爲傳統易學討論之重點〔註53〕。今將之歸納爲下列三點，作爲傳統易學各家學說流派，所共同關注而又彼此攻詰的焦點議題。

(1) 易經之成書：《周易》卦畫、卦辭、卦爻辭等部份之作者及時代爲何？

(2) 易傳之成書：《周易》十翼是否爲孔子所作？或哪些爲孔子所作？若不爲孔子所作，則作者及成書時代背景爲何？

(3) 易經之性質：《周易》是否爲占筮之書？亦或爲說理之書？或經與傳各有其旨趣？

以上問題的回答，都可以是許多易學討論的重要預設。若將之展開，其中任何一個問題及答案，都足以影響一個學說或流派之存亡興廢。例如："易經爲占筮之書"，或"象傳與孔子及其門人無關"等命題一旦成立。都足以使一個學說在理論的根源上，產生漏洞或不融貫處。遺憾的是，傳統易學對這方面的討論，往往直接訴諸權威，或流於心證。以致雖偶有質疑，終難以有令人信服之論證。而這些問題，必須要等到近代易學才能有較好的發展。

〔註51〕　《四庫全書·總目》〈經部一·易類·序〉。

〔註52〕　《四庫全書·總目》〈經部一·易類·跋〉。

〔註53〕　《周易正義·卷首》內分八段：論易之三名、論重卦之人、論三代易名、論卦辭爻辭誰作、論分上下篇、論夫子十翼、論傳易之人、論誰加經字。

第五節　近代易學概述

　　受到出土文獻及新思想的衝擊，近代〔註54〕易學之研究，相較與明、清，有更大的突破與成就。除了傳統在象數及義理方面的研究之外，近代易學最重要的是以考證方式研究易學的進路，或可稱之爲 "考據派"〔註55〕的興起。

　　考據派強調以科學精神治易，講求方法、強調本證、重視小學、重視文獻。考據派之遠源，可追溯至乾嘉學者之訓詁、音韻、考訂等樸學，近則可與現代考古學結合。清末民初學者王國維提倡 "二重證據法"〔註56〕，結合紙上遺文與地下遺物。以及顧頡剛、錢玄同、李鏡池等以疑古、辨僞爲宗旨的古史辨學派，都可謂之此考據治易進路之濫觴。尤其是甲骨文的發現，漢石經周易殘石、馬王堆帛書、楚墓竹簡等新材料陸續出土，更爲考據研究帶來新的契機。

　　考察清代考證之學雖盛，易經之研究仍承受下列困難〔註57〕：(1)在思想的束縛上，以《周易》爲儒家經典的信念難以掙脫。(2)在方法及視野上，恪守傳統易學舊說，缺乏新的工具及思維。(3)在文本參考上，受困於魏晉以來一線單傳的《周易》版本。(4)考古學尚未興盛，缺乏新材料以刺激研究。

　　所幸這些問題，近代易學研究均能有所突破。在思想上，不再受官方之學及所謂聖人之言的箝制。在方法及視野上，可借重西方之科學精神及研究方法。在文本上，漢經殘石及帛書《周易》打破了《周易》版本一線單傳的困境。在考古的發現上，出土文物如甲骨文、金石文、帛書、竹簡等，提供了大量先秦及漢初之文獻及器物，對先秦文字的演變、思想體系的建立及線索的串接上，都能廣泛的提供各類新的材料。故而現代的考證之學，的確相當程度的解決了傳統易學上的重大議題。

　　楊慶中《二十世紀中國易學史》對近代易學研究作了有系統的整理，〔註58〕大約可以從傳統經學、古史辨、唯物史觀、易學史研究、出土文物、周易哲學思想及現代詮釋等幾個面向，來概括近代易學的研究成果。其中除了傳

〔註54〕本論文所謂之近代，主要指二十世紀迄今。

〔註55〕廖明春《周易研究史》，399 頁。

〔註56〕王國維倡二重證據法，主張運用考古所得出於地下之新材料，與古文獻記載相量印證，以考古代歷史文化。

〔註57〕參考鄭吉雄〈從經典詮釋傳統論二十世紀《易》詮釋的分期與類型〉，收錄於《易圖象與易詮釋》，臺北市：臺灣大學出版中心，2004 年。頁 83～126。

〔註58〕楊慶中：《二十世紀中國易學史》，北京：人民出版社，2002 年。

統經學之周易研究外，都可以算是近代易學研究上的一些新方向而有別於傳統易學。這也證實了現近代易學研究在思想上、方法上、及視野上，的確有所突破，並展現出新的易學風貌。

以下針對 "易經成書"、"易傳成書"、及 "易經性質"，三個易學重點問題，比較傳統易學與近代易學之差異。

（一）有關易經成書問題

傳統易學大抵死守「人更三聖，世歷三古」之說，以伏羲畫八卦，文王演周易。或伏羲制六十四卦，文王作卦辭，周公作爻辭。現代考證，大體接受周易古經大約成書於西周，或出於史官（卜筮之官）之手〔註59〕。

（二）有關易傳成書問題

傳統易學接受「人更三聖」之說，以十翼（易傳）爲孔子所作。《漢書·藝文志》曰「孔氏爲之彖象繫辭文言序卦之屬十篇。」。孔穎達也說「其彖、象等十翼之辭，以爲孔子所作，先儒更無異論。」〔註60〕

北宋時，歐陽修於《易童子問》中，始對十翼作者提出疑問，但仍認爲〈彖〉、〈象〉爲孔子所著。近代學者，挾更豐富的歷史材料，更犀利的研究工具，以及更理性的治學態度，對傳統說法推出新說。認爲十翼非孔子所著〔註61〕，亦非一人所著，而係出自多人之手，成書年代亦有先後，大約在戰國至漢初之間〔註62〕。

（三）有關易經性質問題

傳統易學於此亦頗多爭議。大體上，象數派不排斥易經爲占筮之書，義理派則持反對意見，認爲《周易》之爲書在說天地萬物之理，人事倫常之義，而不涉占筮。宋儒程頤等，尤其將《周易》視爲儒家經典，而不允許參雜任何他說。近代學者於此則持較寬容的態度，大體上以《易經》爲占筮之書，而《易傳》多談哲理，故不宜一概而論。至於《易傳》是否爲全部爲儒家之

〔註59〕 參考廖明春《周易研究史》，頁 400。及高亨《高亨《周易》九講》，頁 8～10。

〔註60〕 見《周易正義·卷首》第六，論夫子十翼。

〔註61〕 如錢穆《論十翼非孔子作》，馮友蘭《孔子在中國歷史中之地位》，李鏡池《周易探源》，戴璉璋《易傳之形成及其思想》等；但金景芳，呂紹綱，李學勤等學者，仍力主十翼爲孔子及其門人所著。

〔註62〕 參考戴璉璋《易傳之形成及其思想》，臺北市：文津出版社，1989 年。頁 10～14。

著作，則尚有討論的空間。本論文亦將於第七章，針對此問題做更進一的討論，並提出一些新的觀點。

近代易學在義理方面，由於對以上問題的一些突破，也讓近代《周易》經傳在義理發揮上，有更開闊的空間並更具活力。例如，胡樸安對史事的主張，就不僅只是如楊萬里般，引史證易。而主張《易經》卦爻辭本身就史書〔註63〕。再如陳鼓應《易傳與道家思想》，不僅只是如王弼般，引老入易。而是在根本上主張《易傳》為黃老道家之著作〔註64〕。除此之外，近代學者亦多從哲學的角度，對《周易》所蘊之哲理，有所探討及發揮。例如方東美從《易傳》闡發時際之理，生性之理，旁通之理，化育之理，歷程之理等，以論述周易哲學之價值本體論，及中國生命哲學觀的基本原理。〔註65〕另如羅光以「生生之謂易」（繫辭傳）推出儒家形上學，指出宇宙變化的內在目的在化生萬物且繁衍不息。〔註66〕

在象數方面，也因為與西方文化的大量接觸、衝擊、吸收、與融合，有各類新的題材以供發揮，因而有各類旁通之學，將西方文明所發展之物理、化學、社會、法律、政治、宗教等現象或成果，以"易理"解釋之。民初杭辛齋之《學易筆談》〔註67〕或可謂此論之開端，所謂「新名詞足與經義相發明」〔註68〕。其後更有所謂科學易〔註69〕或易科學之產生，前者重點在企圖"以科學治易學"，後者則在"以易治科學"。〔註70〕吾人對此類取向與易學之關係，似乎應有更謹慎的分辨。如《四庫全書》所述「易道淵深，包羅眾義。隨得一隙而入，皆能宛轉關通，有所闡發。」〔註71〕過多的雜說混入，可能混淆或扭曲了易學研究內容。如同前述，《四庫全書》即將部份易學相關題材例入"子部"，而非"經部‧易類"。如何建立易學之範疇及其判準，並與任意比附之雜說有所區分，確是值得進一步討論的議題。

〔註63〕 參考胡樸安：《周易古史觀》，上海：上海古籍出版社，2005年。

〔註64〕 參考陳鼓應：《易傳與道家思想》，北京：新知三書店，1996年。

〔註65〕 曾春海《中國近當代哲學史》，臺北市：五南，2018年。頁327～342。

〔註66〕 同上，頁452～454。

〔註67〕 杭辛齋《學易筆談》（上），臺北：廣文書局，1971年。

〔註68〕 同上，頁22。

〔註69〕 參考廖明春《周易研究史》，435～440頁。

〔註70〕 參考鄭吉雄〈從經典詮釋傳統論二十世紀《易》詮釋的分期與類型〉，收錄於《易圖象與易詮釋》。

〔註71〕 見《四庫全書‧總目》〈經部‧易類‧（來知德）周易集注十六卷提要〉。

第六節　出土文獻對易學研究之影響

　　清末至今，在考古上的一些重大發現，使許多前所未見的歷史文物得以出土，重見天日。包括如甲骨文字（1898 年）、熹平石經殘石（1922 年）、長沙子彈庫楚帛書（1942 年）、望山楚簡（1965 年）、馬王堆帛書（1973 年）、睡虎地秦簡（1975 年）、阜陽漢簡（1977 年）、天星觀楚簡（1978 年）、包山楚簡（1987 年）、郭店楚簡（1993 年）、上博簡（1994 年）、清華簡（2008 年）、海昏侯竹簡（2015 年）等。這些新材料的內容，多為書不成篇的斷簡殘骸，或是古奧難通的符號文字。幸賴考古、文獻、文字學等專家學者辛苦整理比對，得以成為有思想傳承意義的文獻。這些出土文獻新材料，在易學研究上，至少可以有下列五點意義：

(1) 對古代卜筮行為及思想之研究，提供新的材料及證據。

(2) 對《周易》經傳之文字，提供異文比對，以供訓詁及校勘之參考。

(3) 對《周易》經傳內容，提供其他的版本，有助於對王韓本之前《周易》文本之研究。

(4) 提供《易傳》之逸書〔註72〕，有助於對今本《易經》及《易傳》之理解。

(5) 提供大量先秦文獻，接續秦火造成之思想斷層。間接有助於有關《周易》之形成，及其與儒家、道家關係之研究。

　　以下就近代出土文獻中，與《周易》經傳，有較大關係者，略作說明如下：

（一）甲骨文及金文

　　刻鑄有甲骨文及金文之出土文物，大有助益於對古代文字演變過程之了解。尤其是甲骨文，多記載殷商占卜之實錄。對於古代占問之場合、內容及進行程序等，提供寶貴之原始資料。有助於對周初占卜文化的了解，及卦爻辭的斷句及解釋。民初容肇祖即著有《占卜的源流》，從殷墟甲骨文，考證古代占卜的實況。〔註73〕

　　除了殷墟甲骨之外，1950 年代以來，陸續有西周時期間之周原甲骨出土，當更有助於了解占卜與占筮之關係。例如，李學勤考據包山楚簡之卜辭，而

〔註72〕依傳統說法，《易傳》為孔子所編著。此處稱為 "《易傳》之逸書"，因其內容皆記載孔子解說《易經》之對話，內容類似《易傳》，因久經亡佚，故稱 "逸書"。例如馬王堆帛書之〈二三子〉、〈易之義〉、〈要〉、〈繆和〉、〈昭力〉等。

〔註73〕參看容肇祖〈占卜的源流〉，收錄於《古史辨》第三冊，上海：上海古籍，1982 年（重印本）。

分析同一占問中,筮與卜的先後關係。〔註74〕是爲綜合商、周甲骨,及竹簡之卜辭,所作之分析研究。

(二)熹平石經殘石

1922 年在洛陽太學遺址出土的熹平石經殘石,保留了漢代《易經》的面目,對王韓本之前《周易》文本之研究,提供新材料。熹平石經,原含完整之《易經》上下二篇,及《易傳》十篇。屈萬里《漢石經周易殘字集證》收錄殘石共四千四百餘字,約佔《周易》經傳內容字數的五分之一(扣除 "彖曰"、"象曰" 等贅字後)。雖然殘缺不全,但仍是目前《周易》經傳中,除傳世之王韓本外,唯一經傳皆具之另一參考版本。

在形式上,石經採經傳分離的編排。《易經》在前,隨後依序爲〈彖傳〉、〈象傳〉、〈文言〉、〈繫辭〉、〈說卦〉、〈序卦〉、〈雜卦〉。〈象傳〉不分〈大象〉〈小象〉合爲一篇。此亦可感受漢代學者所認識之《周易》原貌。

據屈氏之考證,石經所傳爲梁丘氏易,而今本則爲費氏易。〔註75〕

(三)馬王堆帛書

1973 年於馬王堆漢墓出土的帛書,計有 28 種,約十二萬餘字。文字有篆有隸。據考證,篆書約抄寫於漢高祖十一年(西元前 196)左右,隸書部份約抄寫於漢文帝初年。

帛書內容可分兩方面:其一爲有關戰國至西漢初期思想及文化的一些佚散文獻,如《五行》、《黃帝四經》、《戰國縱橫家書》、《養生方》等,其內容本身便具重要學術價值。其二爲傳世文本如《易經》、《老子》等,提供另類版本,可作爲校勘傳世古籍的依據。

於《易經》部份,帛書有完整的《易經》版本,是爲目前唯一可與王韓本,在《易經》部份上,作完整比對參考的版本。對於卦序、卦名、及卦爻辭之異文,提供了豐富的研究資料。

於《易傳》部份,馬王堆帛書提供了另一版本的〈繫辭〉傳,供與今本比對參考。同時,另有〈二三子〉、〈易之義〉(衷)、〈要〉、〈繆和〉、〈昭力〉等佚易傳,對儒家與《周易》經傳的關係及思想傳承,提供十分寶貴的原始材料。並有助於對《周易》經傳傳世文本之參照理解。

〔註74〕參看李學勤《周易溯源》〈第四章第二節 竹簡卜辭與商周甲骨〉,頁263。
〔註75〕參看屈萬里《漢石經周易殘字集證》,台北:中央研究院歷史語言研究所,1961年。

在道家著作方面，如《黃帝四經》、《老子》等，一方面豐富了道家哲學的研究，同時也爲《周易》與道家關係的研究上，提供更多的參考文獻。〔註76〕

（四）阜陽漢簡

安徽省阜陽於 1977 年出土的阜陽漢簡，爲漢初之文物。原簡甚爲支離破碎，經整理編纂分爲十多種古籍。其中與占卜內容有關之殘片近 600 片，含今本《周易》卦辭爻辭的約 200 片，1110 字，涉及六十四卦中之五十二卦。卦爻辭與今本《周易》有若干異文，由於原簡破碎，不堪成篇，已無法排列卦序。阜陽漢簡《周易》與今本最大的差別爲，在卦爻辭後，保存許多占問具體事項的占卜辭。另外，據韓自強先生之研究，阜陽漢簡爲數字卦，以數字七爲陽爻，八爲陰爻。今本陽爻可能爲七之變形，陰爻可能爲八之變形。〔註77〕

（五）郭店楚簡

爲 1993 年，於湖北荊門郭店村楚墓出土的楚文字竹簡，共 726 枚，一萬三千餘字。竹簡抄寫成書的時間不晚於公元前 300 年，大約相當於戰國中期，是到目前爲止，所發現最早的中文原版書冊。竹簡整理後分爲十八篇，全部爲先秦時期儒家和道家兩派著作。如《緇衣》、《性自命出》、《窮達以時》、《五行》、《唐虞之道》、《忠信之道》等儒家著十四篇。及《老子》、《太一生水》等道家著作四篇。

郭店楚簡並無與《周易》有直接關係之文獻。但由於它是最早的，來源最確鑿的先秦文獻，故對先秦思想傳續的研究，尤其是 "孔孟之間" 早期儒家的思想研究，產生巨大的影響。當然也間接的影響到易學，尤其是《易傳》的成書問題。例如，李學勤、梁濤等，依郭店楚簡，主張《緇衣》、《五行》出自子思，其餘如《性自命出》等篇也與之有密切聯繫。這些著作的特性，又告訴我們《大學》、《中庸》同樣出於這一派學者。〔註78〕因而可旁證《易傳》出自孔子之手的可能性〔註79〕。

（六）上博楚簡

上博楚簡，上海博物館藏戰國楚竹書，或稱上博簡，爲 1994 年出現於香港古物市場的竹簡，其後由上海博物館斥資購入，共兩批一千兩百枚，三萬

〔註76〕例如陳鼓應《易傳與道家思想》，北京：新知三書店，1996 年。
〔註77〕參看韓自強《阜陽漢簡《周易》研究》，上海：上海古籍，2004 年。
〔註78〕參考梁濤《郭店楚簡與思孟學派》，北京：中國人民大學出版社，2008 年。
〔註79〕參看李學勤《周易溯源》，頁 94～105。

五千字左右。其出土地點已無法確知，大約戰國晚期之楚地。上博楚簡內含八十多部戰國時期之文獻典籍，有助於先秦思想及思想史之研究。上海博物館於 2001 年，陸續整理公布出版《上海博物館藏戰國楚竹書》，2012 年 12 月出版至第九冊。其中，第三冊內含《周易》共五十八簡，涉及三十四個卦的內容，共 1806 字。其卦畫，亦以「八」表示陰爻。此與阜陽漢簡相同。

由於上博楚簡的出現，使周易古經又多一個可供比對的文本。如劉大鈞先生，即編有〈今、帛、竹書《周易》六十四卦異文對照表〉〔註 80〕，以供學者研究比較。

（七）西漢海昏侯墓竹簡

大陸新華網於 2015 年公布的南昌西漢海昏侯劉賀墓出土文物，其中有逾萬枚的簡牘，經處理後可供釋讀之竹簡有 5200 多枚，包括有《論語》、《禮記》、及《易經》等重要文獻。預期將會對早期《周易》之傳承及西漢初期《周易》文本型態等問題之研究產生重大影響。〔註 81〕唯至目前，竹簡之實物及文字釋讀等相關資料尚未正式公布，仍未能視之為文獻。

綜合上述，出土文獻中，對《易傳》，尤其是《象傳》《大象傳》及《小象傳》，有直接影響之材料其實並不多，熹平石經及馬王堆帛書可算是含量比較豐富的。即使如此，對《易經》本身異文的比較，以及《易經》與《易傳》早期編排方式的考察，就有相當大的幫助。《易經》卦名之比對及詮釋，亦對《易傳》的詮釋會有間接的影響。這也是《象傳》《大象傳》及《小象傳》研究，必須重視出土文獻的重要原因之一。

〔註80〕 參看劉大鈞《今、帛、竹書《周易》綜考》，上海：上海古籍出版社，2004年。
〔註81〕 參考楊學祥〈南昌西漢海昏侯墓出土竹簡《周易》〉，《周易研究》，2016 年第四期，頁 31。

第三章　彖傳體例及思想研究

第一節　彖傳之成書及特色

　　"彖" 字在先秦文獻中，並未多見，應屬易學之專用字。《說文》「彖，豕走也。」段注「周易卦辭謂之彖。爻辭謂之象。…古人用象字必系假借。而今失其說。劉巘曰，彖者，斷也。」彖字出現之較早文獻當屬《史記・孔子世家》「孔子晚而喜易，序彖繫象說卦文言。」〔註1〕及《繫辭傳》。《繫辭傳》曰「彖者，言乎象者也。爻者，言乎變者也。」《周易正義》引王弼注曰「彖總一卦之義也。」並疏「正義曰：彖，謂卦下之辭，言說乎一卦之象也。」所謂「卦下之辭」即編排在卦畫下之字辭，當指卦辭無疑〔註2〕。

　　在易學脈絡下，"彖" 即卦辭，或稱彖辭。"彖傳"，顧名思義，當然就是為卦辭（彖辭）作傳，以解釋並闡發卦辭的微言大義（但不涉爻辭）。事實上，《彖傳》內容不僅只針對卦辭，而是對卦畫、卦名、及卦辭作全面性的解析與融合。也是解釋卦畫、卦名、卦辭，及彼此關係之最權威著作。傳統易學由於對《彖傳》的極度重視，往往直接將《彖傳》稱為《彖》，以至 "彖" 成為 "彖傳" 的簡稱。以 "彖" 為 "彖傳" 的慣例雖然有爭議〔註3〕，但這也的確顯示了《彖傳》在解釋卦辭上的權威性。

〔註1〕此句後半之斷句有爭議，此處暫不作標點。

〔註2〕卦下之辭亦可理解為卦辭及爻辭。但原文既然彖、爻分述，卦下之辭宜理解為卦辭較妥。

〔註3〕例如，宋・俞琰《周易集說》卷十四，〈彖傳一〉「讀易者要當審其是，不可狃於舊王說而復以彖傳為彖云。」

　　依傳統易學認定，《象傳》屬十翼，乃出於孔子之手。此說在今日雖有極大的爭議〔註4〕，卻也為象傳之著作年代提供了一個參考點。據近代學者研究之結果，雖然未必接受象傳出於孔子之說，但多承認象傳是十翼之中成書較早的，也就是說，較接近孔子時代的。大約出於戰國前後，早不過孔子，晚不過漢初。〔註5〕有關象傳成書年代的討論，最為人所重視的直接線索當屬《荀子‧大略篇》的一段文字：

　　　　易之咸，見夫婦。夫婦之道，不可不正也，君臣父子之本也。咸，
　　　　感也。以高下下，以男下女，柔上而剛下。

此與《象傳‧咸》比較

　　　　咸，感也。柔上而剛下，二氣感應以相與，止而說，男下女，是以
　　　　亨利貞，取女吉也。

　　兩段文字在用語上及內容上甚為相似，尤其「柔上而剛下」句，應非湊巧相同而係有所引用。然而究竟是《象傳》引用《荀子》，或《荀子》引用《象傳》？

　　李鏡池憑藉《莊子‧天下》的一句「易以道陰陽」，以及古代文獻中出現之佚書之書名《易繇陰陽卦》、《陰陽說》，做如下推斷：在戰國中晚期，易學家採當時流行的陰陽學說而著《易繇陰陽卦》及《陰陽說》，由陰陽說又很容易地產生剛柔說，此即荀子柔上而剛下的依據，其後再進一步有人採用剛柔說，而寫成易傳（象傳）。〔註6〕依此，《象傳》當在《荀子》之後。此說證據少而推測多，不甚具說服力。

　　考究《荀子》一書，剛柔二字併用並不多見，〔註7〕且無發揮。相反地，剛、柔二字在象傳中卻是極重要且常用的詞彙，不但經卦有剛柔之分，爻象亦分剛柔，且多次以剛柔之說解析卦名、卦辭。〔註8〕此處之「柔上而剛下」與恆卦之「剛上而柔下」，亦可證明象傳係有系統，有規則地使用 "剛" "柔" 及 "上" "下" 等字，而非憑空引用其他文獻。以上足可證明，「柔上而剛下」句，

〔註4〕參見本論文第二章第五節之討論。
〔註5〕參考楊慶中《周易經傳研究》，頁172～176。其主要理由在帛書《繫辭傳》的出土，證明《繫辭傳》底本在漢代之前已經存在，而《象傳》成書又在《繫辭傳》之前。
〔註6〕參見李鏡池《周易探源》，北京：中華書局，1987年。頁336～337。
〔註7〕僅二處，除此處外，另一處見〈脩身〉「氣養心之術，血氣剛強，則柔之以調和。」與易學無關。
〔註8〕例如，屯卦：剛柔始交而難生；否卦：內柔而外剛，內小人而外君子。

《荀子》引用《象傳》的可能性，遠大於《象傳》引用《荀子》，此亦是《象傳》或其祖本作於《荀子》之前的有力證據。〔註9〕有關象傳著作年代的討論，亦有從用韻〔註10〕及複合詞〔註11〕來判斷的，所斷之年代亦不出孔子至荀子之間。

參考《左傳》《國語》等文獻之記載，可知春秋時期便有卜官、史官、公卿大夫等以《周易》占筮，或直接引用卦爻辭以論斷吉凶。在這些占筮及引用的過程中，即涉及到對卦畫及卦爻辭的解釋，這些解釋的內容或方法，可稱之為春秋時期的易學。若以象傳成書於孔、荀之間為前提，分析左傳、國語與象傳在卦畫與卦辭解析上的差異，或可略窺易學自春秋而戰國之演變，以及象傳創新之處。

首先，象傳係第一部對周易六十四卦之卦畫、卦名、卦辭、及彼此關係有系統的提出完整解釋的著作，〔註12〕不似《左傳》《國語》僅以案例方式，敘述當時之個別事件，而缺乏系統性論述。

其次，與春秋易學相較，象傳在卦畫的解析上，多有創新，而為《左傳》《國語》之所未能言者，尤其下列三點：

（一）區分剛柔

剛柔二字在象中傳頻繁使用並賦與特殊意義。剛與柔可視為兩種行為處事的態度或風格。剛為剛直，剛強；柔為柔順，柔弱。象傳不但區分八經卦為剛卦及柔卦，亦區分各爻為剛爻及柔爻。相對的，陰陽二字則在象傳中罕見使用。〔註13〕《左傳》《國語》筮占案例中，則不見剛、柔二字。有關象傳剛柔概念之進一步討論，另見本章第二節之二。

（二）卦德解釋

象傳擴大了經卦在人文及德行上的解釋，給經卦以對應之卦德，而非僅

〔註9〕 參考王博《易傳通論》，台北市：大展出版社，2004 年。頁 50～53。

〔註10〕 例如高亨《周易大傳今注・卷首》，濟南：齊魯書社，2009 年。頁 4～5。以象傳多韻語，與南方之詩歌如《楚辭》等之韻語相合，判斷其作者為南方人，可能為馯臂子弓。

〔註11〕 例如王博《易傳通論》，頁 53，從「性命」連用來判斷，「大體來說，戰國中期是一個分界線。這以前的書沒有出現過這些複合詞。」

〔註12〕 《大象傳》雖亦釋卦畫、卦名，但無涉於卦辭。《文言傳》僅釋乾、坤二卦，且極可能晚於《象傳》。

〔註13〕 僅見於泰卦「內陽而外陰」及否卦「內陰而外陽」二處。

只以自然物作象徵。例如以乾爲健，以坤爲順〔註 14〕，以震爲動，以離爲文明等。彖傳此類解釋在比例上遠大於將經卦解釋爲自然事物如天、地、雷、電等。相較之下，《左傳》《國語》之春秋易學則多以自然界之具體事物爲經卦之象徵〔註 15〕。有關彖傳卦德之解釋及創新之討論，詳見本章第二節之二。

（三）爻象解釋

彖傳依一卦六爻之陰陽符號、上下位置、及彼此關係等，賦予各爻以象徵意義。如剛、柔、中、正、乘、應等。此等將六畫卦直接視爲六爻及其彼此關係而非二經卦組合的解卦方式，實爲彖傳之創見與突破，在春秋易學中，並未見此類之發揮。有關彖傳爻象解釋之討論，詳見本章第二節之三。

彖傳經由上述創新方式，將卦畫解析爲剛、柔、中、正、健、順等帶有德行意味的字詞，並以此將卦畫與卦名及卦辭建立關係，從而解釋卦名與卦辭。這樣的釋經方式，使周易的解讀有更多的人文色彩以及更豐富的義理，而脫離占筮數術之藩籬。

在《左傳》《國語》中，雖也有以義理說易的例子，但僅作獨立個案而缺乏系統性。彖傳則是以有規則可循的方式，藉對卦畫、卦名、及卦辭的說明，對易理作有系統的闡述，爲易學推天道以明人事之路樹立典範。彖傳所創發的解經規則及義理闡述，也普遍成爲後世易學鑽研的對象。若說彖傳是解釋周易卦畫卦辭最重要，最權威的著作，應屬允當公論。

曹魏王弼《周易注》，合《周易》經傳爲一〔註 16〕，將《彖傳》割裂，分置於各卦卦辭之後，並於其上加「彖曰」二字，成爲今本彖傳所呈現之面貌。其所著之《周易略例》，開宗明義便曰「夫彖者何也？統論一卦之體，明其所由之主者也。」並針對此義反覆申論〔註 17〕，其後又強調「故舉卦之名，義有主矣；觀其彖辭，則思過半矣。」〔註 18〕，王弼此舉此論一方面模糊了經與傳

〔註 14〕 春秋易學便有以坤爲順之說，《國語・晉語四》記載，晉公子重耳親筮，得貞屯悔豫，司空季子即以「順以訓之」釋豫下卦坤。但以坤爲順在使用上不如以坤爲土來得頻繁。

〔註 15〕 參考李鏡池〈左傳、國語中易筮之研究〉，收錄於黃壽祺，張善文編：《周易研究論文集》第二輯，北京：北京師範大學，1989 年。頁 102。

〔註 16〕 參考第二章三節相關說明。

〔註 17〕 《周易略例》對此反覆申論三次。〈明彖〉「夫彖者，何也？統論一卦之體，明其所由之主者也。」〈略例下〉「凡彖者，統（通）論一卦之體者也。」二次。

〔註 18〕 以上《周易略例》引文均參考樓宇烈校釋《周易注校釋》，頁 269。「觀其彖辭，則思過半矣」亦見於《繫辭傳》。

界線，另一方面也抬高了《象傳》的地位。其意似主張經由《象傳》掌握彖辭（卦辭），是爲把握《易經》六十四卦之關鍵途徑。此論莫不爲後世學者，尤其是以義理入易者，奉之爲圭臬，《象傳》在易學中的地位，由此可見一般。

第二節　象傳對卦畫之詮釋

六爻組成之卦畫不僅只是做爲一個指示卦名的符號，在易學上，卦畫有複雜多樣的象徵意義。這些象徵，有些來自經卦（三畫卦）的對應象徵，可稱之爲卦象，有些來自別卦（六畫卦）六爻的性質組合及相對位置關係，可稱之爲爻象。卦象及爻象則可總稱之爲卦爻象。

卦爻象理論之研究，以及在占筮或解經上的應用，有相當悠久的歷史與傳統。同樣的一個六爻卦畫，在解析的方法上，以及所象徵的意義上，《左傳》《國語》有《左傳》《國語》的觀點，漢魏諸家如京房、鄭玄、荀爽、虞翻等，亦各有其解析的理論，應用，與創新。王弼易學雖被認爲是盡黜象數，其實亦提出自己的卦爻象理論及主張〔註19〕。其後之易學大家，如李鼎祚、程頤、朱震、朱熹、俞琰、來知德、焦循等，亦無一不有自己的卦爻象解釋觀點。象傳作爲釋經之作，自當有象傳自己的觀點。

如何看待六爻卦畫，並與卦爻辭建立適當的關係，以對易經義理做出合理的詮釋，是易學的核心問題之一。象傳如何看待卦畫？如何解釋卦畫？如何對六十四卦的卦畫賦予象徵意義？更重要的，如何以六十四卦卦畫所象徵的意義來解釋卦名與卦辭。是研究象傳必需要認眞處理的根本問題。〔註20〕

象傳對卦畫的解析，主要可分爲卦象、卦德、及爻象三類。卦象原泛指六爻卦畫所可能呈現的一切象徵，尤其指經由各種方式轉換爲一至數個經卦〔註21〕所顯示的象徵。以八經卦象徵萬物之說其來有自，有極悠久的歷史，先秦古籍如《左傳》，《國語》便有多則筮者對某卦進行卦象解說的記錄〔註22〕。十

〔註19〕參看王弼《周易略例》及朱伯崑《易學哲學史》第一卷，頁250～280。朱伯崑將王弼論周易體例歸納爲五點(1)取義說(2)一爻爲主說(3)爻變說(4)適時說(5)辨位說。五點皆與卦爻象之解釋有關。

〔註20〕更有甚者，王弼以後之易學，除了以卦爻象釋經之外，更企圖以卦爻象釋《象傳》文句本身，唯此已超過本論文之討論範圍。

〔註21〕例如取上下二體，或取互體，或以升降、飛伏等方式產生卦變。

〔註22〕《左傳》及《國語》述吉周易占筮共22則，其中14則涉及卦象解釋。參考高亨〈左傳、國語的周易說通解〉，收錄於黃壽祺，張善文編：《周易研究論

翼之中的《說卦傳》更是有系統的介紹八經卦之象徵意義，並做權威性的解釋，而爲後世易學者奉爲圭臬。例如，「乾爲天、爲圜、爲君、爲父、爲玉、爲金、爲寒、爲冰、爲大赤、爲良馬、爲老馬、爲瘠馬、爲駁馬、爲木果。坤爲地、爲母、爲布、爲釜、爲吝嗇、爲均、爲子母牛、爲大輿、爲文、爲眾、爲柄。其於地也爲黑。」或「乾天也，故稱乎父；坤地也，故稱乎母；震一索而得男，故謂之長男；巽一索而得女，故謂之長女；坎再索而得男，故謂之中男；離再索而得女，故謂之中女；艮三索而得男，故謂之少男；兌三索而得女，故謂之少女。」又如「乾，健也；坤，順也；震，動也；巽，入也；坎，陷也；離，麗也；艮，止也；兌，說也。」之類。

以上所引之末段尤其重要。蓋此將八經卦賦以新的意義。《說卦傳》中，絕大部分的經卦給象，都是具體事物，例如，天，地，水，火，父，母，雷，電等，或自具體事物在經驗中可抽象歸納而得之概念。例如，工，白，長，高等。唯此段「乾，健也；坤，順也；震，動也；巽，入也；坎，陷也；離，麗也；艮，止也；兌，說也。」似在以八經卦之主要象徵物爲對象，並從人的角度賦予它們的關鍵性質〔註 23〕。乾爲天，天體運行強健不已，故其性爲健；坤爲地，大地順天時而生長萬物，故其性爲順；震爲雷，雷作而震動萬物，故其性爲動；巽爲風，風無孔不入，故其性爲入；坎爲水，水可吞陷萬物，故其性爲陷；離爲火，火光照明，光明附麗於所照之物，故其性爲麗〔註 24〕；艮爲山，山阻擋去路，行人至此而止，故其性爲止；兌爲澤，水澤滋潤萬物，使萬物生長喜悅，故其性爲說（悅）。

《象傳》亦從性質的觀點將八經卦賦以象徵意義，但與《說卦傳》有同有異。大體以乾爲健；坤爲順；震爲動；巽爲巽；坎爲險；離爲文明；艮爲止；兌爲說（悅）。與《說卦傳》比較，象傳所給予之象徵意義，更接近人事，而與人的性格或處境有關，故有易學家如朱熹，來知德等，將之稱爲卦德。

卦德原屬卦象的一部分，但因卦德在象傳對卦畫的解析上至爲重要，故此將卦象與卦德作區分。以下卦象專指八經卦在自然界具體存在物及其性質之象徵，卦德專指八經卦在人的行爲，性格，或人事處境上的象徵。

　　　文集》第二輯，北京：北京師範大學，1989 年。頁 125～153。

〔註 23〕朱熹《周易本義‧說卦傳》，收入楊家駱主編：《易程傳，易本義》，臺北市：世界書局，1962 年。頁 71，「此言八卦之性情。」

〔註 24〕《康熙字典‧麗》「又《正韻》附也。《易‧離卦》離，麗也。日月麗乎天，百穀草木麗乎土。」

　　象傳將六畫卦分解為上下二經卦，傳統稱此上下二經卦為二體。仔細整理象傳文句，可得象傳對乾，坤，震，巽，坎，離，艮，兌八經卦進行轉換的規則及出現的頻率如附件 A〈象傳對經卦的概念轉換頻率統計〉所示，此統計完全以象傳中之文句為準，不加任何推斷或引申。以作為象傳卦畫解析方式研究之基本材料之一。

　　除了將六畫卦分解為上下二經卦以取卦象或卦德之外，象傳亦直接針對六爻，視一卦為六爻之組合體，並分析各爻的剛柔、位置及彼此關係，以給予相對的象徵意義，可稱之為爻象。

　　以下分別針對經卦卦象、經卦卦德、及爻象三部分，討論象傳如何解析卦畫，以對卦畫賦予象徵意義。

一、經卦卦象解析

　　如前所述，廣義的經卦卦象，可進一步區分為卦象及卦德。這樣的區分，其來有自。朱熹於《周易本義》中，即將《象傳》解析上下經卦（二體）的方式區分為卦象與卦德〔註 25〕。例如，於屯卦「動乎險中，大亨貞。」注曰「以二體之德釋卦辭」，「雷雨之動滿盈，天造草昧，宜建侯而不寧。」則注曰「以二體之象釋卦辭」；於蒙卦「山下有險，險而止，蒙。」注曰「以卦象，卦德釋卦名，有兩義。」；於需卦「險在前也。剛健而不陷，其義不困窮矣。」注曰「此以卦德釋卦名義。」；於明夷卦「明入地中，明夷。」注曰「以卦象釋卦名。」等。朱熹雖有意識的區分卦象與卦德，並頻繁使用，但並沒有清楚說明「象」與「德」的區分準則。我們或可這樣認定，所謂經卦之卦象，係指經卦所象徵的自然物，以及該自然物所代表的性質。而所謂之卦德，則專指八經卦在人的行為、性格、或人事處境上的象徵意義。經卦與卦德的對應關係及象徵意義將另闢專節討論，本小節僅針對卦象部分進行解析。

（一）卦象轉換

　　就附錄 A 所整理的象傳經卦轉換，將以自然物取象者撿別出，可歸納象傳經卦之自然物取象範圍如下：乾卦為天（4 次），為陽（2 次）；坤卦為地（5 次），為陰（2 次）；震卦為雷（4 次）；巽卦為木（4 次），為風（1 次），為命（命令）（1 次）；坎卦為水（2 次），雨（2 次），為淵（1 次）；離卦為火（3

〔註25〕朱熹另有卦體、互體、卦變等類別。卦體即六畫卦，互體及卦變則為經卦取卦的變化方式。詳見朱熹《周易本義》諸「象曰」下之注。

次），爲明（3次），爲女（2次），爲電（1次）；艮卦爲山（1次），爲男（1次）；兌卦爲女（3次），爲澤（1次），爲水（1次）；共計44次卦象轉換。這些取象原則上均不離《說卦傳》或《左傳》之取象範疇，可以說是八卦取象的古老規矩。以下針對此類取象方式進一步詳述之。

1. 乾爲天〔註26〕，爲陽〔註27〕。

乾爲天乃八卦取象的古老規矩。乾爲剛卦，故亦爲陽。

2. 坤爲地〔註28〕，爲陰〔註29〕。

坤爲地乃八卦取象的古老規矩。坤爲柔卦，故亦爲陰。

3. 震爲雷〔註30〕。

震爲雷乃八卦取象的古老規矩。

4. 巽爲木〔註31〕，爲風〔註32〕，爲命〔註33〕

巽爲風乃八卦取象的古老規矩。古人以爲樹木能生風，故亦爲木；又以風爲風俗教化之政令，故爲命。

5. 坎爲水〔註34〕，爲雨〔註35〕，爲淵〔註36〕。

坎爲水乃八卦取象的古老規矩。雨爲天上之水，淵則爲聚水之深潭。

6. 離爲火〔註37〕，爲明〔註38〕，爲女〔註39〕，爲電〔註40〕。

〔註26〕爲天4次，分別爲：乾「萬物資始，乃統天。」，泰「天地交」，否「天地不交」，大有「應乎天而時行」。

〔註27〕爲陽2次，分別爲：泰「內陽而外陰」，否「內陰而外陽」。

〔註28〕爲地5次，分別爲：坤「牝馬地類，行地無疆」，泰「天地交」，否「天地不交」，晉「明出地上」，明夷「明入地中」。

〔註29〕爲陰2次，分別爲：泰「內陽而外陰」，否「內陰而外陽」。

〔註30〕爲雷4次，分別爲：屯「雷雨之動滿盈」，噬嗑「雷電合而章」，恆「雷風相與」，解「天地解而雷雨作」。

〔註31〕木4次，分別爲：益「木道乃行」，鼎「以木巽火」，渙「乘木有功也」，中孚「乘木舟虛也」。

〔註32〕爲風，恆「雷風相與」。

〔註33〕爲命（政令），巽「重巽以申命」。

〔註34〕爲水2次，分別爲：坎「水流而不盈」，井「巽乎水而上水」。

〔註35〕爲雨2次，分別爲：屯「雷雨之動滿盈」，解「天地解而雷雨作」。

〔註36〕爲淵，訟「入於淵也」。

〔註37〕爲火3次，分別爲：睽「火動而上，澤動而下」，革「水火相息」，鼎「以木巽火」。

〔註38〕爲明3次，分別爲：離「重明以麗乎正」，晉「明出地上」，明夷「明入地中」。象傳將離卦轉換爲“明”共計有五次，此處取三次，另二次作爲明智之明，視爲卦德而非卦象。

離爲火乃八卦取象的古老規矩。火光照明，明爲火之性質；電爲閃電，爲天上之火；明與電均爲火之引申。離爲柔卦，故爲女。要注意的是，"明" 亦有明智的意思，明智之明應屬卦德，將於下一小節說明之。

7. 艮爲山〔註41〕，爲男〔註42〕。

艮爲山乃八卦取象的古老規矩。艮爲剛卦，故亦爲男。

8. 兌爲女〔註43〕，爲澤〔註44〕，爲水〔註45〕。

兌爲澤乃八卦取象的古老規矩。澤爲水聚之處，故亦爲水。兌爲柔卦，故亦爲女。

由以上之分析，可知象傳之經卦取象，大約可分兩類。一類是以古老的八卦取象爲基礎，以乾爲天；坤爲地；震爲雷；巽爲風；坎爲水；離爲火；艮爲山；兌爲澤。並加以適度的變化及引申。另一類是以剛、柔爲基礎，並引申爲男、女；陽、陰。

若單就象傳文句論之，可知象傳取象的規則十分單純。但後世易學往往有擴大解釋的傾向，例如高亨《周易大傳今注》設有象傳之〈卦象備查表〉〔註46〕，分列象傳各經卦之取象，例如以乾象徵朝廷，國君等，此皆爲依象傳文本所作的推測，而非象傳文本自身的取象。另如持巽爲長女；離爲中女；兌爲少女；艮爲少男之說以解釋象傳，此說雖見於《左傳》及《說卦傳》，但《象傳》文本中實未見此論，乃後世學者所作的發揮。〔註47〕

（二）經卦上下位置的轉換

象傳除了將上下經卦轉換而得象徵物，亦將經卦之上下位置，轉換爲象徵物空間位置之對應關係，包括：

(1) 上下關係：

〔註39〕爲女 2 次，分別爲：睽「二女同居」，革「二女同居」。

〔註40〕爲雷，噬嗑「雷電合而章」。

〔註41〕爲山，蒙「山下有險」。

〔註42〕爲男，咸「男下女」。

〔註43〕爲女 3 次，分別爲：咸「男下女」睽「二女同居」，革「二女同居」。

〔註44〕爲澤，睽「火動而上，澤動而下」。

〔註45〕爲水，男，革「水火相息」。

〔註46〕見高亨《周易大傳今注》頁 16～18。原表含《彖傳》《象傳》之卦象。

〔註47〕例如咸卦「男下女」，孔穎達《周義正義》「艮爲少男而居於下，兌爲少女而處於上，是男下於女也。」少男，少女之論應來自《說卦傳》，未必是《象傳》原意。

將二經卦上下關係轉換爲所象徵物之上下相對關係，上卦者恆在上，下卦者在下。如咸卦之「男下女」；晉卦之「明出地上」；睽卦之「火動而上，澤動而下」等。若象徵物非成對出現，亦將上經卦象徵物置於上方，例如蒙卦之「山下有險」，山（艮）在上方，故相對有山下。或下經卦象徵物置於下方，例如井卦之「巽〔註48〕乎水而上水」，水在下，故相對有上水。

(2) 內外關係：

將二經卦上下關係轉換爲所象徵物之內外相對關係，上卦者恆在外，下卦者在內或在中。例如泰卦之「內陽而外陰」，否卦之「內陰而外陽」，明夷卦之「明入地中」等。

(3) 並列關係：

視二經卦爲二象徵物之並列或動態變化，而不做位置上下區分。例如，泰卦之「天地交」，恆卦之「雷風相與」，革卦之「水火相息」等。

象傳未必將所有的上下經卦都作空間位置上的解釋，有時候亦完全不帶空間位置意義〔註49〕。但只要是在空間位置上做區分，必定以上經卦爲上，爲外；下經爲下，爲內，爲中。

將上下經卦賦以空間意義，是十分關鍵性的，在《左傳》《國語》中，經常出現這樣的占筮解釋〔註50〕；《大象傳》中更全面的以此爲解經的重要規則，此點將在下一章中詳述之。

不論是上、下；內、外；乃至並列，一旦將象徵物做出空間位置的描述，就可構造出更具象的圖畫，因而能與感官經驗相契，並產生更豐富的意義。例如咸卦之「男下女」以男在女下，下求於上，男求於女，來豐富咸卦夫婦關係之始，並以釋卦辭「取女」；晉卦之「明出地上」構成日出而升之圖象，以豐富象傳以晉爲進的概念。即使對不帶空間意義的卦象，象傳亦會添加一些字詞，以使卦象呈現更豐富的意義。例如訟卦以坎爲淵，以「入於淵也」形容爭訟如渡河誤入深淵之凶險。渙卦以巽爲木，以「乘木有功也」說明大水泛漫時乘木舟以涉大川。

綜合上述，象傳將六畫卦分解爲上下二經卦，分別取象，並依經卦之上

〔註48〕此處 "巽" 爲入，參考《說卦》「巽，入也」。
〔註49〕例如睽卦及革卦「二女同居」。
〔註50〕例如《左傳·莊公二十二年》陳侯使周史筮之，遇觀之否，觀卦下坤上巽，否卦下坤上乾，周史解卦「巽，風也，乾，天也，風爲天於土上，山也。」因著風（巽），天（乾），地（坤）的上下關係，導出「山」字。

下關係建立物象之空間位置關係，以建構含意更爲豐富的圖象。此圖象轉換所形成之概念，可用以解釋卦名、卦辭、或說明卦旨。

二、經卦卦德解析

《說卦傳》有「乾，健也。坤，順也。震，動也。巽，入也。坎，陷也。離，麗也。艮，止也。兌，說也。」之說，以此對八經卦做一個本質上的說明。象傳亦有類似的用法，可稱之爲卦德或卦義〔註51〕，即以人的德或義爲取向，賦經卦以人事上的象徵。換句話說，就是將八經卦的屬性「由自然現象移轉至人類觀察的對象，並與人的生活世界產生了聯繫。」〔註52〕

卦德之德，未必悉作道德解釋。「德者得也」（管子・心術上）「德者內也。」（韓非・解老）「足乎己無待於外之謂德」（韓愈・原道）。凡內在的，尤其內在於人的，性質，稟賦，或能力，都可稱之爲德。

（一）卦德轉換

以下歸納象傳經卦之人事取向範圍及頻率如下〔註53〕：乾卦爲健（7次），爲剛（6次），爲剛健（3次），爲乾（2次）；坤卦爲順（12次），爲柔（3次），爲柔順（1次）；震卦爲動（12次），爲剛（2次）；巽卦爲巽（10次），爲柔（3次）；坎卦爲險（11次），爲剛（2次），爲陷〔註54〕（1次）；離卦爲文明（5次），爲明（2次）〔註55〕，爲麗乎明（3次），爲柔（2次）；艮卦爲止（10次），爲剛（2次），爲篤實（1次）；兌卦爲說（14次），爲柔（4次）；共計118次卦德轉換〔註56〕。從這些取德的頻率來看，象傳對經卦的解釋，取卦德的118次遠高於取卦象的46次，也就是說，象傳的卦德取向是明顯高於卦象取向的。以下針對八經卦之取德方式做進一步的分析。

首先要指出，剛、柔這兩種卦德，在八經卦中都有出現。這是因爲象傳將八經卦分爲兩組：乾、震、坎、艮爲一組，屬剛卦；坤、巽、離、兌爲一組，屬柔卦。此類區分可參考《繫辭傳》

〔註51〕 例如朱伯崑即以此爲取義說，或卦義說。參考《易學哲學史》第一卷，頁25
　　　　～27。
〔註52〕 見傅佩榮《解讀易經》，新北市：立緒文化，2005年。頁585。
〔註53〕 明細請參考附錄Ａ〈象傳對經卦的概念轉換統計〉。
〔註54〕 嚴格說應是不陷，需「剛健而不陷」。
〔註55〕 象傳將離卦轉換爲"明"共計有五次，此處取二次，另三次作爲光照之明，
　　　　視爲爲卦象而非卦德。
〔註56〕 此只是概括統計，事實上，同一文句，屬卦象或卦德並沒有絕對的畫分標準。

陽卦多陰，陰卦多陽，其故何也？陽卦奇，陰卦耦。其德行何也？

陽一君而二民，君子之道也；陰二君而一民，小人之道也。

象傳取相同之規則，但以剛柔取代陰陽，將八經卦分爲剛卦及柔卦。剛卦之卦德爲剛，柔卦之卦德爲柔。

剛柔對舉併用起源甚早，《尚書·洪範》即有剛克，柔克之說〔註57〕。剛柔可視爲兩種行爲處事的態度或風格，剛爲剛直，剛強；柔爲懷柔，柔順。先秦古籍如《左傳》亦多用剛、柔說明人的個性或行事風格，例如「勇而無剛」（隱公九年），「剛而無禮」（僖公二十七年），「斷之以剛」（昭公六年），「懷柔天下」（僖公二十四年），「柔而不犯」（文公十三年）等。

相對而言，日照爲陽，幽暗爲陰〔註58〕。《左傳》《國語》之陰、陽多用以形容明暗，或作地名〔註59〕、人名〔註60〕，或爲形而上學意味之概念，如陰氣、陽氣、陰陽之事等〔註61〕。而較少涉人事。

在除去剛、柔二德後，以下將八經卦之其他卦德，分別整理如下：

1. 乾：爲健〔註62〕，爲剛健〔註63〕，爲乾〔註64〕。

乾以健爲核心卦德，健爲強健不息之德。乾爲天，此將天體運行四季更替恆久有序的現象，轉換爲人之強健不息的內在要求。乾爲剛卦，剛健爲健與剛的結合。乾即健，《說卦》「乾，健也」，乾卦九三「君子終日乾乾」《周易正義》疏「言天之體，以健爲用。」此以乾爲健之證。

2. 坤：爲順〔註65〕，爲柔順〔註66〕，爲柔。

〔註57〕《尚書·洪範》「三德：一曰正直，二曰剛克，三曰柔克。平康，正直；彊弗友，剛克；燮友，柔克。沈潛，剛克；高明，柔克。」

〔註58〕《說文》釋陰「闇也。水之南，山之北也。」

〔註59〕例如《左傳·僖公元年》「公賜季友汶陽之田」《左傳·僖公三年》「會于陽穀」

〔註60〕例如《左傳·莊公八年》「殺孟陽于床」

〔註61〕例如《國語·周語》「陽伏而不能出，陰迫而不能烝，于是有地震。」；《左傳·僖公十六年》「是陰陽之事，非吉凶所生也，吉凶由人，吾不敢逆君故也。」

〔註62〕爲健7次，分別爲：訟「險而健」，小畜「健而巽」，泰「內健而外順」，同人「文明以健」，无妄「動而健」，大畜「能止健」，夬「健而說」。

〔註63〕爲剛健3次，分別爲：需「剛健而不陷」，大有「其德剛健而文明」，大畜「剛健篤實」。

〔註64〕爲乾2次，分別爲：履「說而應乎乾」，同人「而應乎乾」。

〔註65〕爲順12次，分別爲：坤「乃順承天」，師「行險而順」，比「下順從也」，泰「內健而外順」，豫「順以動」，臨「說而順」，觀「順而巽」，剝「順而止之」，復「動而以順行」，晉「順而麗乎大明」，萃「順以說」，升「巽而順」。

〔註66〕爲柔順1次，明夷「內文明而外柔順」。

坤以順爲核心卦德，順爲順從配合之德。坤爲地，此將大地順應四時生長萬物的現象，轉換爲人之順應時勢而爲的內在要求。坤爲柔卦，柔順爲順與柔的結合。

有關剛柔的判讀，可以從卦象來看，亦可從爻象來看，見仁見智。詳細說明可參考附錄 A〈象傳對經卦的概念轉統計〉。

3. 震：爲動〔註67〕，爲剛。

震以動爲核心卦德，動爲行動，實踐之德。震爲雷，此將雷行時大地震動，乃至驚動萬物的現象，轉換爲人之努力實踐有所作爲的內在要求。

4. 巽：爲巽〔註68〕，爲柔。

巽以巽爲核心卦德。巽通遜，爲謙退委宛之德。《康熙字典》釋巽「音遜…與遜通。《集傳》巽遜古通用。」；陸德明《經典釋文》「以巽，音遜。鄭云：當作遜。」遜，《說文解字》段注「六經有孫無遜」。蓋先秦典籍無遜字，遜作孫，如《論語》「邦無道，危行言孫。」「幼而不孫弟，長而無述焉。」（憲問）之“孫”。

巽爲風，此將輕風拂物隨形，柔和而不強入的現象，轉換爲人之言行謙退委宛的內在要求。

傳統多有以「巽」爲「順」者。例如，孔穎達《周義正義》，釋象傳小畜卦「健而巽」爲「內既剛健而外逢柔順」；釋蠱卦「巽而止」爲「順止靜」；釋恆卦「巽而動」爲「震動而巽順，無有違逆，所以可恒也。」；於巽卦，更直言「巽者卑順之名」。程頤亦於《易程傳》中，釋蠱卦「巽而止」爲「艮，止也。巽，順也。」；釋恆卦「巽而動」爲「下巽順，上震動。爲以巽而動。」。但若以巽爲順，則巽卦之德將與坤卦之德相同而重複，恐非象傳之本意，當以巽爲遜較妥。

另，《說卦傳》云「巽，入也。」〔註69〕《象傳》則以巽（遜）爲巽卦之德，此有異於《說卦傳》，但《象傳》在巽字之使用上，有時亦以巽爲入。例

〔註67〕爲動 12 次，分別爲：屯「動乎險中」，豫「順以動」，隨「動而說」，噬嗑「動而明」，復「動而以順行」，无妄「動而健」，恆「巽而動」，大壯「剛以動」，解「險以動」，益「動而巽」，歸妹「說以動」，豐「明以動」。

〔註68〕爲巽 10 次，分別爲：小畜「健而巽」，蠱「巽而止」，觀「順而巽」，大過「巽而說行」，恆「巽而動」，益「動而巽」，升「巽而順」，井「巽乎水而上水」，漸「止而巽」，中孚「說而巽」。

〔註69〕《序卦傳》亦曰「巽者入也。」，但此巽爲六畫卦之巽。

如井卦「巽乎水而上水」此巽非作卦德之巽（遜），而是以巽作入〔註70〕，以「入乎水而上水」形容汲井之動作。此亦說明象傳以遜爲巽德而非以入爲巽德，並非出於忽略，而是有意識的選擇。

5. 坎：爲險〔註71〕，爲剛，爲陷。

坎以險爲核心卦德。險爲於險境中自處之德。坎爲水，此將大水吞沒萬物的凶險現象，轉換爲人面臨凶險時有所應對的內在要求。

值得注意的是，《說卦傳》云「坎，陷也。」，象傳不以坎爲陷，反以坎爲行險而不陷於險，故《象傳‧需卦》曰「剛健而不陷」。

6. 離：爲文明〔註72〕，爲明〔註73〕，爲麗乎明〔註74〕，爲柔。

離以文明爲核心卦德，爲人文彰顯之德。有時亦以明，或麗乎明，爲卦德。"明" 爲明智之德，"麗乎明" 爲合於明智之諸德。

離爲火，爲明，日光明照萬物，黑夜時，唯人類能以火光照明以突破黑暗。用火是人類文明的起點，此將照明轉換爲人運用智慧改善自然以彰顯人類價值的內在要求。

文明二字連用在先秦古籍中並不多見。《尚書‧舜典》有「濬哲文明」，文明二字《五經正義》疏曰「經緯天地曰文。」「照臨四方曰明。」；蔡沈《書經集傳》注曰「文理而光明」，均將文明分做二字解釋，未必作複合語詞使用。

象傳中「文明」二字連用共出現五次，〔註75〕應是作有特定含意之複合語詞使用。文爲文飾，明爲彰顯，文明即經由人的努力以改變原始之自然狀態，並彰顯人類存在的價值。文明相對野蠻，文明可指一切教化人類使之脫離原始與野蠻的總成果。以此，離卦之卦德當指努力使人類脫離草昧狀態之

〔註70〕另一例爲鼎卦「「以木巽火」之巽，亦作動詞而非卦德。《易程傳》注「以木從火，所以亨飪也。」

〔註71〕爲險 11 次，分別爲：屯「動乎險中」，蒙「山下有險」「險而止」，需「險在前也」，訟「險而健」，師「行險而順」，坎「重險也」，蹇「見險而能止」，解「險以動」，困「險以說」，節「說以行險」。另有需「剛健而不陷」可理解爲不陷險。

〔註72〕爲文明 5 次，分別爲：同人「文明以健」，大有「其德剛健而文明」，賁「文明以止」，明夷「內文明而外柔順」，革「文明以說」。

〔註73〕爲明 2 次，分別爲：噬嗑「動而明」，豐「明以動」。此明爲明智之明，而非光照之明。

〔註74〕爲麗乎明 3 次，分別爲：晉「順而麗乎大明」，睽「說而麗乎明」，旅「止而麗乎明」

〔註75〕另《文言‧乾》亦有「見龍在田，天下文明。」

德。即使人文彰顯之德。

明有光明，明亮，明智等多重意義，若從內在之德而論，則以明智較具概括性。麗爲麗附〔註76〕，麗乎明即麗附於明智，亦即言行合於明智之德。以此「順而麗乎大明」（晉卦）即合於明智的順從；「說而麗乎明」（睽卦）即合於明智的喜悅；「止而麗乎明」（旅卦）即合於明智的節制。

7. 艮：爲止〔註77〕，爲篤實〔註78〕，爲剛。

艮以止爲核心卦德。止爲節制不妄動之德。

艮爲山，此將山阻擋人車去路，限制其發展的現象，轉換爲人在言行上自我節制的內在要求。同時，山廣大厚重的形象，亦象徵人之篤實厚重。

8. 兌：爲說（悅）〔註79〕，爲柔。

兌以說（悅）爲核心卦德。說（悅）爲對自身使命或處境歡喜接受之德。

兌爲澤，此將澤水滋潤萬物，使萬物欣欣向榮的歡愉，轉換爲人之欣然面對現狀的內在要求。

（二）卦德轉換時上下經卦關係

象傳在取卦德時，對待上下經卦，不再如取卦象時般的視爲空間位置之對應關係，而另有更抽象的處理規則。首先，可以就經卦上下位置關係，賦予時間、地位、或主客等象徵意義。若作時間關係處理時，上卦恆象徵在前（未來），下卦在後（現在）。例如需卦「險在前也」；蹇卦「見險而能止」。若作地位關係處理時，上卦恆象徵在上位者，下卦爲在下位者。例如比卦「下順從也」。若作主客關係處理時，上卦恆象徵對外者，下卦爲在己者。例如泰卦「內健而外順」；否卦「內柔而外剛」；明夷卦「內文明而外柔順」。

象傳更常見的方式是逕以「A 而 B」或「A 以 B」的形式語句來構作二經

〔註76〕麗爲依附或附著，象傳離卦曰「離，麗也。日月麗乎天，百穀草木麗乎土。」是爲象傳對離字的標準解釋。另，以麗乎明說離，似以離與麗做雙關語。《說卦》亦云「離，麗也。」，離有麗於明的意思。

〔註77〕爲止 10 次，分別爲：蒙「險而止」，蠱「巽而止」，賁「文明以止」，剝「順而止之」，大畜「能止健」，咸「止而說」，蹇「見險而能止」，艮「艮其止」，漸「止而巽」，旅「止而麗乎明」。

〔註78〕爲篤實 1 次，大畜「剛健篤實」。

〔註79〕爲說 14 次，分別爲：履「說而應乎乾」，隨「動而說」，臨「說而順」，大過「巽而說行」，咸「止而說」，睽「說而麗乎明」，夬「健而說」，萃「順以說」，困「險以說」，革「文明以說」，歸妹「說以動」，兌「兌，說也」，節「說以行險」，中孚「說而巽」。

卦卦德的關係。例如訟卦「險而健」；同人卦「文明以健」等，此類語句約佔象傳卦德轉換的三分之二以上。細析此類構作可發現，A 恆爲下經卦之卦德，B 恆爲上經卦之卦德。也就是說，當經卦之上下位置不具象徵意義時，象傳取德的順序恆以先下卦而後上卦。事實上，不論是取象或取德，除非是取二經卦上下位置之象徵意義（例如蒙卦之「山下有險」；晉卦之「明出地上」），否則象傳係有意識的以先下後上爲規則解釋卦畫。故觀卦下坤上巽曰「順而巽」，升卦下巽上坤則曰「巽而順」；噬嗑下震上離曰「動而明」，豐卦下離上震則曰「明以動」。

綜合以上，象傳在經卦的解釋上，是以卦德爲主的，對經卦的解釋，取卦德遠多於取卦象。在卦德的賦予上，以及取卦的順序上，象傳也與《左傳》《國語》乃至《說卦》有明顯的差別。這不可不說是象傳解經的特色。經由卦德的轉換，使卦畫所呈現的意義，以及卦畫與卦辭的結合，乃至卦名及卦辭的解釋，更具人文義理色彩。

三、爻象解析

六畫卦，又稱重卦或別卦，易學傳統上視重卦爲二經卦重疊而成。就歷史發生之順序論之，六畫卦是否爲三畫卦重疊而成，以及六畫卦是否出現在三卦之後，近代易學對此尚有爭議。但若就六畫卦之解釋論之，不論是《左傳》《國語》或《象傳》本身，對重卦之取象或取德等解釋，都是從二經卦相重的觀點來看六畫卦，此於前節已作詳述。

唯象傳另以重卦之六爻，而非二體，爲對象進行解析，並賦以象徵意義。此視重卦爲六爻之組合，而非二經卦之組合，擺脫了六爻爲兩個三爻所組合的限制，因而大大的擴充了卦畫解釋的空間。在春秋易學中，未見此類之發揮，而首見於象傳〔註80〕，是爲象傳在易學中的重大創新與突破。

所謂爻象，即以爻爲對象進行卦畫解析，依各爻之爻符、爻位、及彼此關係等，以解釋該爻之性質及象徵。此處所謂爻符指爻的陰陽符號，爻位指爻在一卦中的絕對位置。

象傳之爻象解析方式，依象傳文本自身，可得靜態爻位，動態往來，及六爻合象三種，分述於後。理論上，重卦有重卦之爻象，經卦亦可有經卦之

〔註80〕 《小象傳》亦如此看待六爻，此預設《象傳》較《小象傳》早出，此議題將於第六章再做討論。

爻象，但象傳之爻象主要針對重卦六爻而說，但亦偶有依經卦說爻象者，以下若遇有此情況，將明文指出。

（一）靜態爻位

靜態爻位解析乃針對爻象作靜態的描述。包括絕對爻位之爻象，如剛、柔、中、正、當位等；及相對爻位之爻象，如乘、承（順）、應、敵等。分述如下：

1. 絕對爻位之爻象

傳統易學，依六爻之絕對位置，由下而上之順序，有初、二、三、四、五、上之分。此位置順序僅與各爻自身有關，不受他爻影響，可稱絕對爻位。各爻又以陰陽符號顯示其為陰爻或陽爻，唯象傳以剛柔稱之，以陽爻為剛，陰爻為柔。今依絕對爻位及其剛柔性質，整理象傳爻象文句，可得剛、柔、中、正、當位等爻象用語。以下逐一詳述之。

(1) 剛、柔、正、當

就爻德（爻符）論之，陽爻為剛，陰爻為柔。就爻位論之，初，三，五為剛位，二，四，上為柔位。若剛爻處剛位，或柔爻處柔位為，則為正〔註81〕，又稱當（位）或得位；否則為不當位。

例如既濟卦初、三、五爻為剛，二、四、上爻為柔，剛柔皆正而得位，故曰「剛柔正而位當」；小畜卦四為柔，故曰「柔得位」；蹇卦二為柔，五為剛，皆當位，故曰「當位貞吉〔註82〕」；歸妹卦二為柔，五為剛，皆不當位，故曰「位不當也」。

除了以剛，柔釋陽爻與陰爻外，象傳亦以男釋陽爻，女釋陰爻。例如家人卦，二為陰為女，得正且位於下卦在內，五為陽為男，得正且位於上卦在外，故曰「女正位乎內，男正位乎外外」〔註83〕

(2) 中與正

爻二處下卦之中，五處上卦之中。故以二、五爻為中，或稱得中。剛爻得中為剛中或剛得中，柔爻得中為柔得中。例如蒙卦，二為剛且中，故曰「以剛中也」；訟卦二為剛且中，故曰「剛來而得中」〔註84〕；噬嗑卦二、五爻皆

〔註81〕 正字之用法較特殊，常與中字合用，將與中字合併討論之。

〔註82〕 貞吉二字出自卦辭，此以爻象（當位）釋卦辭（貞吉），卦爻象與卦辭之間的關係將於下文進一步討論。

〔註83〕 以男，女入爻象者，象傳僅此一例。

〔註84〕 來字另有寓意，將於下文進一步討論。

爲柔且中，故曰「柔得中而上行」〔註85〕。

二、五爻爲中，當位爲正，若二爲柔或五爲剛則既中且正，稱之爲「中正」。例如訟卦九五爲剛且當位，故曰「尚中正也」；履卦九五爲剛，剛中且正，故曰「剛中正」。象傳慣例，二、五爻當位稱正，其他爻當位多稱當，或得位。

象傳不但以中爻當位爲正，亦以貞爲正，這使得爻象與卦辭之間產生某種巧妙的結合。同樣地，剛、柔、中、當等字，一方面作爲爻象解析之專用字詞，一方面又以文字之字義用以解釋卦辭。有關卦爻象與卦辭的結合，將於本章第三節作進一步討論。

2. 相對爻位之爻象

除了各爻絕對位置之爻象外，爻與爻之間的相對位置關係亦構成某些爻象，這類爻象因具相對性，可稱相對爻位之爻象，如乘、承、應、敵等，茲分述如下。

(1) 乘、承（順）

傳統易學術語，設甲、乙爲相臨二爻，若甲在乙之上，謂甲乘乙，反之，則謂甲承乙。乘字之用法最早可溯於《左傳·昭公三十二年》「在易卦，雷乘乾曰大壯。」，大壯卦上震下乾，震爲雷且在乾之上，故曰「雷乘乾」。

乘、承基本上用於描述相臨二爻的上下關係，但在使用習慣上，常以陰爻爲基準，陰爻在陽爻之上爲陰乘陽，陰爻在陽爻之下爲陰承陽。陰乘陽，象傳謂之柔乘剛。例如歸妹卦五爲柔，四爲剛，故曰「柔乘剛也」；又夬卦上爻爲柔，下五爻皆爲剛，故曰「柔乘五剛也」。唯象傳中並不見"承"字，〔註86〕而以"順"爲承，柔爻在剛爻之下爲柔順剛，例如旅卦上爻爲剛，五爻爲柔在中且在外卦，故象曰「柔得中乎外而順乎剛」；巽卦初、四兩爻爲柔，且都在剛爻之下，則稱「柔皆順乎剛」。

(2) 應、敵

爻象雖以六畫卦爲對象，但仍作上下二經卦的考量，只是考量的對象不再是經卦本身而是經卦的三爻。除了以經卦之中爻（二、五爻）爲中之外，

〔註85〕上行二字另有寓意，將於下文進一步討論。

〔註86〕"承"字之使用，當是後世易學家之引申。此或與《小象傳》有關。節卦六四《小象傳》曰：「安節之亨，承上道也。」以釋爻辭「安節，亨」，可視爲陰承陽之用例。王弼《周易略例·明卦適變通爻》「承乘者，逆順之象也。」並於其《周易注》釋小過象傳「上則乘剛，逆也；下則承陽，順也。」可知王弼時，"承"之用法已成慣例。

亦將下經卦的初、二、三爻與上經卦的四、五、六爻對應，即初與四對應，二與五對應，三與上對應。對應之二爻，若爲一剛一柔，則爲有應，否則爲不應，或敵應。例如蒙卦，二爲剛爻、五爲柔爻，故象傳曰「志應」〔註87〕；比卦九二爲剛，六五爲柔，故象傳曰「上下應也」；艮卦初與四皆柔，二與五皆柔，三與上皆剛，上下卦六爻皆不相應，故曰「上下敵應」。

（二）動態往來

不論從絕對的或相對的爻位來看爻象，如中、正、當位、有應等，都屬靜態的。但另有一類以動態往來的角度解說爻象，可稱動態往來之爻象。易經卦辭中有「小往大來」〔註88〕「大往小來」〔註89〕，此或爲易學往來說之濫觴。

中文使用慣例，由內而外爲 "往"，由外至內稱 "來"。由下而上爲 "進"，由上至下稱 "退"。易學傳統以下經卦在內，爲內卦，上經卦在外，爲外卦，故以由下至上爲往〔註90〕爲進，或稱上，上行，由上至下爲來，爲退〔註91〕，或稱下，下行。

動態爻象由於涉及到指涉對象的動態發展，而且相關語詞如往、來、上、下等在使用上，也不似靜態爻象語詞如中、正、當、應等在語義的表達有明顯的規則性。欲對象傳爻象的動態描述有進一步理解及掌握，有必要列出相關語句並比對解析，以整理出可能的規則。

象傳出現往、來、進、上、下字詞，且可能用於卦爻象描述者，計有訟（上剛下險…剛來而得中也）、隨（剛來而下柔）、蠱（剛上而柔下）、噬嗑（柔得中而上行）、賁（柔來而文剛…分剛上而文柔）、无妄（剛自外來而爲主於內）、大畜（剛上而尙賢）、咸（柔上而剛下）、恆（剛上而柔下）、晉（柔進而上行）、睽（柔進而上行，得中而應乎剛）、蹇（往得中也）、損（損下益上，其道上行）、益（損上益下…自上下下）、鼎（柔進而上行，得中而應乎剛）、渙（剛來而不窮，柔得位乎外而上同）等共 16 卦。〔註92〕以下從此 16 卦推敲分析，以對動態爻象做進一的掌握。唯在此之前，先對動態爻象認定之判

〔註87〕 志字另有寓意，象傳以剛爲志，此將於第三節進一步討論。
〔註88〕 〈泰〉「小往大來。吉亨。」
〔註89〕 〈否〉「否之匪人，不利君子貞，大往小來。」
〔註90〕 象傳較少使用 "往" 字，泰卦及否卦之象傳雖有「小往大來」「大往小來」等字，但此爲係引卦辭而非說爻象。
〔註91〕 象傳不使用 "退" 字。
〔註92〕 此畫分及統計未必有絕對性，亦可能因動態觀點或語詞對象的認定而有出入。

準做一解說。

　　首先，就動態觀點言之，往來上下等字詞，本應是做動詞使用，但易學中之往來上下等運動總是涉及上下卦，若言及 "來" 或 "下"，必是有物自上卦來下卦而處下卦，若言 "進" 言 "上"，必是有物自下卦往上卦而處上卦。故就結果論之，往來上下亦可作副詞使用，指所言說之對像在運動結束時，處於上卦或下卦。例如 "剛上" 可以指某剛物往上（上卦），亦可謂某剛物終止於上卦。例如咸卦（下艮上兌）「柔上而剛下」就動作論之，可以是某柔物往上，剛物來下；就結果論之，亦可指某柔物在上，剛物在下。

　　其次，往來上下等動作，應有動作之對象，檢查上述十六卦之詞句，可知大體以爻之剛、柔爲對象，若未涉及剛柔，如蹇卦之「往得中也」，損卦之「損下益上」等，則較難認定是否屬卦爻象用語範圍，亦可只是對卦名卦辭的一般解說而無涉卦爻象。

　　再者，爻有剛爻柔爻，卦亦有剛卦柔卦。若文句中之剛柔，與中、正、應等靜態爻象之字詞連用，則可斷定係對爻象而說，否則亦有可能是對經卦象而說。例如咸卦之「柔上而剛下」，固可以指柔卦往上，剛卦來下；亦可以解釋爲柔爻往上（爲上六），剛爻來下（爲九三）。〔註93〕

　　易學文獻中對動態往來的解釋，大體有二體說，動爻說，卦變說，及對卦說等四種，茲簡介如下：

1. 二體說

　　二體說以上下二經卦的剛柔性質解釋往來，即以上下二經卦爲往來之對象。來者爲下卦，往者在上卦。

　　例如大畜卦「剛上而尚賢」，大畜卦下乾上艮，乾爲剛卦，艮亦爲剛卦，下乾之剛往上，故曰「剛上」。此以大畜之二經卦說往來上下，而不涉爻象。嚴格來說，若以二體釋往來上下，只能說是就卦象卦德而論，不可謂之爻象。例如咸卦下艮上兌，以兌爲柔處上，艮爲剛在下，故釋咸卦以「柔上而剛下」；恆卦下巽上震，震爲剛處上，巽爲柔在下，故釋恆卦以「剛上而柔下」等，此與其說是動態爻象，不如說是動態卦象。

　　亦有以上下經卦之一以說往來者。例如无妄「剛自外來而爲主於內」高亨注曰「外卦爲乾」「內卦之剛乃自外卦而來，是爲 "剛自外來"」〔註94〕，

〔註93〕此處本文採「柔卦往上，剛卦來下。」之說，故未列入動態爻象十六例之中。
〔註94〕高亨《周易大傳今注》，頁207。

此所謂內卦之剛，指初九，是爲內卦（震）之唯一之剛爻，故爲主〔註 95〕。
此以外卦之剛來內卦之初九以釋「剛自外來而爲主於內」。

　　二體說若與卦變說結合，則更是變化萬端，高深難測。要注意的是，字
詞中一旦有中、正、應等靜態爻象字詞，二體說便不適用，此是爲其限制。

　　2. 爻動說

　　爻動說主張象傳中所謂的剛柔往來上下，所涉之對象爲某爻，而非上下
經卦。爻動說認定一卦之中，有一或二爻爲關鍵爻，〔註 96〕象傳往來上下等
皆指此關鍵爻而說。象傳注重中爻，常以二、五爻爲指涉對象，文句中多見
如「剛中」，「柔得中」等字詞，順其文義解釋，可指有物往來，終而落在中
爻。例如訟卦「剛來而得中也」，孔穎達疏「九二之剛，來向下體而處下卦之
中，爲訟之主。」（周易正義）；晉卦「柔進而上行」，孔穎達疏「六五以柔而
進，上行貴位。」（周易正義）。

　　另如噬嗑卦「柔得中而上行」王弼注「凡言上行，皆所之在貴也。」傳
統易學以五爲君位、貴位，王弼認爲在象傳中，只要提到上行的〔註 97〕，必
定是上行至五爻之位。

　　中爻不但是往來的終點，也可以是往來的起點，如上例噬嗑「柔得中而
上行」高亨即主張「六二爲陰爻，爲柔，居下卦之中位，六五亦爲陰爻，爲
柔，居上卦之中位，是爲柔得中。」〔註 98〕。

　　爻動之說，看似單純，但在實際應用時，往往在起迄點的認定上，時而
語意含混以使在解釋上有更大的彈性。例如无妄卦「剛自外來而爲主於內，
動而健，剛中而應。」內卦震初九爲獨爻而可爲內卦之主，故「主於內」宜
指初九，「剛中而應」與「剛自外來」合看，宜指九五，九五在外爲剛爲中並
與六二有應。綜合判斷之下，「剛自外來而爲主於內」可理解爲九五（在外爲
剛）來初九（內卦之獨爻）而爲內卦之主。

　　爻動說亦可能與二體說結合，以爲上下二經卦各有主爻（獨爻），象傳中
之往來內外，皆針對此主爻而說。〔註 99〕以此，可突破以二體說往來上下不

〔註95〕易學傳統以寡爲貴，爲主。所謂「陽卦多陰，陰卦多陽。」（繫辭傳）；「夫少
　　　　者，多之所貴也；寡者，眾之所宗也。」（周易略例·明象）。
〔註96〕此所謂關鍵爻或與主爻概念有關，主爻之討論另見下小節。
〔註97〕計有噬嗑、晉、睽、鼎，四卦。
〔註98〕見高亨《周易大傳今注》，頁182。
〔註99〕例如，〔清〕胡煦之體卦主爻說。參考其《周易函書·約存》收錄於《四庫全

宜帶有中、正、位、應等靜態爻象字詞的限制。

3. 卦變說

卦變，顧名思義即卦之變化，由此卦變爲彼卦。卦變之說即在討論某卦"成卦之由"，說明某卦從何卦變化而來之原由。春秋易學常有"某卦之某卦"之說，前者謂本卦，後者謂之卦或變卦。但"卦變"不同與"變卦"，變卦是占筮過程中變化的結果，卦變則是對《周易》經傳所提出的一種解經方式。

卦變之說或起自荀爽〔註100〕、虞翻，至少可說大備於虞翻。〔註101〕虞翻主張六十四卦，或由乾坤變，或由十二消息卦而變，或由兩爻互易而變，朱伯崑總結「所謂卦變，說到底，無非是一卦中的陰陽爻象互易其位。」〔註102〕以此，經由爻的往來上下，似乎什麼卦都可以變成另一卦，沒有常設的標準。但也因此，爲易經的解釋，尤其是對象傳中剛柔往來上下的解釋，提供方便法門，而爲注家所樂用。

以王弼爲例，王弼在《周易略例·明象》中，對卦變說大力抨擊「互體不足，遂及卦變；變又不足，推致五行。一失其原，巧愈彌甚。」然而王弼於〈賁·彖曰〉「柔來而文剛…分剛上而文柔」則注曰「剛柔不分，文何由生？故坤之上六來居二位，柔來文剛之義也…乾之九二，分居上位，分剛上而文柔之義也。」〔註103〕即以賁卦爲泰卦所變，泰卦上坤之上六，與下乾之九二往來換，而成賁卦。〔註104〕，此不脫卦變之說，以賁卦爲泰卦所變來解釋彖傳之文句。

再如程頤注〈賁·彖曰〉此段曰「卦之變皆自乾坤，先儒不達，故謂賁本是泰卦，豈有乾坤重而爲泰，又由泰而變之理。」〔註105〕其意以爲六十四

書·易類》：呂紹綱〈略說卦變〉，中國文化月刊第 192 期（1995 年 10 月），頁 2～17。及程林〈胡煦之體卦主爻說及對卦變說及錯綜說之批判〉，周易研究，2005 年第 6 期，頁 43～50。

〔註100〕荀爽倡乾坤升降之說以釋周易經傳，乾坤升降其實可視爲卦變說的一種。例如《周易集解》〈蒙·彖曰〉引荀爽曰「此本艮卦也。」即以蒙卦爲艮卦所變，其後並注「二進居三，三降居二。剛柔得中，故能通。」

〔註101〕黃宗羲《易學象數論》卷二〈卦變〉「古之言卦變者，莫備于虞仲翔，後人不過踵事增華耳。」收入《四庫全書》經部一，易類。

〔註102〕朱伯崑《易學哲學史》第一卷，頁 215。

〔註103〕樓宇烈校釋《周易注校釋》，頁 84。

〔註104〕此依孔穎達疏「今謂此本泰卦故也」見孔穎達疏，李學勤主編《周易正義》上經，臺北市：台灣古籍，2001 年。頁 124。

〔註105〕程頤《易程傳》，頁 98。

卦皆由乾坤二經卦所生，乾坤生六子，八卦重疊生六十四卦，一卦即成，無變它卦之理，以此反對王弼，孔穎達之卦變說。但其注〈隨・象曰〉「剛來而下柔」時，又說「謂乾之上九來居坤之下，坤之初六往居乾之上。」〔註106〕，此以隨卦爲否卦所變，又難脫卦變說之窠臼。〔註107〕

除了解說的彈性方便之外，卦變常說 "某卦來某卦"，此 "來" 亦與象傳 "往來" 之 "來"，及「彰往而察來」「占事知來」〔註108〕之 "來" 產生聯想，這或許也是易學家喜愛用卦變來解釋象傳之往來上下的另一個原因。

朱熹於《周易本易》著卦變歌，並附卦變圖，首句即明示「象傳或以卦變爲說」。〔註109〕此不但以卦變來解釋象傳，簡直以象傳爲說明卦變之理而設。唯朱熹之卦變理論又大不同於虞翻。朱熹主張六十四卦除乾坤二卦之外，皆自復、姤、臨、遯、泰、否、大壯、觀、夬、剝等十卦而來。〔註110〕朱熹並於注卦辭及象傳時，更屢言某卦或自某一卦而來，例如注訟卦「於卦變自遯而來」〔註111〕；或自二卦而來，乃至自三卦而來者。例如注睽卦「以卦變言之，則自離來者，柔進居三，自中孚來者，柔進居五，自家人來者兼之。」〔註112〕凡此，並於噬嗑、賁、咸、恒、蹇、解、升、鼎、漸等，於象傳文句中有往來上下字詞之諸卦，其象傳注中，屢屢直言「以卦變釋卦名」、「以卦變釋卦辭」等或類似語句，明確主張象傳文句背後蘊含有卦變理論。朱熹《周義本義》，或在〈象曰〉注中，或在〈卦辭〉注中，論及卦變者凡十九卦，〔註113〕此十九卦在《象傳》中，無不涉及往來上下進退等字詞，朱熹以卦變釋象傳動態爻象之堅定態度，於此可見一般。

卦變說雖然擴大了解釋的彈性，以方便解釋象傳之往來上下，但也因此而眾說紛紜，難有定論。例如〈賁・象曰〉「柔來而文剛…分剛上而文柔」，依孔穎達疏「今謂此本泰卦故也」〔註114〕，但朱熹則認爲賁卦自損卦而來，

〔註106〕同上，頁77。

〔註107〕參考呂紹綱〈略說卦變〉，中國文化月刊，192期，頁2～17，1995.10。

〔註108〕《繫辭傳》「夫易，彰往而察來。」「象事知器，占事知來。」

〔註109〕朱熹《周易本義》卷前，頁9。

〔註110〕同上，頁9～10。基本上，此十卦加上乾坤二卦，即十二消息卦。

〔註111〕同上，頁10。

〔註112〕同上，頁34。

〔註113〕即：訟、泰、否、隨、蠱、噬嗑、賁、无妄、大畜、咸、恒、晉、睽、蹇、解、升、鼎、漸、渙等十九卦。

〔註114〕見孔穎達《周易正義》上經，頁124。

以釋「柔來而文剛」；又自既濟而來，以釋「分剛上而文柔」。〔註115〕此亦說明卦變理論的多樣性且互不相融，不同的易學家往往有不同的卦變規則。

4. 反卦說

若將一卦之六爻上下倒置，所成之卦，稱爲反卦，或稱覆卦、綜卦。本卦與其反卦互爲正反對，或稱反對。有些易學家認爲此互爲正反就是解開彖傳動態爻象之秘的鑰匙，例如俞琰便直言「彖傳贊成卦之主爻，遂就主爻上推出剛柔上下與來。蓋以二卦相併而言。」〔註116〕。意即彖傳對各卦選取主爻，並就二卦相併而論主爻之剛柔上下往來。所謂「二卦相併」即指相互反對之二卦而言。也就是說，彖傳所以論及某爻（主爻）之往來上下，其背後的原理即因於兩兩相互正反之間。以訟卦爲例，䷅訟卦之反爲䷄需卦，〈訟‧彖曰〉「剛來而得中也」即指需卦之九五來訟卦之九二。俞琰《周易集說》注此「剛來而得中，指九二，九二蓋成卦之主爻也，自彼而此謂之來，訟乃需之倒體，需主爻在五，訟主爻在二。」〔註117〕，俞琰以此反對之說，解釋彖傳在訟、隨、蠱、賁、復、无妄、大畜、咸、恒、晉、睽、解、益、升、鼎、漸、渙等十七卦中往來上下等文句〔註118〕。近代學者屈萬里亦力持此論，其於《先秦漢魏易例述評》〈論彖象傳例〉，開宗明義便說「六十四卦以反對爲序，彖傳以反對之義說之」〔註119〕並舉訟、隨、噬嗑、賁、復、无妄、晉、睽、蹇、解、損、益、鼎、漸、渙等諸卦爲例。例如釋《彖傳‧訟》「剛來而得中也」則說「反需成訟，需五來訟二也。」；釋《彖傳‧隨》「剛來而下柔」則說「蠱上九來爲隨初九也」〔註120〕。

綜而言之，以反對解釋彖傳往來上下，其規則甚明確，即由反卦至本卦說上下往來。就易學理論言之，某卦（本卦）在彖傳中若有往來上下等語詞，便視之爲該卦某爻（主爻）自其反卦，依初上，二五，三四等上下對反之爻而來。初爻來自反卦之上爻，二爻來自反卦之五爻，以此類推。就操作的方式言之，此說(1)先找出該卦之反卦。(2)依彖傳語詞中之剛柔中正等限制，找

〔註115〕朱熹《周易本義》，頁22「卦自損來者，柔自三來而文二，剛自二上而文三。自既濟而來者，柔自上來而文五，剛自五上而文上。」
〔註116〕俞琰《讀易舉要》卷一，收入《四庫全書》，經部一，易類。
〔註117〕俞琰《周易集說》〈彖傳‧訟〉，收入《四庫全書》，經部一，易類。
〔註118〕參考俞琰《周易集說》〈彖傳〉。
〔註119〕屈萬里《先秦漢魏易例述評》，卷上，臺北：臺灣學生書局，1969年。頁1。
〔註120〕同上，頁1～3。

出可能之主爻。(3)依語詞中之來往來上下，判定主爻的具體位置。若為 "來" 或其同義字，則主爻由反卦之外卦（上經卦）下落至本卦之內卦（下經卦），若為 "進"，"上" 等字詞，則主爻必由反卦之內卦進升至本卦之外卦。

以隨卦為例，☱☳隨卦之反為☶☴蠱卦，《象傳・隨》「剛來而下柔」，就操作上，某剛爻來下而為柔爻，既有 "來"，"下" 等字，故於反卦蠱中，所來之剛爻原必在外卦，準此六爻中尋找，可發現蠱之上爻為剛，初及上為一對，故蠱之上九來隨之初九，以此釋「剛來」，隨之初九處六二柔爻之下，故曰下柔。由此例亦可知，往來上下等字影響主爻的認定，上例 "剛來" 二字，就 "剛" 而言，隨與蠱均有三剛爻，但就 "來" 而言，只有蠱之上爻與隨之初爻符合，反卦說以此判定隨之初九為主爻。

亦有些易學家將反卦視為卦變之一種。例如黃宗羲《易學象數論》「從反對中明此往來倚伏之理，所謂兩端之執也。行有无妄之守，反有天衢之用，時有豐亨之遇，反有羈旅之凶，是之謂卦變。」〔註121〕即以反對為卦變。

唯正反對卦雖亦是自彼卦變此卦，但在形式上，與前述之卦變仍有兩點極大的不同。反對卦之變化在六爻上下倒置，變化之規定極清楚明確，不容二說，此其一。反對卦為正反二卦彼此互變，不涉及它卦，此其二。以此，卦變與反對實屬不同的概念，應予以區分。不但如此，卦變說與反卦說在成卦的理論上及對往來解釋的預設上〔註122〕，亦大有差別，此將影響對象傳的理解，容後再作進一步討論。

以上略述易學家對象傳動態爻象的四種解釋途徑，每一種解釋途徑的背後其實是一套易學理論。不同的易學理論或不同的解釋途徑，有可能會推導出不同的往來對象。以隨卦為例，《象傳・隨》「剛來而下柔」，依文意，必有一剛物在上，今來下，且為柔。然而此物為何？若依爻動說，此物當指九五，九五為剛，今來六二為柔。剛來下為柔，故曰「剛來而下柔」；若依二體說，此物指震體，震在下為剛，上兌為柔卦，震剛自上來而處兌柔之下，故曰「剛來而下柔」〔註123〕；若依卦變說〔註124〕，此物指否卦之上爻，否卦上爻為剛，

〔註121〕黃宗羲《易學象數論》卷二〈卦變〉。

〔註122〕反卦說預設象傳接受易經相鄰二卦相互成對變化，卦變說則預設象傳接受某種卦變理論，此卦由彼卦變化而成卦。

〔註123〕孔穎達《周易正義》〈隨・象曰〉疏「剛謂震也，柔謂兌也。震處兌下，是剛來下柔。」

〔註124〕卦變較複雜，諸家有不同說法，以下採程頤。

初爻爲柔，剛爻自上位來初位，初爻與上爻互換，故曰「剛來而下柔」，其結果爲否卦變成隨卦。〔註125〕若依反卦說，隨蠱爲對，此物爲蠱之上爻，爲剛，今來隨之初爻。於隨卦，所來之剛爻（初爻）處柔爻（二爻）之下，故曰「剛來而下柔」〔註126〕

由此可見，同一彖傳文句，因不同的易學理論，而有不同的爻象分析操作，結果對往來上下對象可能有不同的認定。尤其對變動爻的指涉又往往被視爲主爻，而主爻的認定又可能影響詮釋者對該卦卦義的掌握〔註127〕。此亦將於後續做進一步討論。

然而不論採何種爻象解釋，都是順著文句而說的。今暫時擱置爻象不談，仍以《彖傳·隨》「隨，剛來而下柔，動而說，隨。」爲例，專就文義討論之。此「剛來而下柔，動而說」明顯在釋隨卦之卦名及大旨。以此，「剛來而下柔」就文句解釋，應指雖有剛在上，但以柔對下。在上位者意志剛強，但對下位者身段柔軟，以此說隨卦之義旨。程頤釋此爲「以陽剛來下於陰柔，是以上下下，以貴下賤，能如是，物之所說隨也。」〔註128〕其說甚是。

所以，同樣的彖傳文句，雖或因不同的易學理論，而有不同的爻象解釋，但最終乃須面對文句本身之文義，並與卦名、卦辭、卦旨之間，做出融貫的解釋。

（三）六爻合象

彖傳對爻象的描述，對有些卦並未特別去指涉某爻，而是視六爻爲一整體，以六爻整合而論該卦之爻象。或可稱爲六爻合象。彖傳或以六爻構作實物圖象，或以六爻象徵剛柔消長，或作其他描述。分述於下：

1. 以六爻構作實物圖象

以剛連（—）柔斷（--）的爻符所畫出的六爻圖象來模擬實物之象狀。例如：頤 ䷚ 初上二剛爻似口之上下二唇，中間四柔爻似口中之齒。以此，噬嗑卦六爻圖象 ䷔ 與頤卦相似，唯四爻由柔變剛，此剛爻恰恰好似口中哽有一

〔註125〕程頤《易程傳》〈隨·彖曰〉「乾之上九來居坤之下，坤之初六往居乾之上，以陽剛來下於陰柔。」

〔註126〕俞琰《周易集說》〈彖傳·隨〉「隨初九之剛實自蠱上九來而居六二之下，故曰剛來而下柔。」

〔註127〕此依王弼卦主之說，參考《周易略例》〈明象〉「故六爻相錯，可舉一以明也。…物雖眾，則知可以執一御也。」

〔註128〕程頤《易程傳》〈隨·彖曰〉，頁77。

物。故象傳噬嗑卦「頤中有物，曰噬嗑。」巧妙地將二卦之圖象與卦名結合。

另如鼎卦 ䷱ 象傳曰「鼎，象也。」以初爻似鼎足，二、三、四爻似鼎腹，五爻似鼎耳，上爻似鼎鉉，六爻圖象洽似鼎之象狀。中孚 ䷚ 卦曰「乘木舟虛」，以三、四二柔爻處六爻之中而內藏虛空，象木舟外實而中空。小過卦 ䷽ 曰「有飛鳥之象焉」以初、二及五、六等四陰爻似鳥之雙翅，三、四兩剛爻似鳥之身體。〔註 129〕

這類卦畫與具體物的連想，其前提是必須以連（—）與斷（--）作爲剛爻與柔爻之爻符〔註 130〕。也就是說象傳成書之時，周易已普遍使用目前通用之卦畫方式來表示六十四卦。這也爲象傳成書年代的上限設立了一個參考點。

2. 以六爻象徵剛柔消長

剛爻或柔爻自下往上生長，象傳或謂 "浸"，或謂 "長"。利如臨卦 ䷒ 初、二爻爲剛，其上四爻皆柔，故曰「剛浸而長」，以示剛爻逐漸上長；復卦 ䷖ 初爻爲剛爻，其上皆柔，亦曰「剛長」；遯卦 ䷠ 初、二爻爲柔，其上皆剛，故曰「浸而長也」；夬卦 ䷪ 初至五爻皆剛，唯上爻爲柔，則曰「剛長乃終也」。這類以六爻說事物消長的觀點，也爲漢易十二消息卦提供了源頭依據〔註131〕，並建立了易經與曆法之間的關係。

3. 其他

如乾卦「時乘六龍」以六爻象徵龍之因時而變。大過卦「本末弱也」以初爻及上爻爲柔，象徵屋棟之上下兩端不剛直堅實而彎曲，以釋卦辭「棟橈」等。

象傳六爻合象的運用，澈底地脫離了六畫卦爲上下二經卦相重的思維，爲周易發揮提供了一個新的視野，此不能不說是周易思想內容上的一大突破。

四、主爻之指涉

從象傳對爻象描述的語句中，往往可以追索到所描述之對象指向某爻，例如「剛中」必指二五爻中之剛爻。「中正」必指二五爻中之得位者。然而一

〔註 129〕程頤反對此說，《易程傳》〈小過·象曰〉「此一句不類象體，蓋解者之辭，誤入象中。」

〔註 130〕考古學上另有證據顯示，古代占筮另有其他符號以爻符。例如以數字符號記載占筮結果。參考李學勤《周易溯源》〈考古發現中的筮法〉頁 224～242，〈戰國秦漢竹簡與《易》〉頁 276～277。

〔註 131〕古代文獻消息二字連用首見於《象傳·剝》「君子尚消息盈虛」。

卦六爻，何以僅挑其中某一、兩爻來說，而不論及其他爻？是否一卦之中的某些爻特別有代表性？這與王弼所倡卦主之說又有何關聯？要探討這些問題，最好的方法，還是回歸文本，從文本中探索。

首先，我們可以將象傳中疑似涉及爻象的語句一一列出，然去除未刻意指某爻者〔註132〕，整理後可得六十二例，其明細見於附錄 B〈象傳爻象指涉表〉。

從附錄 B 可知，依爻象描述語句，絕大部分都可以找到所指涉之某爻。〔註133〕這其中又以二、五中爻爲指涉對象者〔註134〕居冠，計 49 例，佔全體之77%。爲獨爻者〔註135〕六卦 7 例，初二爻並列者〔註136〕2 例，其他〔註137〕爻 5 例〔註138〕。指涉中爻之 49 例中，有 10 例爲二五爻通用，剩餘 39 例中，又以單指五爻者居多，計 29 例，單指二爻者爲少，佔 10 例。

另就爻之剛柔論之，全部 62 例中，37 例爲剛爻，20 例爲柔爻，5 例爲剛柔並列。指涉剛爻者明顯多於柔爻。中爻 49 例中，29 例爲剛柔，16 例爲柔爻，另 4 例剛柔並列，剛爻亦明顯多於柔爻。

由以上分析，可知象傳在指涉爻的選擇上，的確重視中爻，尤其是五爻，也偏愛剛爻。再者，獨爻也是很重要的線索。除卻中爻及獨爻外，亦有其它的情形但不多見，如以浸長指臨卦及遯卦之初、二爻，以象徵生長；另如中孚卦以「柔在內」指三，四兩柔爻居六爻之中等，這都是可以合理解說的〔註139〕。

但亦有以初爻爲對象者如隨卦及无妄卦，以上爻爲對象者如大畜卦，另有小過卦以四爻爲對象。此四例之指定爻比較特別，既非中爻，亦非獨爻，也無其他特殊爻象，何以做此選擇？乃因象傳在指涉爻之選擇上，極有可能是基於對卦名卦辭的解釋而考量。不論選擇中爻、獨爻、或其他爻，依所選擇之爻而構造文句，其最終目仍應在卦名卦辭的解釋及卦義的發揮。小過卦

〔註132〕例如乾之「時乘六龍」，恆之「剛柔皆應」，夬之「剛長乃終」，艮之「上下敵應」，小過之「飛鳥之象」，既濟之「剛柔正而位當」，未濟之「雖不當位，剛柔應也」等。

〔註133〕此表所列出之指涉爻，學者並無定論，隨著所用易學理論上的差異，或有不同的解讀。

〔註134〕表中指涉類別爲 "中" 者。

〔註135〕表中指涉類別爲 "獨" 者。

〔註136〕表中指涉類別爲 "長" 者。

〔註137〕表中指涉類別爲 "它" 者。

〔註138〕以上總數爲 63 例，多出一例乃因比卦「上下應也」所指之九五爻，即中且獨。

〔註139〕見前文〈六爻合象〉之討論。

所以選擇九四爲對象，其目的就在利用九四以說出「剛失位而不中」，再以「剛失位而不中」解釋卦辭「不可大事」。剛爲意志，雖有意志，但既失其位，又有偏差，是無法成就大事的。同理，隨卦、无妄卦、大畜卦之指涉爻選擇，亦應如此理解。

五、爻象用語在人事上的象徵意義

從上述討論中可以發現，象傳在以爻爲對象的解析中，將六畫卦圖象轉換爲爻象描述語句。此轉換有規則的使用了一些專用的字詞，如剛、柔、中、正、應、位、乘、來、進、上、下、浸、長等。這些字詞，一方面依爻之位置、性質、及彼此關係而有一定的使用方式；另一方面，使用這些字詞所造出的語句，又用之以解釋卦辭或發揮義理。考究之所以能夠如此，其根本因素在這些爻象專用字詞意義的雙關性。這些字詞，固然是象傳所使創發的爻象描述用語，但若跳脫易學範疇，在人之性格描述及人間事務上亦有其相對的意義。茲分類說明如下：

1. 剛柔

剛柔二字在象傳中極其常用，象傳用剛柔而非陰陽來指稱爻的兩種對立性質，應是有深刻意義的。剛柔可視爲兩種行爲處事的態度或風格，爻有剛柔，經卦亦有剛柔。但一卦畫卦僅有二經卦，卻有六爻，也就是說，從爻象觀點，剛柔二德可以有更大發揮空間及更豐富的人事象徵意義。剛指強大，剛直，剛健，指人的意志堅強有力。以此比擬人物，應指發號施令者，是爲國君、大人、君子等統治者。柔則指弱小，柔順，配合，順著別人的意志或命令去行動。比擬人物，應指依命令或指示辦事者，爲臣、爲民、爲被統治者。

不但爻有剛柔，爻位亦有剛柔。初、三、五爲剛位，二、四、上爲柔位。若將剛柔擬人化，是爲不同社會階級之象徵，再配合爻位的剛柔指定，將可產生更豐富的語詞及變化。

2. 靜態爻象用字

爻象靜態用語包括中、正、乘、順、應、敵等，當位、不當位等，這些字詞除了與爻之剛柔及位置有關之外，並多涉及人事義理，乃至道德規勸。

(1) 中

中：《說文》「中，內也」，中指中心，中央，四方之中；指一定範圍內部

適中的位置。有內部，洽當，不偏不倚，位處關鍵的意思。三軍以中爲尊，中字之人文意義尤其豐富。《尚書·大禹謨》「允執厥中」；《論語·堯曰》「允執其中」《中庸》以中和釋中，所謂「未發謂之中，發而皆中節謂之和」；都在強調 "中" 的道德意義。

以象傳常出現「剛中」爲例，就爻象而言「剛中」乃指二或五爲剛爻。就文義而言，「剛中」可理解爲內心剛直；或剛直且居尊位；或意志剛強且洽當等，隨著上下文而有種種可能的解釋。

(2) 正

正；方直不曲謂之正，箭靶中心亦謂之正，《詩經·齊風·猗嗟》「終日射候，不出正兮」。正有正當，正直，端正，不偏斜的意思。中與正某些意思相近並常連用，以強調正直而守中道。例如《象傳·訟》「利見大人，尚中正也。」，就爻象而言，此「中正」指訟卦五爲剛爻當位，既中且正。就文理而言，因爲崇尚中道且人格正直，所以利見大人。將爻象與卦辭結合以解釋卦辭「利見大人」之義理。

(3) 乘

乘；《說文》「乘，覆也」，即覆蓋於其上；登車，駕車亦曰「乘」，〈乾·象傳〉「時乘六龍以御天」，乘者在上，被乘者在下。乘有上統制下，上治理下的意思。以此，剛乘柔即君在上臣在下，或剛強者居上位統治順從者，是合於倫常事理者，反之，柔乘剛則爲臣凌駕君，或柔弱者居上位而剛強者居下位，此皆社會失序之象，或爲動亂之源。例如夬卦「揚於王庭，柔乘五剛也。」就爻象言「柔乘五剛」指夬卦上爻爲柔，下五爻爲剛。就文義言之，上位者柔弱且所有在下位者均是剛強之輩，以此所說明王庭之危已顯揚外露。

(4) 順（承）

象傳爻象語詞用 "順" 不用 "承"，以順爲承，有順承、支持的意思。"順承" 可指位置在下而順從上方並支撐上方。以此，"柔順剛" 在爻象上在說柔爻在剛爻之下而支撐並順從剛爻，然在文義上，也可理解爲臣順君，下位者服從並擁戴上位者，上位者的意志得以貫澈。例如旅卦「柔得中乎外而順乎剛」就爻象言，指六五柔爻得中在外卦，且承上九之剛。就文義而言，「得中乎外」在說旅人在外言行適當，「順乎剛」則有客隨主便的意思，加上「止而麗乎明」[註140]旅途天黑欲止時得見燈火光明，以此釋卦辭「小亨，旅貞吉」。

〔註140〕《象傳·旅》「旅，小亨，柔得中乎外而順乎剛，止而麗乎明，是以小亨旅貞

(5) 應

應；《說文》「應，當也。」段注「引伸爲凡相對之稱。凡言語應對之字皆用此。」，二物相對呼應爲相應，有和諧相處，相互扶持的意思。象傳以剛柔相應爲有應，剛與柔相應，可指上下和諧，施命者與受命者互動良好。以此，敵應則爲不相應，上下敵對，沒有互動。例如比卦「不寧方來，上下應也。」就爻象言，指比卦九五獨爻爲剛，上下五爻皆柔，與九五有應。就義理而言，上爲君，下爲臣爲民，臣民歸附於明君，君臣相互照應，使求安去不寧。〔註141〕以此釋卦辭「不寧方來」。

(6) 位

位；《說文》「列中庭之左右謂之位。」位原指百官在朝廷上站立的位置，擴而充之，位指名位，名分與地位。位又與場合及時機有關，在家或爲父子，在朝則論君臣，故《論語・憲問》有「君子思不出其位。」以此，當位可指適當時機的適當身分，或與名位相稱的適當言行。不當位則指時機或身分的不適當。歸妹卦「征凶，位不當也。」就爻象言之，歸妹下兌上震，九二剛居柔位，六三柔居剛位，九四剛居柔位，六五柔居剛位。四爻皆不當位。就義理言之，大軍出征，若將帥才德不堪此任，或名位與實權不符，則行軍作戰必有凶險，故以「位不當」釋卦辭「征凶」。

3. 動態爻象用字

象傳亦以進、來、上、下等字詞，對爻象作動態的描述，同樣地，這些字詞與剛柔結合，亦可在人事意義上尋求解釋。

(1) 進

進：象傳在做動態描述時，少用 "往" 而多用 "進"。《說文》「進，登也。」進有登高，往上進的意思。象傳釋晉「晉，進也。」；釋漸「漸，之進也。」並多次言及「柔進」〔註142〕但不曾言「剛進」，明顯有鼓勵在下位者徐圖上進的意思。以此，"進" 的確較 "往" 有更豐富的處事修身及道德規勸之意義。

(2) 來

來：《爾雅・釋詁》「來，至也。」由彼至此，由遠至近，由外而內爲來。

〔註141〕參考程頤《易程傳》〈比・彖曰〉注「民不能自保，故戴君以求寧。君不能獨立，故保民以爲安，不寧而來比者，上下相應也。」

〔註142〕《象傳》〈晉〉、〈睽〉、〈鼎〉皆曰「柔進而上行」。

吉也。旅之時義大矣哉。」

彖傳來字之使用，必與剛柔配合而曰「剛來」或「柔來」。依文字解釋，「剛來」指有剛性之物由彼至此，自外而來己處，或來己身，甚或來己之內心深處。剛性物，可指符合剛性象徵之事物或人物，如剛強的意志，或在上位者。相對的「柔來」則指有柔性物，例如柔弱溫合的意志，或順從者。例如訟卦「有孚，窒惕，中吉，剛來而得中也。」就爻象看，「剛來而得中」指訟卦九二剛爻係自上卦乾而來下卦之中。然就文理言之，「剛來」爲有在上位者來助，「得中」指此來者居訟之關鍵處，「剛來而得中」則訟事自然往好的方向發展，故以此釋卦辭「窒惕，中吉」〔註143〕。

(3) 上、下

上、下在漢語中的意思很清楚的，可以指位置的高、低，也可以指向上、向下運動。彖傳常「上行」二字連用，明顯有上進，向上發展的意思。

其他如用 "浸" 與 "長" 來形容剛與柔的逐漸生長，柔長則剛消，剛長則柔消。以 "本" "末" 來形容事物之兩端等。都是巧妙的運用爻象用字造就語詞，以描述具體事物之情境。

我們可以說，易學慣例，以二五稱中，當位稱正，以及如乘、承、比、應、剛、柔、往、來等爻象用語，其根源大抵不出彖傳。若說彖傳爲爻象用語之創作者，應有相當的可信度。但是，這些字詞在彖傳之前，其實已經有了約定的字義及用法，彖傳之所以選用這些字詞而非其他字詞來表達爻象，應該是經深思熟慮的結果。極有可能是爲了以這些字詞與人事掛鉤，其最終目的仍在以人事來解釋卦辭。此點將在下一節進一步討論。

六、彖傳卦畫解析問題討論

本小節關心彖傳作者在對六十四卦作卦爻象解析時，其背後是否預設有某些易學理論，或是採納了哪些易學理論作爲其解析的依據？

首先要說明的是，對一段文句作出洽當的解釋，與指出一段文句背後是否有某種理論或信念的支撐，是不同兩件事。例如《世說新語‧言語》記載：

> 晉武帝始登阼，探策得「一」。王者世數，繫此多少。帝既不悅，群

〔註143〕傳統易學亦有直接以爻象「剛來而得中」釋卦辭「窒惕中吉」者，例如孔穎達《周易正義》，釋此「九二之剛來向下體而處下卦之中，爲訟之主，而聽斷獄訟，故訟者得其有孚窒惕中吉也。」將九二擬人化，爲聽斷獄訟者。本文反對這樣的解釋方式，因爲這樣的解釋對原文做了太多的聯想。

臣失色，莫能有言者。侍中裴楷進曰：「臣聞天得一以清，地得一以寧，侯王得一以爲天下貞。」帝悅，群臣歎服。〔註144〕

此段小品文字，涉及晉武帝探策得一之時，當事之君臣對此 "一" 之認知。文中說得明白，「王者世數，繫此多少。」憑藉探策，以知天意如何，這是當時君臣所接受的某種信念。依此信念，得 "一" 表示只傳一世，故而「帝既不悅，群臣失色。」，侍中裴楷此時引《老子》第三十九章〔註145〕，對 "一" 提出新的解釋，依《老子》脈絡，此 "一" 爲道，爲整體，〔註146〕，"得一" 就被解釋爲得到全體。而非晉祚得一世而終。我們可以認同在當時的情境下，裴楷的解釋是個是個洽當的解釋。但是，我們很難認爲晉武帝君臣當時是懷著這樣的信念去探策，否則何以得一而「帝既不悅，群臣失色。」？

上例說明 "解釋文句之理論" 與 "文句基於此理論而作" 是兩事，不宜混爲一談。對《周易》經傳所提出的解釋理論，易學傳統上稱爲易例。我們有可能支持以某種易例來解釋象傳，但未必接受象傳係依此易例而作。

基於此認識，以下針對象傳是否內蘊卦變說，是否內蘊對卦說，以及是否內蘊卦主說等，分別提出相關討論。

（一）象傳是否內蘊卦變之說？

前文有關動態爻象分析時，對卦變說進行了一些整理，並略述易學前賢以卦變解釋象傳往來的例子。的確，在象傳字詞的使用慣例中，似乎可以找到一些支持卦變說的例證，卦變 "某卦來某卦" 的說法，看起來好像爲象傳往來上下等字詞提供了一個解釋的空間。但是，可以解釋象傳並不表示象傳採納此說。象傳中關係到往來上下的文句，也可以用其他的易例如二體、主爻、反對等來解解，我們並無法證實那一種說法才是象傳的原意。退一步論之，就算我們在象傳中找到有卦變說的痕跡，也難說清楚象傳的卦變是如何變。是荀爽的以乾坤升降說卦變？或虞翻以十二消息卦爲基礎的卦變？或朱熹的卦變理論？這亦使象傳以卦變說卦爻象的論點缺乏說服力。

我們或可以說，除非有更多的證據，並從這些證據中推導出象傳使用卦變的完整規則，否則認爲象傳以卦變爲預設理論的觀點〔註147〕只能訴諸信

〔註144〕見楊勇《世說語校箋》，臺北：正文書局，1992。頁61。
〔註145〕《老子·三十九章》「昔之得一者，天得一以清，地得一以寧，神得一以靈，谷得一以盈，萬物得一以生，侯王得一以爲天下貞。…」
〔註146〕參考傳佩榮《解讀老子》，新北市：立緒文化，2003年。頁124。
〔註147〕例如朱熹《周易本義》卷前，頁9。「象傳或以卦變爲說」。

念，無法通過理性客觀的檢驗。

（二）彖傳是否內蘊對卦之說？

前文有關動態爻象分析時，亦對反對卦說進行了一些討論。易學中，反卦（覆卦）常與錯卦（變卦）〔註148〕並舉，其特徵為兩兩成對。今本《周易》之卦序，即兩兩成對，非覆即變。《周易正義》曰〔註149〕

> 今驗六十四卦，二二相耦，非覆即變。覆者，表裏視之，遂成兩卦，
> 屯蒙、需訟、師比之類是也。變者，反覆唯成一卦，則變以對之，
> 乾坤、坎離、大過頤、中孚小過之類是也。

雖說「非覆即變」，其實仍以覆為主，六十四卦共計三十二對，僅四對〔註150〕為變，其餘二十八（二十九）〔註151〕對皆為覆。從卦序的安排中觀察，今本《周易》顯然蘊有對卦的觀念，但帛書本《周易》則另以其他方式安排卦序，此亦顯今本《周易》正反成對的卦序安排並非是必然如此的。在此要討論的是，彖傳若脫離今本卦序，純以彖傳文句本身觀察之，是否內蘊有正反成對的觀念？

仔細比對彖傳文本，可發現若干成對之卦，彖傳之文句亦有結構性的呼應。例如：

- 乾卦「大哉乾元，萬物資始。」
  坤卦「至哉坤元，萬物資生。」
- 泰卦「內陽而外陰，內健而外順，內君子而外小人。君子道長，小人道消也。」
  否卦「內陰而外陽，內柔而外剛，內小人而外君子。小人道長，君子道消也。」
- 隨卦「剛來而下柔」
  蠱卦「剛上而柔下」
- 咸卦「咸，感也。柔上而剛下。」
  恆卦「恆，久也。剛上而柔下，」
- 損卦「損，損下益上。」

〔註148〕將六爻之陰陽互變，所得的卦即為錯卦，又稱變卦。
〔註149〕見李學勤主編，孔穎達《周易正義》下經〈周易序卦第十〉，頁394。
〔註150〕乾坤、坎離、大過頤、中孚小過共四對。
〔註151〕乾坤對既變且覆。

䷩ 益卦「益，損上益下。」
● ䷪ 夬卦「夬，決也，剛決柔也。」
　 ䷫ 姤卦「姤，遇也，柔遇剛也。」

這樣的對仗工整的文句，顯然是有心安排，難以巧合釋之。此可證明象傳作者心中必先有兩卦反覆成對的概念，方能如此安排。此證亦大大增加了以對卦說解釋象傳往來上下的適當性及可信度。

（三）彖傳是否內蘊卦主說？

王弼在《周易略例》中，提出卦主說，或稱主爻說，認爲一卦六爻，可舉一爻以爲此卦之主，以收統宗會元之效。所謂「六爻相錯，可舉一以明也」。王弼說：

> 夫彖者，何也？統論一卦之體，明其所由之主者也。夫眾不能治眾，治眾者，至寡者也。夫動不能制動，制天下之動者，貞夫一者也。故眾之所以得咸存者，主必致一也；動之所以得咸運者，原必無二也。物無妄然，必由其理。統之有宗，會之有元，故繁而不亂，眾而不惑。
>
> 故六爻相錯，可舉一以明也；剛柔相乘，可立主以定也。（明彖）

該段文字顯示，王弼卦主之說，與象傳不脫關係。王弼指出，以彖 〔註152〕可統論一卦之主旨，此主旨又可藉主爻來開顯，隱然視「可舉一以明也」爲易經六十四卦之內在法則，並認爲此法則爲理解易經的重要關鍵。所謂「治眾者，至寡者也。」「制天下之動者，貞夫一者也。」「物無妄然，必由其理」，只要能正確的認定主爻，就可以寡治眾，以明一卦之理。

王弼並舉出尋找主爻的方法，包括(1)以中爻爲主：所謂「是故雜物撰德，辯是與非，則非其中爻，莫之備矣」（明彖）。(2)以獨爻爲主：所謂「一卦五陽而一陰，則一陰爲之主矣；五陰而一陽，則一陽爲之主矣」（明彖）。

那麼，象傳是否內蘊此說？象傳爻象所指涉之爻，與王弼的卦主說是否爲同一概念？有何異同？

誠然，象傳在解釋爻象時，大多明確有指涉某爻，此指涉之爻，可借用王弼之說而稱之爲主爻。而且此主爻，亦多爲中爻或獨爻。我們或可說，王弼準確的觀察到象傳有重視中爻及獨爻的傾向。但若進一步仔細比較象傳之主爻概念與王弼之主爻概念，其實仍有下列區分，不宜混爲一談。

〔註152〕"彖"可以理解爲卦辭，或解釋卦辭的《彖傳》。

　　首先，象傳指涉主爻之目的，在藉主爻之爻象所轉換之文句，如「得中」、「剛來」等，利用字詞語意上的雙關性，或解釋卦名卦辭，或與卦名或卦辭作結合以或造新句，其最終目的仍針對卦名、卦辭，以闡述義理並發揮卦旨。但並不具備王弼所述「可舉一以明也」的概念。

　　也因為如此，象傳對主爻的選擇，以解釋卦名卦辭為主要考量。王弼對主爻的選擇，固然有些係因循象傳，但亦有些是為了強調某爻之爻辭〔註153〕最能與卦名或卦辭呼應。例如履卦，象傳曰「剛中正」明顯以九五為指涉爻（主爻），其目的在發揮「履帝位而不疚」〔註154〕，王弼注此「凡彖者，言乎一卦之所以為主也，成卦之體在六三也。履虎尾者，言其危也。三為履主，以柔履剛，履危者也。」明顯以六三為主爻。王弼選擇六三為主爻的原因，除了六三為獨爻之外，另一可能的原因是六三爻辭「履虎尾，咥人凶。」與卦辭「履虎尾，不咥人」甚為呼應。甚有「六爻相錯，可舉一以明也」之勢。

　　再者如大畜卦，象傳曰「剛上而尚賢」明顯指上九，王弼亦注曰「謂上九也」〔註155〕。象傳言「剛上」其目的在解釋卦辭「利貞」，以利貞為大正，故謂「剛上而尚賢，能止健，大正也。」但此卦王弼以六五為主爻，以為六五爻辭「豶豕之牙，吉。」之豶牙指九二，故注此為「豕牙橫猾，剛暴難制之物，謂二也。五處得尊位，為畜之主。」並融合《小象傳》「六五之吉，有慶也。」注曰「二剛而進，能豶其牙，柔能制健，禁暴抑盛，豈唯能固其位，乃將有慶也！」〔註156〕以六五之柔，能制九二之剛，且六五居君位，合君畜臣之大意，故為卦主。

　　細察王弼《周易注》論及主爻者凡31卦〔註157〕，其中蒙、需、謙、頤、蹇、震六卦，雖涉"主"字，實僅言眾陰之主，三陽之主，或下卦之主等，並不可謂一卦之主。其餘25卦中，與象傳合或不衝突者計22卦，不合者3卦。如下表所示。

〔註153〕包括解釋該爻辭之《小象傳》。

〔註154〕〈履·象曰〉「剛中正，履帝位而不疚，光明也。」

〔註155〕見王弼《周易注》〈大畜〉象曰「剛上而尚賢」；王弼注曰「謂上九也」。

〔註156〕見王弼《周易注》〈大畜〉「六四，童牛之牿，元吉。」及「象曰：六四元吉，有喜也。」之注。

〔註157〕參考林麗真《王弼及其易學》，臺北市：臺大文學院文史叢刊，1977年。頁76～81。據林之統計，王弼於周易注中，明文標立卦主者凡32處，但其中噬嗑卦重複計算兩次，故實得31卦。

〈王弼主爻認定比較表〉

卦名	王弼主爻	王弼注文句	象傳文句	指涉爻
訟	九五	處得尊位，爲訟之主。〔九五〕	尙中正也	九五
師	九二	承上之寵，爲師之主。〔九二〕	剛中而應	九二
比	九五	爲比之主而有應在二。〔九五〕	以剛中也	九五
小畜	六四	謂六四也，成卦之義在此爻也。〔象〕	柔得位而上下應之	六四
履*	六三	成卦之體在六三也…三爲履主。〔象〕	剛中正	九五
同人	六二	二爲同人之主。〔象〕	柔得位得中而應乎乾	六二
大有	六五	爲大有之主。〔六五〕	柔得尊位大中而上下應之	六五
豫	九四	四以剛動，爲豫之主。〔六五〕	剛應而志行	九四
觀	九五	居於尊位，爲觀之主。〔九五〕	中正〔以觀天下〕	九五
噬嗑	六五	謂五也。能爲齧合而通，必有其主，五則是也。〔象〕	柔得中而上行雖不當位〔利用獄也〕	六五
賁	六五	處得尊位，爲飾之主。〔六五〕	柔來而文剛	六五
剝	六五	處剝之時，居得尊位，爲剝之主者也。〔六四〕	柔變剛	五或上
无妄	九五	居得尊位，爲無妄之主者也。〔九五〕	剛中而應	九五
大畜*	六五	五處得尊位，爲畜之主。〔六五〕	剛上〔而尙賢〕	上九
習坎	九五	爲坎之主。〔九五〕	以剛中也	二或五
恆	六五	居得尊位，爲恒之主。〔六五〕	剛柔皆應	六爻
遯	六二	居內處中，爲遯之主。〔六二〕	浸而長也	初與二
晉	六五	柔得尊位，陰爲明主。〔六五〕	柔進而上行	六五
明夷	上六	明夷之主，在於上六，上六爲至闇者也。〔初九〕		
益	九五	得位履尊，爲益之主者也。〔九五〕	中正有慶	二或五
夬*	九五	五爲夬主，非下所侵，〔九四〕	柔乘五剛也	上六
渙	九五	處尊履正，居巽之中…爲渙之主。〔九五〕	柔得位乎外而上同	九五
節	九五	當位居中，爲節之主。〔九五〕	中正〔以通〕	九五
中孚	九五	居尊位以爲群物之主〔九五〕	剛得中	二或五
未濟	六五	以柔居尊，處文明之盛，爲未濟之主。〔六五〕	柔得中	六五

說明：(1) 卦名欄之*乃標注王弼主爻與象傳主爻明顯不同者。

(2) 王弼注文句欄之〔 〕內注明此語於王弼《周易注》之出處。

(3) 象傳指涉爻之判定理由請參考附錄 B〈象傳爻象指涉表〉。

由此可見，王弼注易，其卦主之說，固然有相當大的部分乃基於象傳，但所謂「六爻相錯，可舉一以明也」，確是王弼個人的創見。

第三節　象傳對卦名及卦辭之解釋

象傳釋經大體可分四部分：釋卦畫，釋卦名，釋卦辭，及發揮卦義。有關卦畫的部分，已於上節做了充分討論，茲不贅述。結合卦畫以釋卦名與卦辭，可以說是象傳最重要的特色。象傳藉解析卦畫以釋卦名卦辭，其實就是將卦畫依卦爻象，傳換爲對應的文句，再以此文句解釋卦名卦辭。

一、象傳字詞使用慣例

有關於象傳慣用語詞含意，古人早有探究，只是較缺乏系統性。例如「上行」二字連用，王弼認爲「上行謂所之在進也。凡言上行，皆所之在貴也。」〔註158〕是以五爲貴，上行指向上至五爻之位。程頤則主張「凡卦離在上者，柔居君位多云柔進而上行，噬嗑、睽、鼎是也。」〔註159〕象傳四言「上行」〔註160〕其上經卦皆爲離，第五爻皆爲柔。王弼與程頤說法雖異而內容實有相同處，蓋皆發現「上行」二字連用與第五爻有關。舉此例不在評論王程二說之優劣，而在說明此類發現，純粹就卦畫及象傳文句中統計歸納而得，不需依附其他易例或易學理論。

今秉此精神，對象傳字詞使用之慣例進行系統性的分析，象傳慣用字詞大約可分爲卦畫解析慣用字詞，卦辭慣用字詞之解釋，及其他慣用字詞三類，分述如下。

（一）卦畫解析慣用字詞

如前節所述，象傳之卦畫解析方式，可分爲卦象、卦德及爻象三類，各

〔註158〕見王弼《周易注》〈噬嗑・彖曰〉注「柔得中而上行，雖不當位，利用獄也。」
〔註159〕見程頤《易程傳》〈晉・彖曰〉釋「柔進而上行」。
〔註160〕計於噬嗑、晉、睽、及鼎卦，共四卦「上行」二字。另損卦「其道上行」亦有上行二字，但未必做爻象用語。

有各的慣用詞，但亦有重複者，如剛、柔用於卦德，亦用於爻象；明字用於卦象，亦用於卦德；往、來、上、下等字用於爻象，亦用於卦象。

在卦象方面慣用字詞有天、地、雷、木、風、水、雨、火、明、電、山、澤等，在卦德方面慣用字詞有剛、柔、健、順、動、巽、險、明、文明、止、說等。在爻象方面，慣用之字詞有靜態的剛、柔、當、位、中、正、乘、順、應、敵等；及動態的往、進、上、下等；以及以此複合而成之詞如中正、剛中、剛來、柔進等。這些字詞的使規則及在人事上的象徵意義，於前節相關段落中，業已做出相當的整理。

象傳在解析卦畫時，對字詞的運用保持相當的彈性，並不据泥於卦象，卦德、爻象之分，而是隨文意之需要而適當的混用。例如隨卦，象曰「剛來而下柔，動而說，隨。」以爻象字詞「剛來而下柔」及卦德字詞「動而說」混合使用以釋隨之義旨。另如噬嗑，象曰「噬嗑而亨，剛柔分，動而明，雷電合而章。柔得中而上行，雖不當位，利用獄也。」混用卦德字詞「剛柔分，動而明」；卦象字詞「雷電合而章」；及爻象用詞「柔得中而上行」「不當位」等，以釋卦辭「亨，利用獄。」

（二）對卦辭慣用字詞之解釋

象傳除了對卦畫之解釋有一定的用語之外，對卦辭之常用字詞如元，亨，利，貞，孚等字，象傳或另有解釋，或於引用時另以它字取代之。此顯示象傳對這些字詞的運用及含意另有獨特的見解，茲分別說明如下：

1. 元

元，《說文》「始也」，在人則為身之長，即人之首，如《孟子》「勇士不忘喪其元」（滕文公下）。象傳釋元，除了乾、坤二卦釋元為「乾元」及「坤元」之外，大體不做解釋而直接引用，或於引卦辭時，將元以大置換，即以大釋元。例如隨卦，卦辭有「元亨利貞」，象辭則做「大亨貞」；另如臨卦、无妄卦、及革卦，卦辭「元亨利貞」，象辭則做「大亨以正」；升卦卦辭有「元亨」，象傳則以「剛中而應，是以大亨。」釋之。

象傳亦有以始釋元者，如屯卦「元亨；剛柔始交而難生」，始字或出於元，以「始交」釋卦辭「元亨」。

2. 亨

亨與享在籀文及篆文原均作 "亯"，為同一字。《說文》有享無亨，「享，

獻也。」。段注「薦神作亨，亦作享。餁物作亨，亦作烹。易之元亨，則皆作亨。皆今字也。」，古字亨，享，烹不分，或至漢隸定時始作區分。《康熙字典・亨》「通也。…按古惟亨字兼三義，後加一畫，作享獻之享，加四點作烹餁之烹，今皆通用。」下進上為獻，敬獻食物以享上帝，食物需烹煮，敬獻上帝是為天人溝通，亨之字義多樣而有關連。

象傳對亨並無直接解釋，但於引用或發揮時，"亨"多作通達、順暢解釋。例如乾卦以「雲行雨施，品物流形。」為"亨"之發揮，坤卦以「含弘光大，品物咸亨」為"亨"之發揮。屯卦以「剛柔始交而難生」釋「元亨」；於泰卦曰「吉亨。則是天地交。」；此皆以交流通達釋亨。於離卦則曰「柔麗乎中正，故亨。」似以剛柔相濟，柔不離中正，為亨通順暢之道。唯一例外者，鼎卦「以木巽火，亨餁也。聖人亨以享上帝，大亨以養聖賢。」之亨，有烹餁食物以獻上帝或以養賢人的意思。

3. 利

利與害相對。《說文》「銛也。從刀和，然後利。」原指刀刃之鋒利。引伸為有助益為利。卦辭常用利字，除元亨利貞之外，亦有如「利見大人」，「利涉大川」，「利君子貞」，「利建侯行師」等。

唯象傳對卦辭「利」字並無直接解釋，甚或有意忽略。觀其上下文意，大體釋利為增益，壯大。例如蒙卦以「養正」釋卦辭「利貞」；大畜卦以「大正」釋卦辭「利貞」〔註161〕

除此之外，象傳「利」字之使用基本上尊循約定俗成，並無特殊之用法。

4. 貞

貞，《說文》「卜問也。」，甲骨卜辭之尾中常見有「X貞」等字，據考證，X為貞人之名，貞人即卜問之人。〔註162〕若以《周易》為占筮之書，釋卦辭之「貞」為占問，應是合理的解釋。唯象傳則釋貞為正，此或另有深意。象傳以貞為正，例證甚繁，如上述臨卦、无妄卦、及革卦，以「大亨以正」釋卦辭「元亨利貞」，蒙卦以「養正」釋卦辭「利貞」；大畜卦以「大正」釋卦辭「利貞」，另如頤卦「養正則吉也。」萃卦「聚以正也。」其「正」字均來自卦辭之「貞」字。於師卦更直言「貞，正也。」以貞為正是為象傳的重要

〔註161〕象傳常以貞為正，詳見下文。
〔註162〕陳夢家《殷虛卜辭綜述》，北京：中華書局，1988年。頁203，「凡卜辭前辭作"甲子卜某貞"時，我們很容易決定某是卜人。」

特色，並對後世易經詮釋產生極大的影響。

但象傳亦並非完全不採以貞爲問的解釋。中孚卦，象傳釋卦辭「利貞」曰「中孚以利貞，乃應乎天也。」內心誠信以問，乃可與天呼應。此釋貞爲 "問" 較妥，若以貞爲正，誠信以正在人，又與天何關？程頤於此以孚貞爲天之道，實屬泛泛之詞。〔註163〕

象傳既非不知貞可釋爲貞問，何以又釋貞爲正？《說文・貞》段玉裁注「後鄭〔註164〕云。貞之爲問。問於正者。必先正之。」此或爲象傳以貞爲正取得合理性。蓋易學有不義則不占的說法。《左傳・昭公十二年》南蒯筮占，遇坤之比，惠伯解釋有「吾嘗學此矣，忠信之事則可，不然必敗。」「夫易，不可以占險。」意謂所問之事若不正，則不可問。既然所問之事以符合正義爲條件，釋利貞爲利問或利正也就沒有什麼差別了。從這點看來，"以貞爲正" 正是確立了象傳以義理說占筮行爲的立場。

5. 孚

孚，《說文》「卵孚也。一曰信也。」蓋古字孵作 "孚"，徐鍇注「鳥之孚卵皆如其期，不失信也。」故孚亦爲信。象傳大體對卦辭之「孚」不做解釋而直接引用，但有時因卦辭之「孚」而引出「信」字，是象傳以信釋孚之證。例如習坎卦，卦辭曰「有孚」，象傳則曰「行險而不失其信。」；革卦卦辭曰「己日〔註165〕乃孚」，象傳則曰「己日乃孚，革而信之。」；中孚卦卦辭曰「豚魚吉」，象傳則結合卦名之「孚」曰「豚魚吉，信及豚魚也。」

雖然孚訓爲信，於古有徵，但參考先秦古籍，信與孚似乎乃有少許差異。《說文》「信，誠也。」「誠，信也。」。唯《詩經》「儀刑文王，萬邦作孚。」（大雅・文王），「永言配命、成王之孚。」（大雅・下武），孚字均做「信服」或「使人信服」解；《左傳・莊公十年》曹劌與莊公對話，有「小惠未遍，民弗從也…小信未孚，神弗福也。」參照上下文，「小信未孚」之孚，可理解爲「取信（於神）」以上三例，孚字用法或與信有關，但 "信" 未必是誠信之信或忠信之信。亦可以是信服之信，取信之信，相信之信。

〔註163〕程頤《易程傳》〈中孚・象曰〉注「中孚而貞，則應乎天矣。天之道，孚貞而已。」

〔註164〕鄭玄。

〔註165〕己日，或作巳日。己屬天干，巳屬地支。天干十日一循環，地支十二日一循環。

象傳文句中，信字凡 4 見，分別是坎卦「行險而不失其信」；困卦引卦辭「有言不信」；革卦「革而信之」；及中孚卦「信及豚魚也」。其中除了「信及豚魚」可做各種彈性解釋外，其他三卦之信，均做信心之信，或信賴之信較洽當，並不含德行意義。象傳以信釋孚，而注解象傳者再以誠信釋信，其結果將爲卦辭及象傳的解讀，帶入更多的道德色彩。

（三）其他慣用字詞

除了上述對卦畫解釋及對卦辭常用語的解釋外，象傳本身在行文時亦出現某些值得討論的慣用字詞如志、義、時等，及相關的複合詞如志行、時義等。此亦涉及象傳用字習慣及對象傳之解讀，茲逐一討論如下：

1. 志

志，《說文》「意也。」，志指心意，心志，心願等。象傳大體以剛爲志。所以在小畜卦有「剛中而志行」，在豫卦則曰「剛應而志行」。困卦「困，剛揜也。」揜今作掩，遮蔽於下爲揜，剛揜即剛在下而爲他物所覆蓋遮掩。王弼曰「剛則揜於柔也。」〔註166〕其實不論是否爲柔所揜，以「剛揜」釋「困」明顯以剛爲志，象傳以志不得伸爲困，剛在下爲物所掩而不得伸，故曰「困，剛揜也。」，此爲象傳以剛爲志之明證。細察象傳文句，志亦有單獨出現而無涉卦爻象〔註167〕，但若涉及卦爻象，必與剛有關。〔註168〕

以此，「志行」就爻象言之，當指剛在柔之上〔註169〕，否則剛爲柔揜，志不得行則困矣。另就剛柔言之，剛柔相應則爲志應〔註170〕，或志同〔註171〕，否則爲志不同〔註172〕。

〔註166〕見王弼《周易注》〈困‧象曰〉注。按，就卦爻象論之。此剛可以指坎，困卦坎在下而爲兌所揜。亦可指九五，九五爲上六所揜。
〔註167〕例如同人卦「唯君子爲能通天下之志」；明夷卦「內難而能正其志」。
〔註168〕象傳亦以二柔不應爲志不相應，見睽卦及革卦。此雖以柔爻論志，但屬志之否定。
〔註169〕參考黃沛榮《周易彖象傳義理探微》，臺北：萬卷樓，2001 年。頁 53，「凡陽據陰上，皆曰志行。」按，象傳言志行者計有小畜，豫，升，及巽四卦。小畜「剛中而志行」指九五；豫「剛應而志行」指九四；巽「剛巽乎中正而志行。」指九五；其爻象均合此說無誤。升「南征吉，志行也。」並未指明何爻，若以九二則合。
〔註170〕例如蒙卦「童蒙求我，志應也。」指九二六五之有應。
〔註171〕例如泰卦「上下交而其志同也。」指下乾（剛）上坤（柔）有應故志同。
〔註172〕例如睽卦「二女同居，其志不同行。」，革卦「二女同居，其志不相得。」

2. 義

義,《釋名‧釋言語》「義,宜也。裁制事物,使各宜也。」,《中庸》亦曰「義者宜也」,"宜" 爲合宜,爲適當,《說文》「宜,所安也。」。就行爲言之,義指應這麼做才心安的行爲。也就是今人所謂的 "人應當如此" 的意思。此可再進一步引申爲 "依理應當如此"。前者有道德選擇之成份,爲「成仁取義」之義,後者則指某種規則或道理的客觀存在。

彖傳中「義」除了與「時義」連用外。僅出現於需、隨、家人、歸妹四卦。需卦曰「需,須也,險在前也,剛健而不陷,其義不困窮矣。」;隨卦曰「天下隨時。隨時之義大矣哉!」〔註173〕;家人卦曰「男女正,天地之大義也。」;歸妹卦曰「歸妹,天地之大義也。」。家人及歸妹二卦皆言「天地之大義」此 "義" 明顯做當然之理釋之。需卦「其義不困窮」可理解爲「依理當不致困窮」;隨卦「隨時之義」可理解爲「隨機行事的道理」,兩者亦皆釋義爲道理之理,而較難從道德選擇的角度來解釋。依「義者宜也」古訓,彖傳固然以 "義" 爲 "宜",而且此 "宜" 爲 "適當" 之理,未必涉及人之道德選擇。此亦可作爲討論「時義」時之重要參考。

3. 時

時,《說文》「四時也。」《釋名。釋天》「時,期也,物之生死各應節期而至也。」,時之本意應指四季運行,古人農作春耕夏耘秋收冬藏,萬物之生長或畜養,各有其時,故 "時" 亦作曆時、時期、時機解釋。以論語爲例,《論語》時字出現十次,其解釋不外乎曆時〔註174〕,時期〔註175〕;或時機〔註176〕,均與時間有關。

彖傳中「時」除了「四時」的傳統意義外〔註177〕,時大都可作時機解釋,把握時機,順時之宜,謂之「時」。以此,「時行」即順時而行,「時用」即因時而用,「時義」即因時之宜。彖傳每每有「頤之時大矣哉!」「睽之時用大矣哉!」或「豫之時義大矣哉!」等贊頌,其實,不論是「時」、「時用」、或

〔註173〕亦有學者將「隨時之義」讀爲「隨之時義」而歸納到「時義」。

〔註174〕例如「天何言哉?四時行焉,百物生焉。」(陽貨)。

〔註175〕例如「君子有三戒:少之時,血氣未定,戒之在色。」(季氏)。

〔註176〕例如「學而時習之,不亦說乎?」;「節用而愛人,使民以時。」(學而)。

〔註177〕例如豫卦「日月不過而四時不忒」;觀卦「觀天之神道而四時不忒」;恆卦「四時變化,而能久成。」;革卦「天地革,而四時成。」;節卦「天地節,而四時成。」

「時義」，本質上都是在強調把握適當時機的重要性。有關彖對掌握時機的重視，將於下一節作進一步討論。

二、對卦名之解釋

一卦畫必有一個對應的卦名，卦名，除了做為一卦之名外，亦有其文字上約定俗成之意義。卦名既為一卦之代表字，《易經》作者編纂成書時，應考慮該字詞適合代表此卦之宗旨，故被選為此卦之名，此亦為合理之推測。故卦名具除了一般文字意義外，亦是說明該卦宗旨的關鍵字詞。

以屯卦為例，「屯」作為卦名，代表下震上坎之卦畫。就文字言之，屯在文字上有"難"及"草木初生"〔註178〕的意思，也有"聚"〔註179〕的意思。所以彖傳有「剛柔始交而難生」。就卦旨言之，此卦下震上坎，震為雷，坎為水為雨，配合屯之字義，有雷雨初交，草木始生之象，屯卦之宗旨亦與時局草創，事物艱難有關。時局草創之時，亦為建立功業之時，故卦辭曰「勿用有攸往，利建侯。」，此以，"屯"亦足以做為本卦宗旨之關鍵字詞。

尋此線索，彖傳對卦名之解釋可從三方面來觀察：(1)卦名與卦畫的關係。(2)卦名之字義解釋。(3)卦名做為卦旨之關鍵字。就卦名與卦畫的關係言之，彖傳明顯主張卦名與卦畫關係緊密，故常依卦畫所顯示之卦爻象來解釋卦名。就卦名之字義言之，彖傳亦常直接訓詁字義，或以同義字替代。就卦旨言之，彖傳常以卦名或其同義字帶入卦辭解釋中，以發揮此卦全篇之旨。茲進一步說明彖傳對卦名之解釋方式如下：

（一）經由卦爻象文句以解釋卦名

彖傳以一定的規則，對卦畫進行卦象、卦德、爻象等方面的解析，並產生相關文句。此文句一方面用以說明卦畫之卦爻象，又可用以解釋卦名，以顯示卦畫與卦名的連結。例如小畜卦「柔得位而上下應之，曰小畜。」；同人卦「柔得位得中，而應乎乾，曰同人。」

「柔得位而上下應之」就爻象論之，原指小畜卦第四爻為柔並在柔位，且上下皆剛爻而有應；但亦可順文義解釋，「柔」指柔弱者，在下位者；「得位」指其人言行適當，與其名位相稱；「上下應之」指其左右上下有剛健者相應而有助。以此，彖傳或以「弱者言行適當符合身分，身旁強者自來應相助」

〔註178〕《說文》「屯難也。象艸木之初生，屯然而難。」
〔註179〕《釋名‧釋宮室》「囤，屯也，屯聚之也。」

爲小畜卦之義旨。

同理，「柔得位得中而應乎乾」可以理解爲「性格柔順並有適當的身分，處事合於中道，並與在上位者呼應」，象傳以此爲同人卦之義旨。

另如豫卦「剛應而志行，順以動，豫。」同時以爻象及卦德釋「豫」。就卦爻象言之，「剛應而志行」指九四獨爻爲剛，上下五爻皆柔而有應〔註180〕，故剛志得以施行，「順以動」指下卦坤德爲順，上卦震德爲動。若就文義解釋，「剛應而志行，順以動」係指上位者有下人擁戴，其意志得以施行，但施行乃順勢而動，故和諧而不勉強。這就是豫卦之義旨。以此，象傳似以豫爲逸豫之豫，並藉卦爻象說明處安樂之時，應重人和，順勢而爲。

由於卦爻象文句極爲簡練，故亦爲在解讀這些文句時留下廣大的發揮空間，此亦爲象傳經由卦爻象文句釋卦名之特點。

（二）直接訓詁字義以解說卦名

象傳常直接解釋卦名，或以同義字替代卦名。例如釋師卦「師，眾也。」；釋恆卦「恆，久也。」；釋晉卦「晉，進也。」；釋豐卦「豐，大也。」以縮小卦名的解釋範圍，使卦名意思更明確。有時亦直接對卦名所代表之卦義提出說明，例如噬嗑卦「頤中有物，曰噬嗑。」；大過卦「大過，大者過也。」；歸妹卦「歸妹，天地之大義也。」

象傳直接解說卦名的方式，亦可與卦爻象文句合併運用，以補充說明，加強解釋的之力道。例如需卦「需，須也，險在前也，」，以需爲須，須，上古作𩑋《爾雅‧釋詁》「𩑋，待也。」，需卦上經卦爲坎，坎爲險，故曰「險在前也」，二義合併運用，可知象傳釋需卦爲「等待在前的險困過去」。其他如蹇卦「蹇，難也，險在前也。」；姤卦「姤，遇也，柔遇剛也。」；夬卦「夬，決也，剛決柔也。健而說，決而和。」等，亦循此意。

解說卦名所使用的同義字，可於其後以此字做爲卦名之替代字，以解釋卦辭。例如漸卦「漸，之進也。」以漸爲進，故其後有「進得位，往有功也。進以正，可以正邦也。」

（三）藉卦名造句以暗示卦旨

上例顯示漸卦以漸爲進，並代入卦辭解釋中。象傳常藉卦名或其同義字造句，以解釋卦辭或發揮卦義。經由所造之詞句及其上下文意，雖未明言，

〔註180〕或初六有應。程頤《易程傳‧豫》「應謂初六也。」

亦可推斷出彖傳對卦名卦旨之解釋的意向。

例如頤卦「頤，貞吉，養正則吉也。觀頤，觀其所養也。」雖未明言，但暗以頤為養，故以「頤，貞吉」為「養正則吉」，並釋卦辭「觀頤」為「觀其所養也」。

再如離卦「離，麗也。日月麗乎天，百穀草木麗乎土…」，以離為麗，「麗」原有多義，彖傳以麗造句「日月麗乎天，百穀草木麗乎土」，則此麗只能作附著解釋。如此限定了卦名「離」的解釋方向，並暗示了離之卦旨與附著有關。

彖傳對六十四卦之卦名都提出解釋，有些清楚，但有些含混，含混之例如訟卦「上剛下險，險而健，訟。」；小畜卦「柔得位而上下應之，曰小畜。」等，含混的原因主要在使用卦爻象文句釋卦名，而卦爻象文句又過於簡練。彖傳之所以如此，其原因很可能彖傳作者認為卦名之文字意義已經很清楚，已足以代表該卦之宗旨，不用再多說了。以此，「訟」就是在說訴訟，「小畜」就是在說小有積畜，其後的卦爻象文句，只在是在義理上做補充罷了。

三、對卦辭之解釋及義理發揮

彖傳以類似解釋卦名的方式解釋卦辭。即經由卦爻象文句解釋，或直接解釋，或以卦名卦辭另造文句以解釋。所作的解釋，基本上是以卦名之解釋為基礎，針對卦辭並所作的進一步發揮。

區分卦名及卦辭只是一個方便的說法，其實彖傳並不對卦名與卦辭作清楚的區分，常將卦名視為卦辭的一部分。這一方面是因為古文不作標點，所謂的卦名，亦可視為卦辭的頭一、二字。另一方面，卦名本來就可兼作卦辭的一部分，這在《周易》經文上，就有這樣的案例，例如否卦卦辭開頭「否之匪人」之否字一方面作為卦名，一方面做為卦辭的第一個字。同人卦卦辭開頭「同人于野」之同人二字既為卦名，亦作卦辭之起始。〔註181〕彖傳亦常將卦名卦辭混用不分，例如乾卦，結合卦名「乾」，及卦辭「元」，而謂「大哉乾元」；頤卦卦辭「貞吉」，彖傳結合卦名及卦辭，並以頤為養，故釋之為「頤貞吉，養正則吉也。」

解釋卦辭可以說是彖傳最主要的工作，彖傳對卦辭的解釋是很有彈性

〔註181〕高亨《周易古經通說》，12頁，「周易通例，每卦先列卦形，次列卦名，次列卦辭，依此通例以讀全書，知履、否、同人、艮四卦卦名皆誤脫。」。另，頁15，註（六）「按『中孚』二字似亦當重。」

的，有時解釋得很詳細〔註182〕，有時很粗略〔註183〕，有時以文字說明卦辭之含義，〔註184〕有時亦以原因或結果釋卦辭之所以如此之理由。〔註185〕

在彈性之中，象傳釋卦辭亦遵循下列原則：(1)解釋之前或後，必引卦辭（含卦名）原文，若分段解釋，則分段引用。(2)引用卦辭時，有時將某些關鍵字詞如卦名，或元、貞、孚等以他字（同義字）替代。〔註186〕(3)卦辭（含卦名）之引用係全文引用，殊少遺漏，〔註187〕此亦或可作象傳文字整理之參考。〔註188〕(4)象傳常引卦名以釋卦辭，卦名關係卦旨，其解釋卦辭乃以卦旨為基調，以發揮此卦全篇之義旨。〔註189〕把握住上述原則，以下進一步分析象傳釋卦辭的常用方式。

（一）經由卦爻象文句

如同解釋卦名那樣，象傳亦自卦畫解析中產生卦爻象文句，並用以解釋卦辭。例如小畜卦「健而巽，剛中而志行，乃亨。」此就其卦德而得「健而巽」，就其爻象而得「剛中而志行」，並結合二者以釋卦辭「亨」〔註190〕，整句在解釋小畜〔註191〕之所以亨，乃是因為卦畫顯示小畜卦既強健又謙遜，內心剛直，意志得以施行，所以亨通。另如蒙卦〔註192〕，以「志應也」釋卦辭

〔註182〕例如泰卦以「天地交而萬物通也，上下交而其志同也。」釋卦辭「吉亨」。
〔註183〕例如同人卦以「乾行也」釋卦辭「同人於野，亨。利涉大川。」
〔註184〕例如頤卦以「觀頤，觀其所養也；自求口實，觀其自養也。」釋卦辭「觀頤。自求口實。」
〔註185〕例如需卦以「利涉大川，往有功也。」釋卦辭「利涉大川」。訟卦以「終凶，訟不可成也。」釋卦辭「終凶」。
〔註186〕元以大代之，貞以正代之，孚以信代之。
〔註187〕利，有，等字較常被忽略，例如同人卦辭「利君子貞」引為「君子正」，謙卦卦辭「君子有終」引為「君子之終」。其他比較值得注意的遺漏僅有屯卦缺「勿用有攸往」，姤卦缺「女壯」，井卦缺「無喪無得，往來井井」，震卦缺「不喪匕鬯」，及渙卦缺「利貞」五處。另師卦缺「丈人」，困卦缺「無咎」似為有意簡略。
〔註188〕例如高亨《周易大傳今注》，即主張應於《象傳·震》「震驚百里，驚遠而懼邇也。」及「出可以守宗廟社稷，以為祭主也。」中間，加入「不喪匕鬯」四字。其理由之一即象傳「皆先舉經文而後加釋之，則釋卦辭之"不喪匕鬯"一句，亦必先舉經文而後加釋之，又明矣。」參見頁370及375。
〔註189〕參考王弼《周易略例·明象》「舉卦之名，義有主矣；觀其象辭，則思過半矣。」
〔註190〕〈小畜〉卦辭「小畜，亨。密雲不雨，自我西郊。」
〔註191〕此以小畜卦之義旨為「弱小居下者言行適當符合身分，身旁強者自來應相助」，參考3.3.2之相關討論。
〔註192〕〈蒙〉卦辭「蒙，匪我求童蒙，童蒙求我。初筮告，再三瀆，瀆則不告。」

「匪我求童蒙，童蒙求我。」，以「剛中」釋卦辭「初筮告」。意在說明稚童懵懂求我而我有應答，那是因爲卦畫顯示我與稚童心意相應；第一次占筮便眞誠以實相告，那是因爲卦畫顯示內心剛直。

（二）直接解釋

有時彖傳直接解釋卦辭文義而不由卦爻象文句。如前例蒙卦，直接以「瀆蒙也」釋卦辭「再三瀆，瀆則不告。」〔註193〕。"瀆"爲輕慢，"蒙"爲待啓發的狀態，「瀆蒙」即「輕慢啓蒙之道」。卦辭說「若再三問筮，則問者態度輕慢，輕慢則不告」彖傳則解釋「因爲問者態度輕慢，若教告則輕慢了啓蒙之道，不如不告」。另如謙卦「謙亨，天道下濟而光明，地道卑而上行。天道虧盈而益謙，地道變盈而流謙，鬼神害盈而福謙，人道惡盈而好謙。」以大篇幅釋謙何以亨，但完全無涉卦爻象。

（三）藉卦名卦辭造句以解釋卦辭

彖傳常以極具特色的造句方式解釋卦辭。此類方式或將卦辭中的某些字以它字置換，或將卦辭重新斷句並切割重組，或添加字詞以造句等。如此雖未針對卦辭提出明確解釋，但自所造之新句中，可以推測到其中用意乃在暗中解釋卦辭。

例如萃卦卦辭「萃，亨，王假有廟。利見大人。亨，利貞。用大牲吉，利有攸往。」彖傳則曰「萃，聚也。…王假有廟，致孝享也。利見大人亨，聚以正也。…」首先，以聚釋萃，以享釋亨，將王假有廟，解釋爲王至大廟以進獻致享。再將卦辭「利貞」與萃結合，並以聚代萃，以正代貞。故曰「聚以正也。」以釋「利見大人亨」。以此，知彖傳雖未明言，但以萃爲聚歛，「聚以正」即以正途聚歛風土物產金石玉帛乃至牲畜，以進獻上帝、天子、或大人。並以此解釋其後之「用大牲吉，利有攸往。」

再者如革卦卦辭「己日乃孚，元亨，利貞。悔亡。」彖傳則以「…其志不相得，曰革。己日乃孚，革而信之。文明以說，大亨以正。革而當，其悔

〔註193〕 彖曰「蒙，山下有險，險而止，蒙。蒙亨，以亨行時中也。匪我求童蒙，童蒙求我，志應也。初筮告，以剛中也。再三瀆，瀆則不告，瀆蒙也。蒙以養正，聖功也。」
〈蒙·卦辭〉「亨。匪我求童蒙，童蒙求我。初噬告，再三瀆，瀆則不告。利貞。」〈蒙·彖曰〉「蒙，山下有險，險而止，蒙。蒙亨，以亨行時中也。匪我求童蒙，童蒙求我，志應也。初噬告，以剛中也。再三瀆，瀆則不告，瀆蒙也。蒙以養正，聖功也。」

乃亡。…」釋之。先將革定義為「其志不相得」，再以信代孚，並與卦名革相結合，而有「革而信之」，另再以「大亨以正」替代卦辭「元亨利貞」所得之"正"再以"當"置換並與卦名"革"結合，而有「革以當」，以釋卦辭「悔亡」。即以正當的方式改革，悔恨之事自然消除。此解釋既與卦名卦辭混成而融貫，又合於義理。這樣的解釋方式，造成一種印象，使得解釋好像不再是象傳作者的解釋，而是卦辭自行在做解釋。此相較與直接解釋的方式，可有效的提升了解釋的權威性。

藉卦名卦辭造句的方式，除了用以解釋卦辭之外，更常用在卦辭義理的發揮。細觀象傳，義理發揮其實佔了象傳相當的篇幅。象傳對卦辭的解釋，許多都是以義理發揮或贊頌做結束。例如同人卦以「唯君子為能通天下之志。」為結論；豫卦以「天地以順動，故日月不過而四時不忒；聖人以順動，則刑罰清而民服。豫之時義大矣哉。」結束，以發揮並贊頌順時而動，以逸代勞的理念；觀卦則以「觀天之神道，而四時不忒；聖人以神道設教，而天下服矣。」為結論，為觀卦意旨做極大的發揮。細觀這些文句並非來自卦辭，亦與卦辭之解釋無關，而是象傳在解釋卦辭，捕捉卦義之後，以作者自身的思想或觀點，依附在易經卦辭上所作的發揮。我們或可以說，象傳解釋卦爻象是為了解釋卦名卦辭，解釋卦名卦辭是為了發揮作者的思想。也就是說卦辭義理的發揮，才是象傳著作的最終目的。

綜合以上，今以大有、恆、及蹇三卦為例，說明象傳如何藉卦畫、卦名、及卦辭自身，對卦辭作出解釋並發揮。

1. ䷍ 大有卦（下乾上離）

經文：大有，元亨。

象傳：大有，柔得尊位，大中而上下應之，曰大有。其德剛健而文明，應乎天而時行，是以元亨。

象傳並未直解釋大有之義旨，但依象傳慣例，釋大過為「大者過也」，大壯為「大者壯也」，可以推斷象傳釋大有為「大者有也」即「所有者大也」，此就一般文字使用之慣例，也可以得到這樣的結論。接著象傳依卦畫之爻象得到「柔得尊位，大中而上下應之」之句子，乃因六五為「柔」在「中」，五為「尊位」，「上下」皆為剛爻而有「應」，「大」字則來自卦名。同樣一句話，從義理角度解釋，則以「大有」為居大位者，此大有者以柔和而居尊位，且

左右皆有剛直之士相助應，乃稱之爲「大有」〔註194〕。再自卦德看，乾爲剛健，離爲文明，所以說「其德剛健而文明」，就卦爻象合看，下卦乾爲天，爲剛卦，六五爲柔，與乾之天（剛）有應，所以說「應乎天而時行」。居大位者既有剛健文明之德，又能應天時而行，所以卦辭說「元亨」。

2. ䷟ 恆卦（下巽上震）

經文：恆。亨，無咎，利貞。利有攸往。

彖傳：恆，久也。剛上而柔下，雷風相與，巽而動，剛柔皆應，恆。恆亨，无咎，利貞，久於其道也。天地之道，恆久而不已也。利有攸往，終則有始也。日月得天而能久照。四時變化而能久成。聖人久於其道而天下化成。觀其所恆，而天地萬物之情可見矣。

彖傳以常久釋恆，故曰「恆，久也。」就卦德言之，震爲剛卦在上，巽爲柔卦在下，故曰「剛上而柔下」，且巽德爲巽，震德爲動，故曰「巽而動」。就卦象言之，震爲雷，巽爲風，故曰「雷風相與」。就爻象言之，初六九四有應，九二六五有應，九三上六有應，故曰「剛柔皆應」。就義理言之，剛大柔小，「剛上而柔下」指大人剛而在上，群小柔而在下，是符常理；「巽而動」指行爲謙遜有禮，方可長享福祚；雷與風常相伴隨，〔註195〕剛與柔常相呼應，這都在說恆久之道。故曰「剛上而柔下，雷風相與。巽而動，剛柔皆應，恆。」。卦辭說「恆亨無咎利貞」這是因爲能恆久依道而行，所以說「久於其道也」。卦辭說「利有攸往」那是因爲終而復始，恆久努力不懈的緣故，所以「終則有始也」。

彖傳對卦辭的解釋到此結束，其後「日月得天而能久照。四時變化而能久成。聖人久於其道而天下化成。觀其所恆，而天地萬物之情可見矣。」及之前的「天地之道，恆久而不已也。」則是彖傳在解釋卦辭之外的發揮。

3. ䷦ 蹇卦（下艮上坎）

經文：蹇。利西南，不利東北。利見大人，貞吉。

彖傳：蹇，難也，險在前也。見險而能止，知矣哉。蹇利西南，往

〔註194〕參考程頤《易程傳·大有》注「五以陰居君位，柔得尊位也，處中得大中之道也。爲諸陽所宗，上下應之也，夫居尊執柔，固眾之所歸也。而又有虛中文明大中之德，故上下同志應之，所以應大有也。」

〔註195〕參考程頤《易程傳·恆》注「雷風相與，雷震則風發，二者相須，交助其勢，故云相與，乃其常也。」

得中也，不利東北，其道窮也。利見大人，往有功也。當位貞吉。

以正邦也。蹇之時用大矣哉。

彖傳以難釋蹇，故曰「蹇，難也。」，蹇，《說文》「跛也」，故此難爲行路之難。上經卦爲坎，坎德爲險，在上即在前。故曰「險在前也」，下經卦艮爲止，故曰「見險而能止」。就義理言之，前路有險故難行，見有險在前而暫停前進以觀察應變，是智的表現，所以說「見險而能止，知矣哉。」

卦辭說「蹇。利西南」那是因爲往西南是適當的，所以說「往得中也」。卦辭說「不利東北」那是因爲前面無路可走，所以說「其道窮也」。卦辭說「利見大人」那是因爲前往見大人能立功業，所以說「往有功也」。從爻象看，二、五爻都當位而正，剛在剛位，柔在柔位，所以說「當位」，「當位」結合卦辭「貞吉」爲「當位貞吉」。彖傳以貞爲正，結合所造新句「當位貞吉」，在蹇難之中發揮當位得正以端正家邦之理，所以說「當位貞吉，以正邦也。」最後以「蹇之時用大矣哉」爲發揮。

四、彖傳六十四卦卦旨分析

卦名，就文字而言，有約定俗成之字義。就《周易》而言，卦名爲周易古經作者選中而作爲代表該卦之名，亦是該卦宗旨之關鍵字，代表一卦之中心思想。〔註196〕這個中心思想，可表現爲天地萬物之情狀，或人事之處境，尤其是後者。藉此又再可引申出在人於此處境中應如何應對自處，以趨吉避凶或使行爲合於義理。就此而論，六十四卦代表六十四類人事處境，在解釋處境時，又會關連到人處該境時之義理。人事處境與人處此境時應如何處理是兩件事，後者乃針對前者，前者是後者問題的根本。

一卦之宗旨，可稱卦旨，或卦義。廣義而言，可以包括此卦所示之處境，及處此境時之義理。由於義理涉及更複雜的價值意識，不同的人對同一處境可能有不同的義理判斷。爲了便於比較〔註197〕，以下所謂之卦旨專指處境而言。雖然如此，但處境與義理仍密不可分，義理必爲該處境之義理，由義理亦可倒推此義理所針對之處境。

彖傳於卦辭解釋時，並沒有清楚區分處境及義理，但自上下文中仍可予以分辨。例如同人卦「同人，柔得位得中，而應乎乾，曰同人。」同人既爲

〔註196〕李鏡池《周易探源》頁291，〈周易卦名考釋・補記〉「每卦有一個中心思想，卦名是它的標記。」

〔註197〕例如《彖傳》與《大象傳》比較。

卦名，又爲卦旨之關鍵字，顧名思義，「同人」即其志相通或相同者之聚集相處。此處境依同人二字之字義即可得之，原可不需多作說明，但彖傳加以補充「柔得位得中，而應乎乾，曰同人」。也就對同人處境做義理上的說明，同志相處時，性格不宜剛強（柔），彼此身分適當（得位），處事合於中道（得中），並呼應強健者的領導（應乎乾）。但我們不宜說「柔得位得中，而應乎乾」就是同人卦所示的處境。

　　以下準此要領作〈彖傳卦旨分析表〉，以整理彖傳對六十四卦卦旨之認定。此純就《彖傳》本身論之，不涉及爻辭及大、小《象傳》，或十翼其他篇章。關鍵文句欄顯示筆者所以判定彖傳以此爲卦旨所依據的彖傳原文。表中並附黃沛榮《易學乾坤》〈六十四卦卦義表〉中，對彖傳卦旨之認定，〔註198〕以供參考比較。

　　由所引之原文亦可看出，最常用以判定卦旨的是卦名文字本身之含義，以及彖傳對卦名所作的直接解釋。其次是經由卦辭解釋及卦義發揮時之卦名同義字。但甚少以卦爻象文句判定卦旨，主要是因爲卦爻象文句所使用的字詞有限，語意含混，且偏向德行或義理解釋〔註199〕，比較難用以描述客觀的情境。

〈彖傳卦旨分析表〉

	卦名	彖傳卦旨	關鍵文句	備註	黃沛榮所擬之彖傳卦旨
1	乾	本原，初始，上天	大哉乾元，萬物資始，乃統天。		天，始，首
2	坤	母體，生養，大地	至哉坤元，萬物資生，乃順承天。		地，生，順承
3	屯	艱困中草創	剛柔始交而難生。		始，難，滿盈
4	蒙	蒙稚求知	蒙	依文字義	啓蒙
5	需	等待險困過去	需，須也。險在前也。		需待，險在前
6	訟	訴訟	訟	依文字義	
7	師	統眾	師，眾也。能以眾正，可以王矣。		眾
8	比	歸附	比，輔也，下順從也。		輔，下順從

〔註198〕黃沛榮《易學乾坤》，臺北：大安出版社，1998年。頁120〜122。
〔註199〕卦德或爻象之用語有濃厚的行爲規範意味，此參考第二節之二〈經卦卦德解析〉，及第二節之五〈爻象用語在人事上的象徵意義〉。

	卦名	彖傳卦旨	關鍵文句	備註	黃沛榮所擬之彖傳卦旨
9	小畜	柔而畜	柔得位而上下應之，曰小畜。	柔爲小	
10	履	履踐	柔履剛也；履帝位而不疚。	依文字義	柔履剛，踐
11	泰	交通	天地交，而萬物通也。		天地交而萬物通
12	否	不通	天地不交，而萬物不通也。		天地不交而萬物不通
13	同人	同志	唯君子爲能通天下之志。	依文字義	
14	大有	居大位	大有，柔得尊位，大中而上下應之，曰大有。		
15	謙	謙下	謙尊而光，卑而不可踰。	依文字義	下，卑，尊而光
16	豫	和豫	順以動，故天地如之；聖人以順動，則刑罰清而民服。		順以動
17	隨	隨時	天下隨時，隨時之義大矣哉。		動而說
18	蠱	事故	巽而止；天下治也；往有事也。	蠱爲事	事
19	臨	監臨	臨	依文字義	
20	觀	觀察	中正以觀天下	依文字義	觀察
21	噬嗑	咬合	頤中有物		頤中有物
22	賁	文飾	觀乎天文，以察時變；觀乎人文，以化成天下。		文
23	剝	剝變	剝，剝也，柔變剛也。	依文字義	剝
24	復	返回	復亨；剛反；反復其道；七日來復。	依文字義	反，反復
25	无妄	不妄行	无妄之往，何之矣？天命不佑，行矣哉？		
26	大畜	畜賢	尚賢；養賢也。		剛健篤實
27	頤	頤養	觀頤，觀其所養也。		養
28	大過	大超過	大者過也。	依文字義	大者過
29	坎	重險	重險也；行險；天險；地險。		重險，水流，行險
30	離	附著	離，麗也；日月麗乎天，		麗，明
31	咸	感應	咸，感也；二氣感應以相與。		感，感應
32	恆	常久	恆，久也；天地之道，恆久而不已也。	依文字義	久

	卦名	彖傳卦旨	關鍵文句	備註	黃沛榮所擬之彖傳卦旨
33	遯	遯隱		遯為遁	
34	強壯	大壯	大者壯也；剛以動，故壯。	依文字義	大者壯
35	晉	上進	晉，進也。	依文字義	進
36	明夷	遭難，晦暗	以蒙大難；晦其明也。		晦其明
37	家人	家庭	父父，子子，兄兄，弟弟，夫夫，婦婦。	依文字義	家人
38	睽	相違	其志不同行	依文字義	其志不同行
39	蹇	難行	蹇，難也，險在前也。	依文字義	難，險在前
40	解	解除	天地解，而雷雨作，雷雨作，而百果草木皆甲坼。	依文字義	免
41	損	損下益上	損，損下益上，其道上行。		損下益上
42	益	損上益下	益，損上益下，民說無疆。		損上益下
43	夬	決斷	夬，決也，剛決柔也。健而說，決而和。		決，剛決柔
44	姤	相遇	姤，遇也，柔遇剛也。	依文字義	遇，柔遇剛
45	萃	聚歛	萃，聚也；利見大人亨，聚以正也。		聚
46	升	高升	柔以時升	依文字義	
47	困	困窘	困，剛揜也。險以說，困而不失其所亨。	依文字義	剛揜
48	井	井	巽乎水而上水，井。	依文字義	
49	革	變革	其志不相得，曰革；湯武革命。	依文字義	
50	鼎	鼎烹	鼎，象也。以木巽火，亨飪也。	依文字義	烹飪
51	震	雷震	震驚百里，驚遠而懼邇也。		
52	艮	停止	艮，止也。時止則止；艮其止，止其所也。		止
53	漸	朝目的漸進	漸，之進也。	依文字義	漸進
54	歸妹	嫁娶	歸妹，天地之大義也。天地不交，而萬物不興，歸妹人之終始也。		嫁女
55	豐	盛大	豐，大也。		大
56	旅	旅外		依文字義	
57	巽	教化	重巽以申命。	命為教化之命	命

	卦名	象傳卦旨	關鍵文句	備註	黃沛榮所擬之象傳卦旨
58	兌	和悅	兌，說也；說以先民，民忘其勞。	兌爲悅	說
59	渙	水渙	乘木有功也。	依文字義	
60	節	節制	天地節而四時成，節以制度，不傷財，不害民。	依文字義	
61	中孚	忠信	孚乃化邦也；豚魚吉，信及豚魚也。	孚爲信	信
62	小過	小有過越	小過，小者過而亨也	依文字義	小者過
63	即濟	已成	既濟	依文字義	
64	未濟	未成	未濟	依文字義	

五、象傳釋經之問題討論

以下針對象傳釋經之相關問題提出討論，包括象傳釋經的特色，以及卦畫與卦辭的關係。

（一）象傳釋經的特色

基本上，象傳係爲解釋周易古經之卦畫、卦名、與卦辭而作，這點應是易學之公論。然象傳在釋經上有何特點？針對此問題，可歸攏如下：

1. 整合解釋

象傳對六十四卦之卦畫，卦名，卦辭做整合之解釋。大體遵循先釋卦名，後釋卦辭，再發揮卦義的順序，中間夾雜以依卦畫解析而生成之卦爻象描述文句。卦辭必依經文順序引用後解釋，原則上全數解釋完之後再做整體發揮，但亦有少數分段發揮。〔註200〕比較特殊的是《象傳‧乾卦》，幾乎可視爲以卦辭「乾元亨利貞」爲題所作之文情並茂，結合贊頌與論述的一篇完整文章。但仔細分析，乃可區分出那些是針對卦辭，〔註201〕那些是針對卦畫，〔註202〕那些是發揮卦義。〔註203〕

〔註200〕例如恆卦，在以「久於其道也」解釋卦辭「恆亨無咎利貞」之後，隨即發揮「天地之道，恆久而不已也。」然後再以「終則有始也」續釋卦辭「利有攸往」。

〔註201〕以「萬物資始，乃統天。」釋「元」；「雲行雨施，品物流形」釋「亨」；「保合大和」釋「利貞」。

〔註202〕以「大明終始，六位時成，時乘六龍以御天。」釋爻象。「乃統天」又關係到卦象。

〔註203〕如「乾道變化，各正性命」，「首出庶物，萬國咸寧。」

2. 重視卦爻象

象傳特別重視卦畫與卦辭的連結，就卦畫解析而生卦爻象語句，就卦爻象語句而釋卦辭。象傳於六十四卦中，僅坤、謙、頤、離、震五卦等未解析卦畫，未出現卦爻象專用字詞，其中坤、離、震三卦本身即為經卦之坤、離、震相重，可視為以二體釋卦名。故嚴格說來，象傳完全未涉卦爻象者，僅僅謙、頤二卦而已。

象傳何以特別偏愛以卦爻象語句解釋卦辭？一方面卦畫、卦名、與卦辭本來就是構成易經六十四卦極重要之部分；另一方面，藉卦畫產生卦爻象語句以釋經文，可大幅增加釋經的權威性。因為這樣的解釋暗示此為由卦畫所顯示的解釋，而非來自一己之見。

事實上，先秦文獻，不論《論語》《孟子》《左傳》等，多有引《詩》《書》以為證的傳統。以《禮記‧緇衣》為例，全文二十五則孔子語錄，每則其後必引一段《詩》《書》或《易》。其目的不在邏輯的論證，而在加強論述的權威性及啟發性。象傳引卦畫以釋卦辭，亦可視為此類之表現。

3. 卦名及卦辭中關鍵字的轉換

象傳對於卦辭中常出現的字詞，如元、亨、貞、孚等，都提出既符文字使用通例，又具象傳特色的替代字以訓詁之。對卦名也採類似的策略，如以眾釋師、以養釋頤、以感釋咸、以久釋恆等，再用這些字詞替代原有的字詞來改造卦辭，以進一發揮該卦之義理。例如師卦，以眾釋師，以正釋貞。將卦辭前二字「師貞」改造為「眾正」而得出「能以眾正，可以王矣。」。再如頤卦，以養釋頤，以正釋貞。將卦辭前三字「頤貞吉」改造為「養正吉」而得出「養正則吉。」

4. 把握卦旨做義理發揮

象傳解釋卦名卦辭的一貫理路是先藉由解釋把握住卦旨，再於卦旨上做義理發揮。並經由義理發揮，突顯其哲學思想。義理發揮才是象傳釋經的最主要目的。此所謂的 "義理發揮"，指與卦辭及卦辭解釋並無直接關係，但因該解釋之觀點而啟發的理念或思想。茲統計象傳六十四卦中，明顯做義理發揮的有四十三卦。〔註204〕占三分之二以上，另三分之一雖未明顯發揮，但在

〔註204〕計乾、坤、蒙、師、履、泰、否、同人、謙、豫、隨、觀、賁、剝、復、无妄、頤、大過、坎、咸、恆、遯、大壯、晉、明夷、家人、蹇、解、損、益、夬、姤、萃、革、鼎、震、艮、歸妹、豐、旅、兌、節、小過等共四十三卦。

解釋卦名卦辭時，或多或少亦承載有一定的釋經觀點。研究這些義理發揮或釋經觀點，將大有助益於了解象傳本身的哲學思想。

（二）卦畫與卦辭的關係

使用卦爻象語詞，尤其是藉卦德與爻象以釋卦名卦辭，是象傳最重要的創新及特色。由於出現得太頻繁，份量太重，效果太好，以致或使人有一種印象，認爲象傳主張卦畫與卦辭有某種生成關係，卦辭係卦畫遵循某種規則轉換而產生的必然結果，欲理解卦辭應掌握此規則等。王弼所謂「繁而不憂亂，變而不憂惑，約以存博，簡以濟眾，其唯象乎！亂而不能惑，變而不能渝，非天下之至賾，其孰能與於此乎！故觀象以斯，義可見矣。」（周易略例‧明象），「盡意莫若象，盡象莫若言。言生於象，〔註205〕故可尋言以觀象。象生於意，故可尋象以觀意。」（周易略例‧明象）意即如此。但除非是基於某種易學信仰，或另有佐證，若單就象傳文本而論，這樣的論點是有疑慮的。以下論證象傳純粹只是引卦爻象以解釋卦辭，並沒有“因爲卦爻象如此所以卦辭如此”的主張。

首先，象傳對卦爻象解析使用的語詞，許多是經過挑選的，並非本來如此。前文曾說明，象傳對卦德及爻象的解析及語詞使用，都是一種創新，至少在《左傳》《國語》中未見如此安排。以剛柔爲例，同樣的卦爻象，若象傳當初選用陰陽而非剛柔爲術語，則卦畫所轉換出來的卦爻象文句將有完全不同的文義乃至不可解。例如蒙卦「初噬告，以剛中也。」將變成「初噬告，以陽中也。」；大有卦「柔得尊位」將變成「陰得尊位」；如此文句，雖仍可與卦畫相符，足以說明爻象，但與卦辭的關係則將甚爲曲折乃至難以理解。所以說卦畫與卦辭之所以能產生關係，係象傳作者的有心安排，並非本然如此。

其次，象傳以卦畫解釋卦辭，可以依卦象，或卦德，或依爻象造句，依爻象又有六爻可供選擇。也就是說，雖然卦畫是固定的，但在解釋卦辭時，象傳可以選擇最能發揮解釋效力的方式去解析卦畫，卦畫之所以能解釋卦辭，其實是象傳作者精心的挑選的結果，並非依規則便可客觀產生。

再者，易經六十四卦中，不同的卦可能有相同的卦辭，但象傳皆以不同的卦爻象解說，或用相同的卦爻象語句來解釋不同的卦辭。例如復卦，大過

〔註205〕「言生於象」套入卦辭與卦畫之範疇中，明顯在說卦辭生於卦畫（之象）。

卦，及益卦，其卦辭中皆有「利有攸往」，彖傳亦皆以卦爻象解釋之，但此三卦之卦畫實不相同，故所選擇之卦爻象亦有異。復卦爲「利有攸往，剛長也。」；大過爲「剛過而中，巽而說行，利有攸往。」；益卦則爲「利有攸往，中正有慶。」。再如比卦，小畜卦，及大有卦，皆因獨爻而爻象語句中有「上下應」，但比卦之「上下應」用以解釋卦辭「不寧方來」〔註206〕，小畜卦之「上下應」用以解釋卦名「小畜」〔註207〕大有卦則用以解釋卦名「大有」〔註208〕。此亦可證明，卦爻象所轉出之文句與卦辭之間，並無固定的對應關係，卦爻象文句純粹只是應解釋卦辭之需要而產生。

第四節　彖傳之哲學思想

一、對彖傳思想討論之前提

　　彖傳在本質上爲解釋周易古經之作，但在解釋的內容中，無疑的會帶入自己的思想或哲學立場。由於彖傳及周易古經著作年代久遠，彖傳內容中，那些純粹是爲了詮釋周易古經？那些又是自身思想的發揮？這些區分及思想內容若無文本上的具體證據，很容易流於主觀見解，甚或流於一廂情願。所以在方法上及態度上應儘可能的謹慎、客觀，一切討論仍應回到文本自身，以文本爲準。

　　前賢在作相關討論時，往往陷入兩大盲點而減弱其說服力。(1)以既定的觀點討論彖傳思想：過早給彖傳思想予以學派定位，然後朝該學派思想之進路來論證彖傳思想內容。例如認定彖傳爲孔子所著，故必須合儒家思想；或預設彖傳爲思孟學派的作品，故其中必含有孟子思想；或以爲彖傳爲道家著作，故應循老莊思想脈絡解讀等。這樣以既定觀點爲前提的立場，反而對討論的主題做了不必要的限制，恐有失其全面性。(2)以孤證論斷彖傳思想的某些特色：即以彖傳中出現的某一句話斷言彖傳具有某種思想，進而與某家思想建立關係。例如採革卦中之一句「湯武革命，順乎天而應乎人。」即主張彖傳有革命思想，或民本思想，或進而與孟子「民爲貴，社稷次之，君爲輕。」做出連結，以論斷彖傳思想與孟子思想的關係。彖傳提及某概念極有可能是

〔註206〕《彖傳・比》「…不寧方來，上下應也。…」，「不寧方來」爲比卦卦辭。
〔註207〕《彖傳・小畜》「柔得位而上下應之，曰小畜。」
〔註208〕《彖傳・大有》「柔得尊位，大中而上下應之，曰大有。」

基於解釋上的需要，並不等於象傳重視該概念或提倡此思想。象傳與某學說提及類似的概念，也可能只是那個時代的思潮，並不足以推斷象傳與該學說有思想上的傳承關係。以文本上的一句話來推論象傳思想，若不小心，則易流於想當然爾的輕率。

以下對象傳思想之討論，當儘量避免上述二盲點，不預設學派立場，並避免憑一己之見率爾立論。儘可能的以象傳文本為依歸，並依文本充分舉證。討論分兩部分進行，一部分針對既有的哲學論題，研究象傳在這些論題上有何見解或持何立場。另一部分完全依象傳文本自身，尋找出象傳特別重視而反覆論述的一些觀點，以及這些觀點的哲學思想。

二、象傳對重要哲學論題的立場

以下為筆者關心且象傳有提及的一些重要哲學論題，包括宇宙論、本體論、天論、鬼神觀、及聖人觀。要特別說明的是，象傳作者未必意識到這些問題，也未必有意識要討論這些問題。而是筆者試圖從象傳對卦辭的解釋及發揮中找出象傳對這些問題的可能態度或主張。

（一）本體論（Ontology）

本體論在討論天地萬物之本源問題，如萬物的根源何在？存在的終極條件為何？等等，有關此類論題，象傳提出了 "乾元" 與 "坤元" 的概念。

象傳在乾坤二卦中，巧妙將卦名與卦辭的第一個字結合，而創造出 "乾元" "坤元" 兩個字詞。雖然象傳在其他地方均釋元為大，但乾元，坤元之 "元"，應作元初之元，元素之元。即以乾元及坤元為萬物創生的依據。象傳說「大哉乾元。萬物資始，乃統天。雲行雨施，品物流形。…乾道變化，各正性命…。」「至哉坤元。萬物資生，乃順承天。坤厚載物，德合無疆。」顯然以乾元為萬物本原，為一切生命的種子。天時與乾元配合，使生命得以繁衍延續。乾元的變化，又使萬物各有其本性及遭遇。又以坤元為大地之母，為一切生命生長的必要條件。生命源於乾元，但有賴坤元方得以滋養生長，生長又需配合天時，所以說「萬物資生，乃順承天。」

簡單的說，象傳提出乾、坤二元本體論，主要是針對生命世界。對無生命物則籠統以天地歸屬之，而天地之功能亦只是配合生命的繁衍延續，生存發展。象傳這種生命的二元論，其實並非嚴格的邏輯論證，但符合經驗中的觀察與歸納。諺語說「孤陰不生，獨陽不長。」，故天地配以乾坤。乾坤關係

陰陽剛柔，一物有一物之乾坤，萬物總以乾元，坤元。正如六十四卦各有剛柔爻；而剛柔爻皆出自乾坤二卦。乾坤二元獨立存在，不能相互化約。但乾元在邏輯上在坤元之先，爲坤元運作的條件，爲一切生命之始。

（二）宇宙論（Cosmology）

宇宙論討論宇宙之生成及結構，包括宇宙間天地萬物之關係。在西方，宇宙論多用以解釋宇宙做爲物質性存在的現狀與過去。從乾元、坤元的探討可知，彖傳的宇宙論，比較是有機的宇宙論，視宇宙爲生命有機體的集合。乾不能生坤，坤不能生乾，乾坤並建〔註209〕乃生成宇宙。

彖傳未直言宇宙，但常"天""地"二字連用，"天地"其意當同"宇宙"。彖傳中提及天地者不外乎兩種立場，一是將天地視同自然界的全體或一部分，例如恆卦「天地之道，恆久而不已也。」，解卦「天地解而雷雨作」；另一則朝向生命的世界，有機的宇宙來論述。例如泰卦「天地交而萬物通也」，咸卦「天地感而萬物化生」，家人卦「男女正，天地之大義也。」，歸妹卦「歸妹，天地之大義也。天地不交，而萬物不興。」皆在強調陰陽雌雄感應交合化生爲宇宙之大道理。此足以證明，彖傳所關心的宇宙，除了對自然界之觀察所得外，更重視宇宙生命的創生與發展規律。

（三）天論與天道

馮友蘭謂中國文字中，天有五義，即物質之天，主宰之天，人格之天，運命之天，及自然之天〔註210〕，此就天之文字意義而言。傅佩榮則謂先秦文獻上的天，具有統治（主宰），啓示，審判，造生，與載行，五種不同側面〔註211〕，此就天概念之功能意義而論。其中啓示與審判針對人類，造生與載行關係到自然界。天的主宰意義則至今仍爲各種宗教信仰的關鍵因素。

彖傳六十四卦，於其中三十八卦中共出現「天」字61次，有些卦還出現多次。可算是彖傳中最常見字之一。相較之下《易經》卦辭不曾用天字，此頗堪玩味，可能原因之一在彖傳以乾爲天，故凡二體中出現乾者，即有機會用天字。但更可能的原因應是彖傳對天概念的重視。彖傳亦常"天地"二字合

〔註209〕「乾坤並建」語出王船山《周易內傳》〈繫辭下傳〉注，「乾坤並建以統易」「乾坤之生廣大如此，故周易並建以爲首，而六十二卦之錯綜以備物化，而天道盡於此也。」
〔註210〕參考馮友蘭《中國哲學史》增訂本上冊，臺北：臺灣商務，1993年。頁55。
〔註211〕參考傅佩榮《儒道天論發微》，臺北：聯經，2010年。頁31。

用（計 21 次），或 "天下" 二字合用（計 14 次），天地當指自然界，包括物質及生命世界。天下依先秦文獻之慣例，當指人間，人的世界。天地與天下都比較容易從經驗中體會。比較特別的是天與道二字的結合或連用，如謙卦言「天道」「地道」〔註 212〕，臨卦言「天之道」，〔註 213〕恆卦言「天地之道」〔註 214〕，似皆在強調自然界運作的規則性〔註 215〕。如此，象傳所言之天，尤其是天地合用之天，大體是在談論自然之天，並強調天的規律性。可謂有天道觀色彩之天。

不但如此，象傳於咸，恆，萃三卦，三次論及「天地萬物之情可見」。分別為「觀其所感，而天地萬物之情可見矣。」；「觀其所恆，而天地萬物之情可見矣。」；「觀其所聚，而天地萬物之情可見矣。」。此處之「情」當指實情，以此，象傳似乎強烈認為天（天地，自然界）運作，不但是有規則的，而且此規則是可以被發現，被理解的。退一步言之，就算是有超越的，經驗所不可知的部分，那個超越的，六合之外的天，仍依照某作規律在運作，只是運作的規則難以自經驗中掌握而已。此顯然並非孔子「天之未喪斯文也，匡人其如予何？」（論語·子罕）的那個天。而比較接近荀子「天行有常，不為堯存，不為桀亡。」（荀子·天論）的那個天，但又有所不同，荀子主張天人有所分際，天不可知，人亦不應企圖去知天。〔註 216〕

但也非全然如此，我們在象傳中，乃能找出有主宰或審判意義的天論，例如无妄卦「无妄之往，何之矣？天命不佑，行矣哉？」此雖用以釋卦辭「不利有攸往」，但提出「天命不佑」為由，天命顯然與天道有區分，〔註 217〕否則佑字無著落。此亦可見象傳雖以天道觀為主，但仍有天命觀的殘影，不可一概否定之。

（四）鬼神觀

鬼神概念一般屬超越界，並與宗教信仰有關。宗教又離不開社會，以此

〔註 212〕《象傳·謙》「天道下濟而光明，地道卑而上行。天道虧盈而益謙，地道變盈而流謙。」
〔註 213〕《象傳·臨》「剛浸而長，說而順，剛中而應，大亨以正，天之道也。」
〔註 214〕《象傳·恆》「天地之道，恆久而不已也。」
〔註 215〕臨卦「天之道」或有超越意義，此將於第七章第三節之二做進一步討論。
〔註 216〕《荀子》〈天論〉「故明於天人之分，則可謂至人矣。」；「唯聖人為不求知天」。
〔註 217〕萃卦亦有「利有攸往，順天命也。」唯順天命是否即可解釋為順應或體貼天道？此仍有討論空間。

觀之，象傳的鬼神觀必受其成書當時社會之鬼神觀的影響。上古時代，民智未開，對宇宙及人間諸現像之解釋多訴諸鬼神。西周開國，周公制禮作樂，人文精神日興，鬼神之事逐漸以人文解釋之，所謂「皇天無親，惟德是輔。」（書經・蔡仲之命）。周禮又多與祭祀有關，結合鬼神與人道，在宗教信仰的基礎上建立社會制度及統治基礎。〔註218〕

象傳直接論及鬼神者僅謙、豐二卦，另有觀卦言及神道。謙卦曰「天道虧盈而益謙，地道變盈而流謙，鬼神害盈而福謙，人道惡盈而好謙。」；豐卦曰「天地盈虛，與時消息，而況於人乎，況於鬼神乎？」，鬼神均與天（天地）、及人並列。似以天地、鬼神、及人間為三類不同的存在範疇，天地總括自然界，鬼神代表超越經驗界而存在之物，人則在其中。「鬼神害盈而福謙」明確交待鬼神擁有給人降禍與賜福的力量。

象傳觀卦「觀天之神道，而四時不忒；聖人以神道設教，而天下服矣。」以「神道設教」將鬼神與人間連繫起來。人神關係是宗教信仰的關鍵。〔註219〕「神道」二字顯然有其宗教意義，程頤注曰「聖人見天道之神，體神道以設教，故天下莫不服也…至神之道莫可名言，惟聖人默契，體其妙用，設為政教。」此恐未述及重點。神道固然可理解為天道之神妙，但所以設之為政教者，若為「莫可名言」之教，恐怕仍難脫宗教鬼神。以此，神道之所以神妙不可言，卻又必須言之以教化民眾，只能以宗教方式為之。

天地山川有神，祖先亡靈為鬼，古代有依禮祭祀天地及祖先的政教傳統，觀天時運作而有不同的祭祀。「春祭曰祠，夏祭曰礿，秋祭曰嘗，冬祭曰烝。」（爾雅・釋天），天子於四時依禮祭天及祖先神，〔註220〕無有差錯，故象傳曰「觀天之神道，而四時不忒。」以此，「神道設教」在說聖人藉宗教祭祀而設立教化之道。設教之目的在使天下皆服。此蓋言古代高明的統治者，必政教合一，藉宗教以推動政令教化，若脫離鬼神之說，單從自然之天解釋「神道設教」，較難自圓其說。《荀子・論理》對祭祀之禮與鬼神關係，有段精闢的

〔註218〕陳來《古代宗教與倫理——儒家思想的根源》，北京：三聯書店，1996 年。頁 140，「在周代，對天地大神的祭祀通過禮制的等級規定而為統治集團所壟斷。」

〔註219〕此借用 Louis Dupre 著，傅佩榮譯《人的宗教向度》，臺北：立緒文化，2006年。頁 40 中的一句話「知道上帝，並不是知道真正的上帝，而是達成與上帝的真正關係。」

〔註220〕陳來《古代宗教與倫理——儒家思想的根源》，頁 128。「這四祭都是時祭，都是季節性的祖先祭祀。」「都是天子對祖先神的重大祭祀。」

見解曰「祭者、志意思慕之情也。忠信愛敬之至矣，禮節文貌之盛矣，苟非聖人，莫之能知也。聖人明知之，士君子安行之，官人以爲守，百姓以成俗；其在君子以爲人道也，其在百姓以爲鬼事也。」將祭祀之禮，自聖人知之設之，而士君子安之行之，至百姓民眾事奉鬼神，其思緒不脫統治者「神道設教，而天下服矣。」的脈絡。以此觀之，象傳鬼神觀之重點，不在宗教鬼神本身，而在統治者藉宗教以教化民眾。

（五）聖人觀

聖人在中國哲學領域中，常被用以表現理想人格的最高境界。象傳中分別於豫，觀，頤，咸，恆，鼎六卦，六次論及聖人。於豫卦曰「天地以順動，故日月不過而四時不忒；聖人以順動，則刑罰清而民服。」；於觀卦曰「觀天之神道，而四時不忒；聖人以神道設教，而天下服矣。」；於頤卦曰「天地養萬物，聖人養賢以及萬民。」；於咸卦曰「天地感而萬物化生，聖人感人心而天下和平。」；於恆卦曰「日月得天，而能久照。四時變化，而能久成。聖人久於其道，而天下化成。」；於鼎卦曰「聖人亨以享上帝，而大亨以養聖賢。」

六卦之中，除鼎卦外，均有下列二特點：(1)聖人必與天並列，天爲天地之天或日月之天；並強烈暗示，聖人之作爲均合天道。(2)聖人作爲必與治民有關，或是服民，或是養民，或是化天下之民。此明白顯示，象傳之聖人，爲感悟天道並效法天道的統者。

以此再看鼎卦之聖人，聖人既祭享上帝，又爲萬民所養。符合此身分者，有周一代，非天子莫屬。即使超越朝代史實論之，此聖人亦當爲上層統治者無疑。〔註221〕以此可總結象傳之聖人觀，當爲效法天道以治理萬民的統治者。不類《孟子》之聖人，而更接近《老子》之聖人〔註222〕。

三、象傳自身思想發揮之特色

本小節討論象傳文本中提出那些重要的，有代表性的，甚至是獨特的思想，足以顯示其思想之特色。與上一小節不同的是，此所謂重要的，或有代表性的，並非視筆者關心或重視的程度而主觀認定，或僅憑象傳文句中片紙隻字所做的任意引申。而係依象傳文本中，尤其是在解釋卦辭之後的發揮或

〔註221〕程頤《易程傳》〈鼎‧象曰〉注「聖人，古之聖王。」
〔註222〕傅佩榮認爲《老子》之聖人是指「領悟了『道』的統治者。」參考傅佩榮《解讀老子》，新北：立緒文化，2003 年。頁 8。

贊頌中，所反覆論及的，並可明顯被意識到的論點。包括了天人思想，時義思想，剛柔思想，及人文化成思想。

（一）天人思想

象傳常藉著解釋卦辭，做一些天人關係的發揮，或天人並列，天地人並列，或天地鬼神及人並列。其目的皆在發揮人道本於天道的思想。以下摘錄包括泰、否、大有、謙、豫、觀、賁、頤、習坎、咸、恆、睽、革、豐、節等十五卦的相關文句爲例：

「是天地交而萬物通也，上下交而其志同也。」（泰）

「則是天地不交，而萬物不通也，上下不交而天下无邦也。」（否）

「其德剛健而文明，應乎天而時行，是以元亨。」（大有）

「天道下濟而光明，地道卑而上行。天道虧盈而益謙，地道變盈而流謙，鬼神害盈而福謙，人道惡盈而好謙。」（謙）

「天地以順動，故日月不過而四時不忒。聖人以順動，則刑罰清而民服。」（豫）

「觀天之神道，而四時不忒。聖人以神道設教，而天下服矣。」（觀）

「故小利有攸往，天文也。文明以止，人文也。觀乎天文，以察時變；觀乎人文，以化成天下。」（賁）

「天地養萬物，聖人養賢以及萬民。」（頤）

「天險，不可升也；地險，山川丘陵也。王公設險以守其國。」（習坎）

「天地感而萬物化生，聖人感人心而天下和平。」（咸）

「日月得天而能久照。四時變化而能久成。聖人久於其道而天下化成。」（恆）

「天地睽而其事同也。男女睽而其志通也。萬物睽而其事類也。」（睽）

「天地革而四時成。湯武革命，順乎天而應乎人。」（革）

「日中則昃，月盈則食，天地盈虛，與時消息，而況於人乎？況於鬼神乎？」（豐）

「天地節而四時成。節以制度，不傷財，不害民。」（節）

十五例中，除了泰、否、大有三卦關係到卦名或卦辭解釋之外，其他十二卦純粹是借題發揮，藉著解釋周易經文，發揮象傳自己的思想。而這個思想的中心議題，就是在說天人同理，人道本於天道，人應法天。在「人法天」的命題下，可以發現，十五例中有十一例涉及統治者，其中又有七例直接明言法天者爲聖人或君王〔註223〕，未明言統治者而可作一般人民解釋者，僅泰、謙、睽、豐四卦。

人法天，就統治者而言，治國用兵〔註224〕當順天時，法天道。就全體人類而言，人當法天地和諧而上下交流；〔註225〕法天之下濟而好謙樂施；〔註226〕法天地雖異而志同的道理去處理男女關係；〔註227〕法天時之消長而理解盈虛的規律。〔註228〕如此，將道德之根源歸諸天道，而非來自人性的內在的要求。人應當如此，乃因天之所以如此，此論似離孟子心性論較遠，而有強烈天道論色彩。

人何以須法天？天道何以是善？象傳對此並無較普遍性之論證，只是從經驗中舉出一些人當法天之特例。

（二）明時思想

象傳言「時」，「時義」，或「時用」，並以「大矣哉」結束者，凡豫、頤、大過、習坎、遯、睽、蹇、解、姤、革、旅等共十一例〔註229〕如下。

「豫之時義大矣哉」（豫）

「頤之時大矣哉」（頤）

「大過之時大矣哉」（大過）

「險之時用大矣哉」（困）

〔註223〕包括：豫卦「聖人以順動，則刑罰清而民服。」；觀卦「聖人以神道設教，而天下服矣。」；頤卦「聖人養賢以及萬民。」；坎卦「王公設險以守其國。」；咸卦「聖人感人心而天下和平。」；恆卦「聖人久於其道，而天下化成。」；革卦「湯武革命，順乎天而應乎人。」

〔註224〕困卦「王公設險以守其國。」當屬軍事範圍。

〔註225〕參考《象傳·泰》。

〔註226〕參考《象傳·謙》。

〔註227〕參考《象傳·睽》。

〔註228〕參考《象傳·豐》。

〔註229〕另有隨卦「隨時之義大矣哉」亦與此十一例近似。唯「隨時之義」不同與「隨之時義」，「雖時」之「隨」不宜做卦名解釋。

「遯之時義大矣哉」（遯）

「睽之時用大矣哉」（睽）

「蹇之時用大矣哉」（蹇）

「解之時大矣哉」（解）

「姤之時義大矣哉」（姤）

「革之時大矣哉」（革）

「旅之時義大矣哉」（旅）

　　首先要說明的是，此十一例均無關卦辭解釋，純粹是借題發揮，藉著周易卦名，發揮彖傳自己的思想。除此之外，另有如損卦之「損益盈虛，與時偕行。」益卦之「凡益之道，與時偕行。」等，亦皆在強調「時」之為關鍵處。其次，彖傳中「義」在單獨使用時，均以義為宜，為適當之理，未必含道德選擇意義〔註230〕。以此，「時義」之義亦非道德仁義之時與義，時義可理解為時宜，即適當之時機。順此理路，「時」為時機，「時用」為運用之時機，就此十一例言之，「時大矣哉」，「時用大矣哉」，與「時義大矣哉」其實只是語氣上的緩急，語意上並無大差別，都是對時機把握之重要性的贊頌，可統稱為 "明時"。

　　問題是，何以彖傳不斷對不同的卦，發出相同的贊嘆？彖傳對 "時" 的感概，是普遍性的？抑或是有針對性的？

　　《周易》卦辭中未見「時」字，與時間概念有關的文句，也只有「先甲三日，後甲三日」（蠱）「七日來復」（復）等對時間之指定，而無關時機的判斷。彖傳在釋經之外，反覆強調時機的重要，對時機概念之重視可見一般。時機不同於機會，機會是環境賦予的，時機則在當事人自身的判斷與掌握，在關鍵時刻做出正確的判斷與選擇。孔子之「我則異於是，無可無不可。」（論語‧微子），孟子贊頌孔子為「孔子，聖之時者也。」（萬章下）也正是在說此在環境中做出正確判斷及選擇的能力。唯此判斷是否為道德判斷？還是自身趨吉避凶的考量？彖傳並未論及。然觀其上下文，似以後者為是。彖傳脫離經文而強調「時」，傳遞出一個重要訊息：外在環境千變萬化，趨吉避凶的關鍵，仍在當事人自身的正確判斷。

　　至於何以舉此十一卦？有可能此十一卦代表了三類尤其要注意時機判斷

─────────────

〔註230〕參考本章第三節之一〈彖傳字詞使用慣例〉小節之相關討論。

的處境：(1)豫、頤二卦代表了身處逸樂頤養之時，要注意勿耽溺，適可而止。(2)大過、習坎、困、遯、蹇等五卦代表身處頓厄時要把握時宜，轉危爲安。(3)解、姤、革、旅四卦，分別顯示了在化解危難，相遇相見，事務變革，及出遊在外等四種處境之下，要選擇適當時機，不宜貿然進行。

　　事實上，象傳對明時的重視，不止是僅針對此十一例，可以說是全面性的。例如蒙卦論及「時中」，大有卦及小過卦論及「時行」，賁卦論及「時變」，損卦及益卦論及「與時偕行」等，這其中又以艮卦說得最爲透澈，象傳以艮爲止，並藉解釋"止"以說"時"之大義，「時止則止，時行則行，動靜不失其時。」此可謂象傳對明時的最佳解釋。

（三）剛柔思想

　　以剛柔替代陰陽是象傳一大特色。象傳於卦分剛卦、柔卦，於爻分剛爻、柔爻，並大量使用剛、柔二德來說明卦旨並解釋卦辭。剛柔爲對立且對等的一組概念，有一剛則必有一柔。就卦畫之客觀象狀言之，六十四卦 384 爻，半數爲剛，半數爲柔。但象傳對卦畫作爻象解析時，明顯對剛爻，或說對"剛"字，有偏愛。象傳爻象語句指涉某爻（主爻）者共 62 例，其中 37 例係指剛爻，20 例爲柔爻，另 5 例剛柔皆可，指涉剛爻者明顯多於柔爻。依前文之分析，象傳對指涉爻的選擇，主要是用以說明卦旨並解釋卦辭，以此，對剛爻的偏愛，亦足以顯示對剛德的重視。不但如此，剛字出現時，多用以解釋吉事，如利見大人，利有攸往等。相對的柔字則多用以釋小利〔註231〕，小事〔註232〕，小亨等〔註233〕。此亦可見象傳以剛德爲尊的思想。就德行言之，剛爲剛直，剛健，指人的意志堅強有力。柔則指柔順，配合，順著別人的意志或命令去行動。象傳重視剛爻甚於柔爻的現象，正意味著象傳以剛爲尊，以堅強意志爲尊的思想傾向。

　　有趣的是，對剛德及柔德的價值偏好，正好是儒家與道家的一個對比。《論語》「吾未見剛者。」（公冶長）；「剛毅、木訥，近仁。」（子路）；「友便辟，友善柔，友便佞，損矣。」（季氏）。孟子論浩然之氣「難言也。其爲氣也，至大至剛…」（孟子・公孫丑上）。孔、孟之說，明顯尊剛而貶柔〔註234〕。反

〔註231〕例如賁卦，遯卦。
〔註232〕例如睽卦，小過卦。
〔註233〕例如旅卦。
〔註234〕《孟子》通篇未言「柔」字，但或以「順」代之，其「以順爲正者，妾婦之道也。」（滕文公下）。明顯對身段柔軟一味順從上位者有較差的評價。

之，老子《道德經》則尊柔而抑剛，所謂「柔弱勝剛強」（36 章），「強大處下，柔弱處上。」（76 章），「天下莫柔弱於水，而攻堅強者莫之能勝…弱之勝強，柔之勝剛，天下莫不知，莫能行。」（78 章）。綜觀其意亦甚明顯，守柔則近道，故曰「弱者道之用」（40 章）。

（四）人文化成思想

彖傳與賁、離、恆三卦中，特別提出人文化成的思想。相關文句如下：

> 「文明以止，人文也。觀乎天文，以察時變；觀乎人文，以化成天下。」（賁）

> 「日月麗乎天，百穀草木麗乎土。重明以麗乎正，乃化成天下。」（離）

> 「日月得天而能久照，四時變化而能久成，聖人久於其道而天下化成。」（恆）

彖傳在卦德傳換上，以離為文明，凡二體中有 "離" 之卦，多言及文明。文明即人文彰顯，即彰顯經由人的努力以改變原始之自然的成果。彖傳於賁、離、恆三卦，又再進一步將人類文明往化成天下的方向發揮。

首先，自賁卦「文明以止」的命題中，可以發現彖傳所謂的文明與禮節有關，彖傳以賁為文飾，由文飾而思禮儀規範，故曰「文明以止」，止者，止於禮也。此與孔子「繪事後素」的說法異曲而同工。彩繪之後，再以素色襯托，將使顏色更突出。子夏於此得到啟發，而有「禮後乎？」之悟，而為孔子所讚許。〔註235〕文明錦繡繁華之背後，仍需要禮的規範與節制，反而更能突顯人文修飾的情意及感受。

其次，再自禮樂而思人文教化。故曰「觀乎人文，以化成天下。」，程頤以人文為「人理之倫序」〔註236〕，所言甚是。此所謂文明或人文應非指衣冠戴冕，樓臺宮室等物質文明，而係指人如何與他人適當相處之文明。孟子有一段話最足以說明人文教化的必要性。

〔註235〕此參考傅佩榮《解讀論語》，新北市：立緒文化，2003 年。頁 50～51，對〈八佾〉「子夏問曰：『巧笑倩兮，美目盼兮，素以為絢兮。何謂也？』子曰：『繪事後素。』曰：『禮後乎？』子曰：『起予者商也！始可與言詩已矣。』」之解讀。

〔註236〕見程頤《易程傳》〈賁‧彖曰〉注「人文，人理之倫序。觀人文以教化天下，天下成其禮俗，乃聖人用賁之道也。」

> 人之有道也，飽食、煖衣、逸居而無教，則近於禽獸。聖人有憂之，
> 使契爲司徒，教以人倫：父子有親，君臣有義，夫婦有別，長幼有
> 序，朋友有信。（孟子・滕文公上）

　　的確，人倫教化才是使人脫離野蠻而造就人類社會的關鍵，否則人最多只能是比較聰明的動物。彖傳於家人卦亦論及「父父，子子，兄兄，弟弟，夫夫，婦婦而家道正。正家而天下定矣。」父子、兄弟、夫婦正是人倫之始，教化百姓如何與家人適當相處，是天下得以平定的基礎。

　　如果人文化成是如此關鍵，那麼，該由誰來進行，以及如何進行？針對此，彖傳提出聖人概念，人文化成需要聖人。如前文所述，彖傳之聖人爲法天道以治國的統治者，以此，恆卦「聖人久於其道，而天下化成。」當在說統治者應常久持恆的教化天下百姓，使之知禮明倫。

　　重視禮樂及人倫教化是儒家的特色，由彖傳對人文化成的強調與重視觀之，彖傳與儒家思想確有相通之處。

第五節　彖傳小結

　　彖傳大約成書於春秋末年至荀子之間，是爲解釋周易古經之作。其解釋之範圍雖僅限於卦畫、卦名、及卦辭，但所使用的方法有許多易學上的突破，因而對後世之易學產生極大的影響。彖傳從卦象、卦德、及爻象三方面取材，並依一定之規則，將卦畫傳換爲短文句，再依此文句解釋卦名與卦辭，從而發揮自身之思想。

　　本研究顯示，彖傳在釋經體例上，除了繼承春秋易學的傳統，以上下二經卦之卦象釋經之外，另有許多創新，包括八經卦的卦德解釋，六爻的靜態及動態爻象解釋等，並使用剛、柔、中、正、應、位、健、順、動、巽等帶有德行意義的字詞，將卦畫依一定之規則轉換爲短句，用以說明卦旨，解釋卦辭。有關彖傳將六爻卦畫轉換爲卦象、卦德、及爻象文句的規則及用字慣例，已於第二節〈彖傳對卦畫之解釋〉作了充分的說明。本研究亦指出，彖傳將卦畫轉換成文句以解釋卦辭，是人爲判選及創作的結果，不宜因此而認爲卦辭是卦畫依某種天道規則所生成。

　　彖傳對卦辭解釋的策略，除了將卦畫依一定之規則轉換爲短句之外，並視情形將卦名以及卦辭中的元、亨、利、貞、孚等字，以同義字替代，並以

此改造卦辭，或另創新句。其目的仍在解釋卦辭並發揮卦義。彖傳解釋的順序大體先釋卦名，再釋卦辭，再視情形發揮或贊頌。對卦辭之解釋，在解釋前或後，必全文依序分段引用，少有遺漏。

本研究亦指出，彖傳除了解釋卦辭之外，並經由對卦辭的解釋及卦義的發揮，闡述自身的思想。包括本體論，宇宙論，天論，鬼神觀，聖人觀，天人思想，時義思想，剛柔思想，人文化成思想等。本研究在彖傳思想的討論上，刻意先不預設學派立場，以免受到學派思想的限制，以偏概全而不自知。但彖傳成書之可能年代，亦可能是儒、道、墨、法等各家思想蘊釀乃或燦發的時代，若說彖傳之內容完全脫離當時之學術思潮而獨立創新，實不符常識而令人難以相信。另一方面，一個人或學派的思想本身就有相當的會通及融合能力。以韓非為例，韓非本身為法家的代表人物，但其學來自儒家荀子，其著作《韓非子》中，又有專章〈解老〉〈喻老〉討論道家著作之專篇。基與這樣的認識，本研究暫時擱置彖傳整體之學派歸屬的討論，但就各思想單元，分別討論其於先秦儒家與道家的可能關係如下：

就本體論及宇宙論等有形而上學意味的思想範疇中，彖傳採乾、坤二元的論述，並以生命的繁衍延續及生存發展為關懷的重點，對無生命物則籠統以天地歸屬之。此可謂易學體系所特有的思想模型，我們可以在《易傳》其他篇章找到類似的論點，例如「一陰一陽之謂道，繼之者善也，成之者性也。」（繫辭傳上）「天地之大德曰生」（繫辭傳下）等。此未必與儒，道有必然之關連。另如其明時思想，亦似為當時的思潮，《論語》《孟子》固然強調時機之掌握與判斷，《老子》亦不乏類似的教訓，例如「其安易持，其未兆易謀。」「為之於未有，治之於未亂。」（64章）亦在說見微知著，把握時機，應物變化之義。

彖傳的天概念，除了自然界的天地概念之外，最重要的是強調天道的存在，並且暗示天道是可以被認識的，有強烈的天道論成分。比較類似《老子》自然之 "天" 與形上之 "道" 的結合，而與孔、孟有主宰意味的天相距較遠。在天道論的前題下，彖傳之聖人乃指能體悟並效法天道以治理萬民的統治者，此聖人觀亦接近老子，而非孟子之聖人。彖傳天人關係之論述亦與其天道論及聖人觀一致，強調人道應法天道。唯此論亦將道德之根源歸諸天道，而非來自人性的內在的要求。因而離孟子心性論較遠，而有天道論色彩，此或許接近漢儒，乃至宋儒，但非孔、孟之儒。此皆反映彖傳思想中亦有偏向

先秦道家而不類孔、孟之成分。

象傳的鬼神觀應只是如實反映當時的宗教信仰，並無特別的論述，唯將宗教祭祀與教化連結而有「神道設教」之說，此接近儒家的傳統。象傳人文化成的思想，更是典型的儒家思想與抱負，此無庸置疑。此外，象傳貴剛抑柔的思想傾向，亦明顯的與儒家主張剛直真誠的人生態度相符，而不類道家以柔克剛，以柔順應物的處世哲理。

以上略述象傳思之內容，有來自易學體系者，有契合當時普遍之思潮者，有與道家相近者，亦有與孔、孟思想符合者。比較要注意的是其人文化成的思想，有強烈的儒家思想傾向，而與道家背道而馳，此或為象傳思想之學派傾向提供了一個有力的線索。有關象傳學派傾向問題，將於第七章作進一步的比較與分析。

第四章　大象傳體例及思想研究

第一節　大象傳之成書及特色

　　大象傳雖在十翼之列，但地位有些尷尬，傳統易學將〈大象〉與〈小象〉合稱為《象傳》。並依周易經文之上下卷，亦分《象傳》為上下卷，是為十翼之二篇。但是〈大象〉與〈小象〉，不論在敘述的內容上，論易的風格上，及思想的觀點上，都有很大的差別，故古人亦有主張分《象傳》為〈大象〉與〈小象〉二篇，例如孔穎達《周易正義》即於「象曰：天行建，君子以自強不息。」之後疏曰「此〈大象〉也。十翼之中第三翼，總象一卦，故謂之『大象』。」今之學者亦接受〈大象〉與〈小象〉為不同的著作，有不同之著作背景及思想內容。〔註1〕唯傳統易學因大、小《象傳》合稱，往往仍將大、小《象傳》視之為同一著作，故作者相同且成書年代相同。高亨等並因此而斷定《象傳》著於《象傳》之後。高亨認為

　　　　《易傳》七種不出於一人之手。

　　　　《彖傳》當是最早之一篇。《彖傳》僅解六十四卦之卦名卦義及卦辭，不解爻辭。《象傳》解六十四卦之卦名卦義及三百八十六條爻辭，不解卦辭。《象傳》何以只解爻辭，不解卦辭哉？其因《彖傳》已解卦辭，不須重述，灼然甚明。此《彖傳》作於《象傳》之前之明證。〔註2〕

〔註1〕例如黃沛榮《周易彖象傳義理探微》對《大象傳》及《小象傳》即分章敘述。王博《易傳通論》雖合大、小《象傳》為一章，但《大象傳》之解經體例及義理，仍與《小象傳》之解經體例及義理分節敘述。

〔註2〕見高亨《周易大傳今注》，頁4。

　　有關《大象傳》之成書年代問題，常與《彖傳》之成書年代做比較，而有《彖傳》早於《象傳》之說，除高亨之外，李鏡池於《周易探源》中也有類似的說法。〔註3〕此外，亦有從《彖傳》《大象傳》之文本比較中，論斷《彖傳》早於《大象傳》者，例如黃沛榮曾舉坤、師、泰、否、晉、明夷、睽、解、巽、節等共十卦為例，以說明《大象傳》因襲彖傳，〔註4〕此十例之《彖傳》文句與《大象傳》文句有近似或完全相同之處。例如坤卦，彖曰「坤厚載物」，大象則曰「厚德載物」；師卦彖曰「師，眾也」，大象則曰「容民畜眾」；再如泰卦彖曰「天地交」，否卦彖曰「天地不交」，大象泰卦、否卦之前句與此完全相同，所以得到《大象傳》因襲（晚於）《彖傳》的結論。

　　然而上述《彖傳》早於《大象傳》的說法仍有甚多疑點，首先，《大象傳》與《小象傳》是否為同一著作，還有討論的空間，不宜貿然以此為前提來論斷《大象傳》之著作年代。再者，如果二著作有類似的文字，除非有更多的證據，不宜主觀認定誰承襲誰。

　　亦有學者採相反的說法，以為《大象傳》或早於《彖傳》，例如廖名春即主張《大象傳》可能成書於孔子之前，〔註5〕林義正亦持類似觀點，〔註6〕其理由之一均與《左傳・昭公二年》記載韓宣子「觀書於大史氏，見易象與魯春秋。」有關，認為韓宣子所見之《易象》即為《大象傳》，或《大象傳》之前身。

　　本研究不以大、小《象傳》是同一本著作為前題，所以其作者可能非同一人，著作年代亦可能不同。並主張欲進行《大象傳》作者及成書年代的討論，宜回歸文本，從文本中尋求證據。先針對文本，探討《大象傳》之釋經體例及思想內容，然後再從體例及思想中比較其與《小象傳》乃至《彖傳》之關係，當然也包括《大象傳》與《彖傳》成書之先後問題等。本章以下所討論之對象，若非特別說明，均針對《大象傳》討論，而不涉及《小象傳》。

　　《大象傳》去除標點符號，全文共計八百七十三字，由六十四則短文所

〔註3〕見李鏡池《周易探源》，頁304。「到了象傳作者出來，看見彖傳只解卦辭，以為是不完之作，於是採用彖傳的方法，把爻辭也解釋了。至於每卦之下繫以 "君子以" "先王以" 的大象，我們還不能斷定它與小象同出一個作者。」
〔註4〕參考黃沛榮《周易彖象傳義理探微》，頁199～200。
〔註5〕見廖名春《周易經傳與易學史新論》，濟南：齊魯書社，2001年。頁104～105。
〔註6〕參看林義正《《周易》、《春秋》的詮釋原理與應用》》，臺北：臺灣大學出版中心，2010年。頁141。

構成。其內容甚是簡明扼要。以屯卦爲例，屯卦《大象傳》全文僅「雲雷屯君子以經綸」八個字。即使是最長者泰卦全文「天地交泰后以財成天地之道輔相天地之宜以左右民」亦不過二十二字。

　　《大象傳》針對易經六十四卦，每卦賦予一則短文。傳統文本於短文之前加「象曰」二字。六十四則短文的形式是固定的。可進一步分解爲前句，卦名，後句三小段。前句爲對該卦卦象之描述，後句賦予該卦以人事義理或人文啓發。以屯卦及未濟卦爲例。

每卦短文形式	：	前句	卦名	後句
		↓	↓	↓
屯卦短文內容	：	雲雷	，屯	；君子以經綸。
未濟卦短文內容	：	火在水上，	未濟	；君子以愼辨物居方。

　　前句「雲雷」「火在水上」，對應解釋該屯卦（下震上坎）及未濟卦（下坎上離）之卦畫。後句「君子以經綸」及「君子以愼辨物居方」爲君子因屯卦及未濟卦所得之啓示。大象傳即以此前句，卦名，後句之形式構造六十四則短文，以解說易經六十四卦。〔註7〕

　　《大象傳》在易學研究中，由於其文例清晰，且純乎義理，不談占筮。故爲歐陽修〔註8〕、葉適〔註9〕等以義理說易之先儒所重視。清初大儒王夫之著《周易大象解》，對大象傳亦有高度評價，主張以大象解易，最是純正，象爻辭反而參有占筮之學。其序曰「易以筮而學存焉，唯大象則純乎學易之理，而不與於筮。」〔註10〕。大象傳所以受到重視，並被視爲儒家之作，可大略歸納下列三理由：

(1) 大象傳不涉及占筮、象數、圖書、陰陽五行等非儒家正統之議題。

(2) 大象傳針對每一卦給予道德啓發的闡釋，結合卦象與義理，符合儒家易學之要求。

(3) 大象傳之內容，多談"君子"與"德"等，儒家關心的議題。

〔註7〕但亦似有例外者，如乾、坤二卦之卦名被省略。无妄卦之卦名部份加「物與」二字等。但亦可說均非爲例外，其中原委將於下節詳述之。

〔註8〕歐陽修《易童子問》三卷，除第三卷討論繫辭外，第一、二卷討論卦爻辭及象、象傳。其討論條目中，〈大象傳〉之相關討論占一半以上，比重最高。

〔註9〕參看朱伯崑《易學哲學史》頁570「葉適對《周易》卦象和卦義解釋，雖然取《彖》、《象》的體例，但以《大象》爲主。甚至以《象》文義解釋《彖》之剛柔說和取義說。」

〔註10〕見王之夫《周易大象解》〈序〉。

有關於大象傳與儒家之關係，於後將有進一步討論，但上述三點，的確是大象傳之特色。也正因爲大象傳六十四則短文之後句中，有五十三卦見 "君子" 其餘諸卦亦關乎 "先王"，"大人" 等，故一般對大象傳之理解，往往視之爲六十四則道德教條。對某一卦之詮釋重點，即在 "君子觀此卦，應如何如何"，並在 "如何如何" 中，抒發己見。這也意味著傳統易學著作對大象傳之解釋，大體上重視對後句之發揮，而常省略對大象傳前句及卦名之解釋。其可能原因爲，有關卦畫、卦名的解釋及卦旨之說明，在 "象曰" 中已作解說，故於 "象曰" 部份不再重複。〔註11〕但如此一來，將產生兩個問題：第一，如果《大象傳》與《彖傳》爲不同的作者所著，那麼對同一卦畫，在卦象、卦義、卦名的解釋上，可能有所不同，故仍有以大象傳觀點詮釋之必要。第二，大象傳之重要精神在以卦象及卦名啓發人事，若不理解前句、卦名、及後句之間的內在連繫，將使大象傳後句只是六十四則教條，而失去易學上的意義，此點常爲大象傳詮釋者所忽略。

由於前人對後句的解釋及發揮，堪稱完備，本研究對《大象傳》的解釋重點將著重於大象傳之釋經體例，以及其前句（卦畫）、卦名、及後句（發揮）之間的連繫。仍以屯卦爲例，屯卦之卦畫（下震上坎）及卦名 "屯" 來自周易古經，或說卦畫及卦名是大象傳與周易古經連繫的臍帶。「雲雷屯君子以經綸」則爲大象傳對此卦畫及卦名的發揮。卦畫如何與「雲雷」連繫？「雲雷」又如何與卦名「屯」連繫？「雲雷屯」又如何與教條「君子以經綸」連繫？是爲本研究欲討論之重點。

第二節　大象傳釋經體例

一、大象傳之觀點預設

大象傳與彖傳均爲解釋易經之作。但由於大象傳的內容極精簡（873 字），與所解釋之對象的連繫又極有限（僅卦畫及卦名），故而在對大象傳之內容進行研究及解析之前，有一件更基礎的問題必須澄清，就是本研究是基於什麼觀點來看待大象傳。

傳統易學便有「人更三聖，世歷三古」（漢書・藝文志）之說，並認爲彖

〔註11〕如前所述高亨之觀點。

傳，大象傳均為孔子所著，尤其是大象傳，其內容純乎義理，不談占筮，足堪為儒家之代表作。由於對大象傳有這樣根深蒂固的前見（fore-sight），故前賢在解讀大象傳時，往往受限於以下兩個框框：

（一）堅信經傳一體

基於經傳一體的前提，以彖傳釋大象傳，或以卦爻辭來釋大象傳，被視為是合理的發揮。例如隨卦，大象傳曰「澤中有雷」，王弼則引彖傳「柔動而說」而釋之為「澤中有雷，動說之象也」；〔註12〕小畜卦，大象傳曰「風行天上」，程頤注此為「乾之剛健而為巽所畜，夫剛健之性唯柔順能畜止之。雖可以畜止之，然非能固制其剛健也，但柔順以擾係之耳，為小畜也。」〔註13〕此完全與「風行天上」無關，乃是藉彖傳「健而巽」而強說大象傳義理。再如剝卦，大象傳曰「上以厚下安宅」，王弼引剝卦爻辭「剝床」〔註14〕注此為「厚下者，床不見剝也。」〔註15〕此皆可見傳統易學企圖將大象傳與周易古經及彖傳等融為一體的傾向。

（二）堅信大象傳為儒家之作

先儒常持儒家思想乃至道德教訓來解釋大象傳。為了確保大象傳儒家思想的純正性，對大象傳義理的解釋，往往偏向道德意識。例如明夷卦後句「君子以蒞眾，用晦而明」，程頤注曰

> 用明之過則易於察，〔註16〕太察即盡事而無含弘之度。故君子觀明
>
> 入地中之象，於蒞眾也，不極其明察用晦，然後能容物和眾。

程頤以「和眾」釋「明夷」。行事過於明察則失之嚴苛，有礙治理上的和諧。所以對待眾人也要有適當的寬容，留一些晦暗之處給他人躲藏。此以儒家 "仁民愛物" 的觀點說「明夷」，故強調「用晦」之目的在不使過明，以能「和眾」。但如此解釋，原文「用晦而明」之中，"晦" 與 "明" 的對立，以及 "晦" 中求 "明" 的要求都不見了。事實上，在大象傳中，"明" 是很重要的價值。〔註17〕程頤以儒家的立場解釋，反而把 "明" 說成了 "不能和眾"。

〔註12〕見王弼《周易注》〈隨・象曰〉。
〔註13〕見程頤《易程傳》〈小畜・象曰〉。
〔註14〕剝卦爻辭：初六「剝床以足」；六二「剝床以辨」；六四「剝床以膚」。
〔註15〕見王弼《周易注》〈剝・象曰〉。
〔註16〕「易於察」，亦有文本（如《四庫全書》）作「傷於察」。
〔註17〕例如噬嗑卦的「明罰敕法」，賁卦的「明庶政」，革卦的「治歷明時」，旅卦的「明慎用刑」，未濟卦的「慎辨物」等，都在說 "明"。

再如震卦「洊雷，震；君子以恐懼修省。」戴璉璋對此有所發揮：

> 這裡的恐懼，不是一般畏懼害怕的意思，而是孟子所謂「孔子懼，作《春秋》……」這類的懼。是感受到「德之不脩，學之不講，聞義不能徙，不善不能改」的憂患，驚覺到「世衰道微，邪說暴行有作，臣弒其君者有之，子弒其父者有之」的危機，因而產生的怵惕惻隱，竦然戒慎。由這種恐懼而來的修省，主要方式是「反身」。〔註18〕

此將 "恐懼" 引申解釋為 "憂患"，將憂患的來源，解釋為「德之不脩，學之不講，聞義不能徙，不善不能改」，因而對修省的內容進一步進行發揮。如此的詮釋進路，站在儒家本位而言，故然可將大象傳思想與孔孟思想緊密結合，在義理上作最大的發揮，並收印證之效。然亦需面對下列三個問題：

首先，「孔子懼」之懼，雖然可以解釋為憂患，但本意仍是害怕的意思，孔子懼怕臣弒君，子弒父等人倫敗壞的教訓為世人所所勿視遺忘，所以作《春秋》。更何況此處是 "恐懼"，不只是 "懼"，而且還有 "恐"。"恐"，《說文》「懼也。」；《康熙字典》引《正韻牋》曰「恐有驚惶之意。懼乃畏怕之實，恐在懼前也。」"恐懼" 可謂 "懼" 之加強版。

其次，就字意而言，"恐懼" 與 "憂患" 應是不同的概念。"恐懼" 為驚慌害怕，是指受到威脅時而思解脫之情緒。"憂患" 為擔憂禍患，是對潛在威脅的反覆思慮。二者實有所不同。《大學》「身有所忿懥，則不得其正；有所恐懼，則不得其正；有所好樂，則不得其正；有所憂患，則不得其正。」，將恐懼與憂患分別並論，即為其明證。今將恐懼解釋為憂患，實有過度引申，強加解釋之疑。

再者，將恐懼發生的原因解釋為不能成德，故然符合儒家的思路，但卻使前句「洊雷」流為空談。洊雷為對雷聲陣陣不間斷的形容。綜合人對雷聲的經驗以及震卦卦辭之描述，〔註19〕將恐懼的發生解釋為對雷聲不斷的反應，因雷聲震攝而對天威的恐懼，因對天威的恐懼而內省，應更能忠實的反應大象傳的思想。

以上顯示，傳統易學對大象傳的理解與詮釋，確實存在著一些根深蒂固的觀點，但除非有更充分的證據，否則這些觀點只能是預作假設，而未必是真理。這些預設觀點給了詮釋者一個視野，也限制了詮釋者的視野。

〔註18〕見戴璉璋《易傳之形成及其思想》，臺北市：文津出版社，1989 年。頁 122。
〔註19〕《易經》〈震卦〉卦辭「震，亨。震來虩虩，笑言啞啞。震驚百里，不喪匕鬯。」

預設本身就代表著某些立場，某些潛在的視野。比較麻煩的是，我們不可能完全沒有立場，也不可能在沒有認何預設之下對大象傳進行詮釋。但是我們可以清楚的交待這些預設，以下就是本研究對大象傳所做的三點預設，本研究對大象傳所做的一切分析及解釋，都是在以此三預設為前提，所作的解析及推論。

（一）視大象傳為獨立之文本。

所謂 "獨立之文本"，意指大象傳固然是《周易》經傳的一部份，但是有關大象傳之成書、體例與思想之研究，並沒有與《周易》經傳之其他部份取得一致性的必要，更不宜混為一談。故不宜以卦爻辭、彖傳、繫辭傳等，作為解釋大象傳的直接證據。

（二）大象傳與周易古經之直接連繫，僅在於卦名及卦畫。

由於大象傳文句不涉及卦爻辭，亦不對卦爻辭作解釋，故雖為《易傳》之一篇，顯然並非為詮釋卦爻辭而作。本研究預設大象傳與《周易》經文之直接關係，僅止於卦名及卦畫，為解釋卦畫及卦名之作。

（三）大象傳之著作背景為周代的中國北方。

有關大象傳之著作年代，傳統認為乃孔子作於春秋之末，近代學者討論亦大體同意成書於春秋戰國時期。故以周代為著作背景應是合理之主張。另一方面，《周易》經傳為華夏族之著作，華夏文明之活動地區於周代主要在長江以北之黃淮流域一帶，故以中國北方為大象傳著作背景亦是合理之推論。據此，有關大象傳之解讀，當參考周代中國北方居民之感受與認知情形。此處所謂之中國北方為一大略之位置，約當長江以北，黃河及淮河流域。

除了以上三項預設之外，本論文有關大象傳之體例及詮釋，將完全依文句所顯示之文意，並儘量不使用其他易學之說。以避免不必要的牽連及扭曲，方可使大象傳之本來面目得以更真實呈現。

二、大象傳的文句結構

大象傳針對易經六十四卦，賦以六十四則短文，每則短文的形式是固定的，可進一步分解為前句、卦名、及後句三小段。有關大象傳六十四則短文的斷句問題，黃沛榮曾對九位近代學者之斷句方式進行比較，[註20] 大體皆

〔註20〕參考黃沛榮《周易象象傳義理探微》，頁 101～107。

做前句、卦名、後句之形式斷句，唯所使用之標點符號，以及後句之斷句方式，略有差異。本研究參考諸說，採 "前句，卦名；後句" 的方式，整理表列大象傳內容如下。表列左側為易經原有之資料，包括卦序、卦名、及卦畫。卦畫部分以上下二經卦表示之。為了方便與前句對照，以乾為天，坤為地，震為雷，巽為風，坎為水，離為火，艮為山，兌為澤，左為上卦，右為下卦。表列右側為對應之大象傳短文，並分解為前句、卦名、及後句三小段。其中乾、坤二卦有增字，以括弧突顯之，以便於大象傳原文對照。另，後句部分為避免爭議，一律不以標點斷句。

卦序/卦名（卦畫）	前句	卦名	後句
1 乾（為天）：	天行健，	（乾）〔註21〕；	君子以自強不息。
2 坤（為地）：	地勢（順）〔註22〕，	坤；	君子以厚德載物。
3 屯（水雷）：	雲雷，	屯；	君子以經綸。
4 蒙（山水）：	山下出泉，	蒙；	君子以果行育德。
5 需（水天）：	雲上於天，	需；	君子以飲食宴樂。
6 訟（天水）：	天與水違行，	訟；	君子以作事謀始。
7 師（地水）：	地中有水，	師；	君子以容民畜眾。
8 比（水地）：	地上有水，	比；	先王以建萬國親諸侯。
9 小畜（風天）：	風行天上，	小畜；	君子以懿文德。
10 履（天澤）：	上天下澤，	履；	君子以辯上下定民志。
11 泰（地天）：	天地交，	泰；	后以財成天地之道輔相天地之宜以左右民。
12 否（天地）：	天地不交，	否；	君子以儉德辟難不可榮以祿。
13 同人（天火）：	天與火，	同人；	君子以類族辨物。
14 大有（火天）：	火在天上，	大有；	君子以遏惡揚善順天休命。
15 謙（地山）：	地中有山，	謙；	君子以裒多益寡稱物平施。
16 豫（雷地）：	雷出地奮，	豫；	先王以作樂崇德殷薦之上帝以配祖考。
17 隨（澤雷）：	澤中有雷，	隨；	君子以嚮晦入宴息。

〔註21〕此依原文增一「乾」字，理由請參考以下說明一。
〔註22〕此依原文增一「順」字，理由請參考以下說明二。

18 蠱（山風）：　　山下有風，　　　蠱：　君子以振民育德。
19 臨（地澤）：　　澤上有地，　　　臨：　君子以教思无窮容保民无疆。
20 觀（風地）：　　風行地上，　　　觀：　先王以省方觀民設教。
21 噬嗑（火雷）：雷電，　　　　　　噬嗑：先王以明罰敕法。
22 賁（山火）：　　山下有火，　　　賁：　君子以明庶政无敢折獄。
23 剝（山地）：　　山附地上，　　　剝：　上以厚下安宅。
24 復（地雷）：　　雷在地中，　　　復：　先王以至日閉關商旅不行后不省方。
25 无妄（天雷）：天下雷行物與，　无妄：先王以茂對時育萬物。
26 大畜（山天）：天在山中，　　　大畜：君子以多識前言往行以畜其德。
27 頤（山雷）：　　山下有雷，　　　頤：　君子以慎言語節飲食。
28 大過（澤風）：澤滅木，　　　　大過：君子以獨立不懼遯無悶。
29 坎（爲水）：　　水洊至，　　　習坎：君子以常德行習教事。
30 離（爲火）：　　明兩作，　　　　離：　大人以繼明照于四方。
31 咸（澤山）：　　山上有澤，　　　咸：　君子以虛受人。
32 恆（雷風）：　　雷風，　　　　　恆：　君子以立不易方。
33 遯（天山）：　　天下有山，　　　遯：　君子以遠小人不惡而嚴。
34 大壯（雷天）：雷在天上，　　　大壯：君子以非禮勿履。
35 晉（火地）：　　明出地上，　　　晉：　君子以自昭明德。
36 明夷（地火）：明入地中，　　　明夷：君子以蒞眾用晦而明。
37 家人（風火）：風自火出，　　　家人：君子以言有物而行有恆。
38 睽（火澤）：　　上火下澤，　　　睽：　君子以同而異。
39 蹇（水山）：　　山上有水，　　　蹇：　君子以反身修德。
40 解（雷水）：　　雷雨作，　　　　解：　君子以赦過宥罪。
41 損（山澤）：　　山下有澤，　　　損：　君子以懲忿窒欲。
42 益（風雷）：　　風雷，　　　　　益：　君子以見善則遷有過則改。
43 夬（澤天）：　　澤上于天，　　　夬：　君子以施祿及下居德則忌。
44 姤（天風）：　　天下有風，　　　姤：　后以施命誥四方。
45 萃（澤地）：　　澤上於地，　　　萃：　君子以除戎器戒不虞。
46 升（地風）：　　地中生木，　　　升：　君子以順德積小以高大。
47 困（澤水）：　　澤無水，　　　　困：　君子以致命遂志。
48 井（水風）：　　木上有水，　　　井：　君子以勞民勸相。

49 革（澤火）：	澤中有火，	革：	君子以治歷明時。
50 鼎（火風）：	木上有火，	鼎：	君子以正位凝命。
51 震（爲雷）：	洊雷，	震：	君子以恐懼修省。
52 艮（爲山）：	兼山，	艮：	君子以思不出其位。
53 漸（風山）：	山上有木，	漸：	君子以居賢德善俗。
54 歸妹（雷澤）：	澤上有雷，	歸妹：	君子以永終知敝。
55 豐（雷火）：	雷電皆至，	豐：	君子以折獄致刑。
56 旅（火山）：	山上有火，	旅：	君子以明慎用刑而不留獄。
57 巽（爲風）：	隨風，	巽：	君子以申命行事。
58 兌（爲澤）：	麗澤，	兌：	君子以朋友講習。
59 渙（風水）：	風行水上，	渙：	先王以享于帝立廟。
60 節（水澤）：	澤上有水，	節：	君子以制數度議德行。
61 中孚（風澤）：	澤上有風，	中孚：	君子以議獄緩死。
62 小過（雷山）：	山上有雷，	小過：	君子以行過乎恭喪過乎哀用過乎儉。
63 既濟（水火）：	水在火上，	既濟：	君子以思患而預防之。
64 未濟（火水）：	火在水上，	未濟：	君子以慎辨物居方。

有關乾、坤二卦之卦名及大象傳文句之關係，進一步說明如下：

（一）說明一

乾卦，帛本作 "鍵" 卦〔註23〕。"健"、"鍵" 同爲 "建" 聲，當可通假。《說卦》曰「乾，健也」。乾卦即健卦，「天行健」即「天行乾」。「天行健」亦有採「天行，健」之斷句者，例如如陳鼓應〔註24〕。唯若採斷句方式，以 "健" 爲卦名，則文意不甚連貫，若採不斷句方式，未能明示卦名，有違大象傳文句之慣例。故主張「天行健」即「天行健健」之省，且此 "健" 爲雙關語，就前句而言，此以「天行健」說乾卦之卦象，就卦名而言，"健" 爲 "乾"，以此連貫文意且符大象傳原文。

以「天行健」爲「天行健，乾」者，古人早有此說。歐陽修《易童子問》〔註25〕

　　童子問曰：「象曰『天行健。君子以自強不息』，何謂也？」曰：「其

〔註23〕參考劉大均《今、帛、竹書《周易》綜考》，頁1～4。
〔註24〕參看陳鼓應《周易注釋及研究》，臺北：臺灣商務印書館，1999年。頁10。
〔註25〕見歐陽修《易童子問》〈第二問〉。

傳久矣，而世無疑焉，吾獨疑之也。蓋聖人取象所以明卦也，故曰
『天行健，乾』，而嫌其執於象也，則又以人事言之，故曰『君子以
自強不息』。六十四卦皆然也。《易》之闕文多矣。」

歐陽修以乾卦爲例，說明大象傳六十四卦都是以 "前句，卦名；後句" 的
形式出現。「天行健，君子以自強不息」，其實應作「天行健，乾；君子以自
強不息」，只是《易》有闕文，古人傳抄時少掉了一個 "乾" 字。

(二) 說明二

坤卦，帛本作 "川" 卦。〔註26〕 "坤" 字在古代文獻如《詩經》、《尚書》、
《春秋》、《論語》、《孟子》、《荀子》、《老子》、《莊子》等中均未見使用。唯
一出現者即爲《易經》之坤卦，以及《左傳》、《國語》中對周易占筮事件之
歷史敘述。《說文》對 "坤" 字也只能說「地也。《易》之卦也。」以此我們可
以說 "坤" 爲易經之專用字。所以，有關 "坤" 之意含，追究其源，可說完全
取決於對易學的詮釋，而無其他文獻可供參考。

唐《經典釋文》釋坤卦曰「坤，本又作巛，巛今字也，同困魂反，《說卦》
云：順也。」此說以 "坤" 爲古字，"巛" 爲今字。〔註27〕漢熹平石經 "坤" 作
"川"〔註28〕，劉大均先生亦舉諸漢碑爲證說「漢人隸字多以 "川" 爲 "坤"。」
〔註29〕，帛書〈繆和篇〉曰「川者，順也」。《說文》釋順爲「理也。從頁從
巛，會意。川流也。」段玉裁注曰「川之流，順之至也。故字從頁從巛會意。
而取川聲。」，以此知古韻 "川" "順" 同音。所以釋川爲順，或爲通假。

依此，可說 "坤" 又作 "川（巛）" 或 "順"，其義爲順。「地勢坤」即「地
勢順」。如同乾卦「天行健」即「天行健健」之省，「地勢坤」亦爲「地勢坤
坤」之省。且此 "坤" 爲雙關語，就卦名而言，坤（順）爲卦名；就前句而言，
「地勢順」說坤卦之卦象，以此連貫文意且符大象傳原文。

大象傳短句之前句、卦名、後句形式，不僅只是文例格式，實關係到大
象傳之解經規則。前句反應大象傳對卦畫之解釋，卦名一來做爲與經文的連
繫，二來做爲卦旨之指引，後句則爲大象傳針對卦旨情境所作的發揮。有關

〔註26〕見劉大均《今、帛、竹書《周易》綜考》，頁 4。
〔註27〕按，此爲漢唐時代之說，以今日之觀點，"巛" 爲 "川" 之古寫，而 "坤" 爲
　　　　"巛" 之古寫。
〔註28〕見屈萬里《漢石經周易殘字集證》，收錄於《屈萬里全集》第二輯，台北：中
　　　　央研究院歷史語言研究所，1961 年。卷二，〈上經第一〉，頁 1。
〔註29〕見劉大均《今、帛、竹書《周易》綜考》，頁 4。

前、卦名、後句在大象傳中的作用，略述如下：

（一）前句解釋卦畫

前句有規則〔註30〕地將六十四卦的卦畫，經由上下二經卦的象徵，轉換為自然物所構作之圖象或景象。也就是有系統地對六十四卦之卦畫提出解釋。

（二）卦名指引卦旨

卦名除了做為大象傳與易經經文之間的對應連繫之外，在文字意義上也有指引的作用。〔註31〕以屯卦為例，「雲雷，屯；君子以經綸。」之「屯」，一方面表示此為《易經》屯卦之大象傳文句，另一方面，"屯" 在文字上有 "難"，"草木初生"，及 "聚" 的意思，〔註32〕故屯卦之義旨當與此等有關，有關「雲雷」的解釋，亦應以此為意向指引。

（三）後句發揮情境

卦旨反映此卦之情境，後句即為大象傳針對卦旨之情境所作的發揮。大象傳之後句，多以君子為對象。有些雖言及先王、大人、或后等，仍是以先王等為榜樣，其勸戒之對象，仍是君子或將為君子者。以此，大象傳之後句，俱是針對一卦之旨，對君子於該情境時應如何處世修身所作的發揮。

三、大象傳前句產生的規則性

周易六十四卦，每卦各有其專屬圖象，是為該卦之卦畫。大象傳首先將卦畫分解為上下二經卦，並將經卦轉換為所象徵之自然物，再將二經卦所象徵之二自然物，依二經卦之上下位置，組合成為一自然情境，並以二至六字〔註33〕的短句表示之，是為大象傳之前句。此卦畫與前句之間的轉換極具規則，並非任意為之。茲說明此轉換規則如後。

（一）經卦之轉換規則

大象傳依一定之規則將經卦轉換為對應之卦象（自然事物）。六畫卦可得上下二經卦，六十四卦共計得 128 經卦，八經卦各出現 16 次，亦即轉換 16 次，共計轉換 128 次。八經卦之轉換規則如下：

〔註30〕此規則將詳述於本節之三〈大象傳前句產生的規則性〉。
〔註31〕參看第三章三節之二〈對卦名之解釋〉。
〔註32〕同上。
〔註33〕前句最短二字如屯卦之「雲雷」；最長六字，為无妄卦之「天下雷行物與」。

(1) 乾為天：將乾卦轉換為天。16 次均無例外。

"天" 概念，在大象傳中可解釋為天體或天空，均為自然之天。就天體而言，有日、月、星等天體之運行日復一日，永不間斷。就天空而言，天空在頭頂上，天空也給人高、大、空、遠等感受。

(2) 兌為澤：將兌卦轉換為澤。16 次均無例外。

"澤" 為低下之處，亦為水聚集之處，如湖、海等。澤水為靜止之水，流動之水則以 "坎" 來象徵。此外，澤水可供灌溉，有滋潤作物之用。

(3) 離為火：將離卦轉換為火，或與火概念相關之物，如 "明" 與 "電"。16 次中，直接轉為 "火" 者 10 次，轉為 "明" 者三卦 4 次（離、明夷、晉），轉為 "電" 者 2 次（噬嗑、豐）。

"明"，光明，為火的重要性質。"電"，閃電，為天上之火。人類文明自火而起，對火的駕御及使用是人與獸的重大分別。"火" 象徵人類的活動與文明。火能照明，人類藉此以破除黑暗，故火光亦蘊有明辨事物的意思。閃電則為上天自然之火，閃電常與雷聲相伴，讓人感受上天明察事物無所隱藏之威赫。

(4) 震為雷：將震卦轉換為雷。16 次均無例外。

雷聲、雷電、雷雨，均屬 "雷" 帶來的概念。雷聲令人震攝，但所帶之雨亦滋潤萬物，使之生長。雷隨天候季節而變化出沒，春夏多而秋冬少，故有季節時序的象徵意義。在客觀事實上，雷電必作用於天上。但於感官經驗上，近處之雷較高而強，而遠處之雷較低而弱。故從觀察者主觀感受之角度分析，雷聲位置之高低及強弱，其實蘊含了雷之遠近。

(5) 巽為風：將巽卦轉換為風，或與風概念相關之物 "木"。16 次中，直接轉為 "風" 者 11 次，轉為 "木" 者 5 次（大過、升、井、鼎、漸）。

風吹遍佈萬物，故 "風" 有風俗、教化的意思。《康熙字典》「風是諸侯政教也」，中國自古便有以 "風" 為教化的傳統。風不可見，但風吹時樹枝搖動，樹木與風的關係是可直接經驗並感受的。樹木生成高大，故 "木" 也是生長、茁壯之象徵。

(6) 坎為水：將坎卦轉換為水，或與水概念相關之物，如 "雲"、"雨"、"泉"。16 次中，直接轉為 "水" 者 12 次，轉為 "雲" 者 2 次（屯、需），為 "雨" 者 1 次（解），為 "泉" 者 1 次（蒙）。

水在天上為雲為雨，在地上則以泉為水之源頭。不論 "雲"、"雨"、或 "泉"，基本上仍屬 "水" 的概念。

(7) 艮為山：將艮卦轉換為山。16 次均無例外。

此處之山，為大山，高山，而非土丘之屬。"山"使人有高、大、遠、阻隔、以及蘊藏豐富等感受。山與天都帶有高、大、遠的概念，在程度上，"天"較"山"更甚。唯山是實在的，可觸碰的；天則是飄渺空泛的，更具神秘想像空間。

(8) 坤為地：將坤卦轉換為地。16 次均無例外。

"地"即大地，大地為人所居住之處，萬物皆於大地上生長。人對大地的感受是直接的，不需多做說明。

（二）經卦上下關係之轉換規則

《大象傳》將二經卦之上下位置，轉換為二自然現象的關係。包括上下、內（中）外、出入、及並列，共四種。茲說明如下：

(1) 上下關係：上經卦為上，下經卦為下。

凡以上下關係說明者，恆以上經卦為上方，下卦經為下方。若 A 為上經卦，B 為下經卦，則曰 A 在 B 上，或 A 下有 B。例如：大有卦上離下乾，則曰「火在天上」。上經卦與下經卦，有時雖是上、下關係，但並不直接以上、下描述，而以上、下二卦物象之自然性質所產生的效應描述之。是為上下關係之變形。例如大過卦以「澤滅木」暗示澤在木上，困卦以「澤無水」暗示澤在水上。

六十四卦中，其二經卦為上下卦關係者，計有蒙、需、比、小畜、履、泰、否、大有、蠱、臨、觀、賁、剝、無妄、頤、大過、咸、遯、大壯、睽、蹇、損、夬、姤、萃、困、井、鼎、漸、歸妹、旅、渙、節、中孚、小過、即濟、未濟等 37 卦。其中泰、否、大過、困等四卦，雖未明言其上下關係，但仍以間接方式暗示其上下關係。

(2) 內外關係：上經卦為外，下經卦為內。

凡以內外關係說明者，恆以上經卦為外，下經卦為內。並以外包圍內，內在外之中，來描述內外關係。若 A 為上卦，B 為下卦，則曰 B 在 A 中，或 A 中有 B。例如：復卦上坤下震，則曰「雷在地中」；大畜卦上艮下乾，則曰「天在山中」；師卦上坤下坎，則曰「地中有水」。

六十四卦中，其二經卦為內外卦關係者，計有師、謙、隨、復、大畜、升、革等共 7 卦。

(3) 出入關係

上下卦既然存在有內外關係，當然就可以存在有動態的出入關係。由內至外為出，由外至內為入。故由上經卦入下經卦，或由下卦出上卦。若以 A 為上卦，B 為下卦，則可曰 A 出 B，或 B 入 A。例如：豫卦上震下坤，則曰「雷出地奮」。家人卦上巽下離，則曰「風自火出」。

六十四卦中，其二經卦為出入關係者，有豫、晉、明夷、家人，共 4 卦。

(4) 並列關係：上經卦與下經卦無分上下而並列

有時上下卦所象徵之位置關係為並列性質，不需刻意區分上下或內外。例如恆卦上震下巽，曰「雷風」；解卦上震下坎，曰「雷雨作」。表示風與雷、雷與雨之間並不需要區分上下內外，可視為同時或並列。另外，若上下二經卦相同，亦不需區分上下，而僅視為經卦象徵意義的加強。例如乾卦，上乾下乾，即為 "天" 意義的強調。二經卦並列，不區分上下關係者，除乾、坤、習坎、離、震、艮、巽、兌八重卦之外，另有屯、訟、同人、噬嗑、恆、解、益、豐等共計 16 卦。

除此之外，基於修辭或描述上的需要，大象傳亦會用較豐富的語彙來描述自然現象彼此關係。例如小畜卦不說「風在天上」而說「風行天上」；大過卦不說「澤在木上」而說「澤滅木」。但基本上，仍循上述規則處理上下卦關係。有些如困卦的「澤無水」，及泰卦與否卦的「天地交」「天地不交」，在理解上可能需要稍作解釋，但仍不與上述規則抵觸。另如蒙卦「山下出泉」之 "出"，晉卦「明出地上」之 "上"，與明夷卦「明入地中」之 "中"，亦只是文辭上的美化，並非上下經卦相對關係的描述。

《大象傳》六十四前句皆遵循上述規則，自卦畫轉變而出，無一例外。此亦可見大象傳之作者，對周易卦畫之解釋，有極清晰之理路。基本上以乾為天，兌為澤，離為火，震為雷，巽為風，坎為水，艮為山，坤為地。並以二經卦之上下位置，決定所代表之天，澤，火，雷，風，水，山，地之相對應位置。其中，火或變形為明與電；風或變形為木；水或變形為雲、雨、泉；均為常識及經驗可接受之合理聯想。以上《大象傳》對卦畫的解釋，基本上與春秋易學及《象傳》之卦象部分相通，但完全不涉及卦德及爻象。

四、大象傳釋經之程序──三次轉換

從系統的層面來看，大象傳 "前句，卦名；後句" 之固定形式，給我們一

個這樣的概念：大象傳就有如一個設計好的易經詮釋系統，以卦畫及卦名為原料，將之轉換，並產生對應之"前句，卦名；後句"格式之短文。如下圖一所示。

〈圖一〉

進一步透視大象傳轉換運作的方式，當可發現，大象傳釋經，首先以卦畫為原料，依固定之規則〔註34〕，將卦畫轉換為一自然現象之圖畫，是為大象傳之前句。再以卦名為原料，並與前句結合，將之轉換為人事啟發，是為大象傳之後句。前句、卦名、及後句再結合，完成大象傳文句。前句與卦畫有關，與卦名無關；後句與卦畫及卦名有關，如下圖二所示。

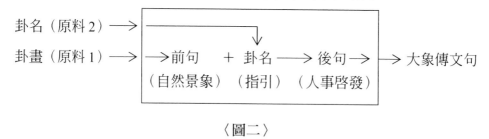

〈圖二〉

上圖將大象傳之文句格式轉換為大象傳釋經模式，此對於大象傳之解讀，是極具關鍵意義的。我們可以說，大象傳將《易經》原有的卦畫轉換為自然景像，再將此自然景像與卦名結合，依卦名之指引，從而導出對人事的啟發，是為其釋經精神之所在。欲了解大象傳思想，就必須了解卦畫（前句）、卦名、與啟發（後句）之間的關係，否則大象傳只能是六十四則零散格言。

以此，本研究依大象傳文句結構之分解，對於大象傳解經之程序，提出三次轉換說。即主張大象傳以易經之卦畫及卦名為原料，如圖三所示，經由三次轉換，將卦畫及卦名轉換為大象傳文句。所謂三次轉換蓋指：

轉換一：將卦畫轉換為自然景象的描述，是為前句。

〔註34〕如前小節〈大象傳前句產生的規則性〉如示之規則。

轉換二：將前句依卦名爲指引轉換爲人事情境，以說明此卦名之義旨。
轉換三：將此自然景觀與義旨轉換爲具體的人事啓發，是爲後句。

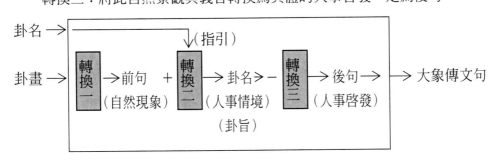

〈圖三〉

以屯卦爲例，屯卦下震上坎，《大象傳》曰「雲雷，屯；君子以經綸。」大象傳依前小節所描述之規則，以坎爲雲，震爲雷，故將卦畫轉換爲「雲雷」，是爲前句，此轉換一。屯爲聚，爲草木之初生；雲雷相聚乃大雨將作之時，故此卦圖象爲雲雷相聚大雨將作之象。在草木萌發的春天，雲雷相聚，大雨將興，萬物待雨而萌生。故前句「雲雷」與卦名「屯」相結合，以屯爲指引，將自然界 "雲雷相聚，大雨將興" 之景象，用以比擬人事。當可得大的形勢正在蘊釀，大作爲即將發生的情境。是爲屯卦之義旨，此轉換二。吾人於春日草木萌發之日，觀雲雷相聚，大雨將興。因而體悟君子於大事將興，大有作爲之時，應聚蓄能力，豐富安邦治國之術。故曰「君子以經綸」，是爲後句，此轉換三。以此，大象傳將屯卦之卦名及卦畫，經三次轉換，產生「雲雷，屯；君子以經綸。」之文句。

以下將進一步論述，大象傳如何以三次轉換的方式，對指定之卦畫，以前句說明此卦畫所象徵之自然景象，再結合卦名，以賦該卦以修身處世之格言。三次轉換亦將說明大象傳前句與後句的關係是極其緊密且具系統性的，後句絕非只是鬆散的儒學教條，而是大象傳作者對卦畫及卦名的優美展開。

（一）轉換一：將卦畫轉換為自然圖象的描述（前句）

大象傳將卦畫轉換爲前句的規則性，已於上節充分說明。此處略作補充如下：

(1) 以此規則所轉出之前句，是爲可經驗或可自經驗中想象的大自然景象。此點至爲重要，要能與經驗結合才能有具體的感受，才能引發共鳴，以

進行其後的轉換。

（2）此轉換雖具強烈的規則性，但並非機械式的轉換，而是有所意圖的，其目的皆在使讀者有所感受。所以同是坎卦，有時做水，有時做泉，有時為雲，有時為雨。上下二經卦，有時釋為上下關係，有時釋為內外關係，或來去關係等。各種安排之最終目的皆在呼應後句，使修身濟世之格言得以順利展開。

（3）此轉換至為純粹，不須雜以他說。傳統易學若未能把握此轉換規則，則多雜以他說。例如前述王弼多引《彖傳》來解釋《大象傳》前句；再如程頤論《大象傳》解經必先說上經卦，次說下經卦，例無倒置。故噬嗑卦下震上離，應說「電雷」而非「雷電」。〔註35〕廖明春在經過複雜之解析之後亦主張「程頤；晁公武論定《大象傳》釋別卦之體例 "無倒置者" 應該是正確的。」〔註36〕但這樣的主張例外甚多，〔註37〕而且無助於對《大象傳》的理解，是沒有必要的。

大象傳前句將卦畫轉換為二自然物的位置關係。此關係構成一自然景像。此景像或可在自然界中實際呈現，而為人所能直接觀察或感受的對象，例如「雷在天上」（大壯卦），或「地上有水」（比卦）。但亦或有景像在自然界中並不存在，而僅只能存於想像中，為人所虛構，例如「雷在地中」（復卦）、「澤上於天」（夬卦）。此類景象雖然只是人所虛構，但其構成之元素，如此處之雷、地、澤、天等，仍是實存於自然界且可經驗的，故仍可為人之感官經驗所能認識，描述，說明，並賦予意義。也就是說，前句所述之景象，不論是虛是實，此景象都可在人之心中與對自然現象觀察之經驗或印象結合，而形成主體對此卦景象的主觀感受。此感受具下列三項特點。

（1）此為當時華夏居民之感受。對此感受之詮釋，亦應適當參考大象傳著作之時空背景，及當時之人文生活。

（2）為了避免流於空泛，大象傳對此自然景象之感受，有時會以簡短文字，對此感受給予意向上的指引。此指引文字可能為卦名，例如師、比、泰卦等；或其他文字，例如訟卦「天與水違行」以「違行」為指引；無妄卦「天

〔註35〕見《易程傳》〈噬嗑〉「象無倒置者，疑此文互也」。
〔註36〕見廖名春《周易經傳與易學史新論》，濟南：齊魯書社，2001年。頁88。
〔註37〕例如臨卦，上地下澤，大象傳不曰地下有澤，而曰「澤上有地」。復卦，上地下雷，不曰地中有雷，而曰「雷在地中」。

下雷行物與」以「物與」為指引；解卦「雷雨作」以「作」為指引等。但仍以卦名為指引的情況最常見，此將於轉換二中說明之。

(3) 此感受多為對自然景象之主觀印象或聯想，而非對自然現象探究其發生原因，或對此自然現象尋求客觀之解釋。例如，對雷電的感受，即為當時人類在面對雷鳴或閃電時的感受，包括聽覺的，視覺的，及心理上的，文化上的反應。而非雷電產生原因之探究。

對前句所描述的自然景象產生聯想是解讀大象傳的關鍵，我們可以說，大象傳作者藉此圖象以傳遞訊息給讀者，因為，有相似生活背景的人，對同一自然景象，可以產生類似的聯想。

今以雷為例，現代人對自然科學的學習與認識，對雷電之成因、作用、及背後的原理，有相當程度的理解及掌握。古人雖沒有這方面的客觀知識，但與大自然頻繁接觸，對於雷電的主觀感受應較現代人更直接而且深刻。雷聲常伴隨閃電，或遠或近。近處之雷高而強，遠處之雷低而弱。頭頂的雷自天而降，強烈而且神秘，令人敬畏恐懼。遠處的雷，或在曠野地面，或在水澤之上，或在山谷之中，其聲響亦有所不同，而有不同的感受。生活經驗中，雷的出現亦與季節有關，春雷驚蟄，夏雷頻繁，秋雷勢弱，冬雷罕有。所以，豫卦「雷出地奮」在形容雷聲隆隆，大地隨之震動迴響，好似天地和鳴的樂章。隨卦「澤中有雷」在描繪雷作於大澤之中，遠離人煙之處，其聲衰而勢弱，好似要收工休息。復卦「雷在地中」敘述雷潛藏於地中不出，這是冬日景象，冬至之後，春天即將再臨。以上說明，大象傳前句應以當時居民之感受去理解，而非從自然科學的觀點去分析。若以自然科學去解讀大象傳之前句，所得的結論很可能失去易學焦點而產生誤解。例如高亨於豫卦、隨卦、復卦、歸妹卦等，常斥大象傳「對於雷有不科學之謬說」，〔註38〕這並不是一種體貼的理解方式。

（二）轉換二：將前句依卦名為指引轉換為人事情境（卦旨）

卦旨，或稱卦義，指該卦所蘊之情境及義旨。卦旨與卦名之關係，至少

〔註38〕高亨《周易大傳今注》，頁 157「按《易傳》對於雷有不科學之謬說，認為：大陸地區，天暖時雷出於地上，《豫象傳》曰 "雷出地奮，豫" 是也；天寒時雷返於地中，《復象傳》曰 "雷在地中，復" 是也。濱湖地區，天暖時雷出於澤上，《歸妹象傳》曰 "澤上有雷，歸妹" 是也；天寒時雷入於澤中，《隨象傳》曰 "澤中有雷，隨" 是也。」

可以從兩個方向來看。(1)卦名蘊涵卦義：從卦名的文字意義，或可指引突顯出該卦之卦義。例如，訟、師、泰、否等卦。(2)卦義解釋卦名：若卦名的文字意義不顯，卦義可能需自對卦畫或卦爻辭等之理解中探索，並以所得之卦義解釋卦名。例如大有、中孚等卦。

周易六十四卦之卦畫及卦名雖是固定的，但不同的詮釋者，對同一卦畫及卦名，可能有不同的理解，因而賦予不同的情境及義旨。以此，《彖傳》有彖傳的卦旨詮釋，《序卦傳》有序卦的卦旨詮釋，《大象傳》當然亦有大象傳的詮釋。

大象傳基於"前句，卦名；後句"的文體規則，對一卦卦旨之賦予，應不離前句，並與卦名結合，將對大自然感受轉換為人事情境，以作為此卦之卦旨，使能啓發後句。其對卦旨的詮釋，至少具下列特點：

(1) 由於大象傳本身不涉卦爻辭，故大象傳卦旨賦予之原始材料，僅來自卦畫所得之前句，與卦名。

(2) 此卦旨的賦予，必須與其後句之具體啓示相關。也就是說，大象傳之卦旨應與後句之內容有合理的連繫，否則後句無著力處。

(3) 後句格言必針對處世修身等人倫日用，故大象傳之卦旨，亦必亦就人事情境而說，而非就自然象狀而說。

轉換二之作用，即在將自然情境感受，結合卦名，轉換為人事情境，以作為此卦之義旨。卦名的介入，於此亦有兩種作用，一是起卦旨指引作用，使前句的感受在卦旨賦予上有所指引而更明確。二是作為此卦旨之代表字符，並與經文之卦名一致，以確保大象傳與《易經》之間的連繫。以下以蒙卦、需卦及訟卦為例，說明前句與卦名之可能關係。

"蒙"傳統或釋為微昧闇弱〔註39〕，或釋為物之稚〔註40〕。大象傳蒙卦前句「山下出泉」，泉為水之源〔註41〕。今以泉水為喻，當知大象傳以物之稚釋"蒙"，以泉為水之蒙稚者。山泉涓涓，卻是河海的源頭。泉水出山，雖有山石阻擋，仍將奔流入河，無所反顧。今觀自然界泉水離山入河，用以比擬人事。當知蒙卦之意旨在說事態之初。人於事態之初即應有所決定，並一路堅持，無所反顧，故後句曰「君子以果行育德」。

〔註39〕《周易正義》〈蒙卦〉‧卦辭疏：「蒙者，微昧闇弱之名。」
〔註40〕《卦序傳》「蒙者蒙也，物之稚也。」
〔註41〕 泉，《說文》「水原也。」

需卦前句「雲上於天」，爲雲聚而尙未成雨之象。中國北方大地多乾旱，五穀作物有雨水才有收成，故多期盼下雨，唯天上須有積雲方有降雨之希望。卦名需，"需" 通 "須"，「須，待也。」(爾雅・釋詁)，就字義而言，需有 "等待" 的意思。今以卦名「需」爲指引，天上積雲之景象，與需之字義結合，當可得 "待雲成雨" 之感受，人之於降雨，除了等待之外，並無可介入促成之處。順此思路，比諸人事，是爲盡力於人事之後，對期望之事的等待。吾人於於盡人事之後，處需卦之時，不要焦燥不安。應當正常飲食，安心靜待，保持愉悅的心情。故後句曰「君子以飲食宴樂」。

訟卦前句「天與水違行」，大象傳以「違行」二字，指引觀察者感受之意向。古人觀察日月星空之天體運行，毫無例外的，均是由東向西。再觀察河水流向，發現（中國北方之）河水大體是自西向東流。天向西而水向東，故曰「違行」。卦名訟，就字義而言，訟爲爭訟。事必相違相爭而後有訟。「天與水違行」比諸人事，可得訟卦之情境爲 "相違相爭"。人事相違必生爭訟，爭訟則有傷和氣，君子爲免處於訟卦之境，應在相違之事尙未發生之前，愼謀其始，使之無訟。故後句曰「君子以作事謀始」。

由需、訟二例可知，"需"、"訟" 二字除了做爲卦名外，亦爲自然景象感受與人事情境聯想之間起了指引的作用。蒙卦則因卦名之字義有些含混，必須與前句相互參照，才能使自然景象感受與人事情境之間有更融貫的解釋，以反映蒙卦之義旨。

除此之外，亦有卦名純粹僅爲該卦之代表字符，對卦旨之指引不起作用或隱晦不明者，如小畜，大有，中孚等卦。此時轉換三直接將自然情境感受，轉換爲人事情境，以作爲此卦之義旨。但仍嵌入卦名，以確保《大象傳》與《易經》之間的連繫。

（三）轉換三：將卦旨轉換為具體的啟示（後句）

大象傳依其所賦該卦之義旨，將之轉換爲具體之啓示。此啓示針對君子提出處世修身之指引或行爲典範。是爲大象傳之後句。

大象傳六十四卦中，其後句言及君子，以「君子以……」方式陳述者，佔五十三卦。參考程頤解大象傳之慣例〔註42〕，此爲 "君子" 觀該卦之象所得

〔註42〕 程頤《易程傳》注大象，常見 "君子觀A之象，以B。" 的句形。其中A爲前句或卦名，B爲後句。例如師卦「地中有水，師；君子以容民畜眾。」，《易程傳》注曰「君子觀地中有水之象，以容保其民，畜聚其眾也。」臨卦「澤

之啓發，故曰「君子以………」。以此觀之，大象傳係以君子，或有可能成爲君子者，爲讀者而作。此處之「君子」究竟何指？將於其後進一步討論。值得注意的是，大象傳另有七卦以「先王以……」方式陳述，但我們不能說這七卦乃以 "先王" 爲對象。因爲先王是已逝去的人物，並不需要道德教訓或修身箴言。所謂「先王以……」，乃是以先王爲榜樣，其勸戒之對象，仍是君子或將爲君子者。同理，另有二卦以 "后" 說之，一卦以 "大人" 說之，一卦以在 "上" 位者說之。不論是先王，或后，或大人，或上位者，其言說之對象，應該都是君子。以此，吾人當可視大象傳後句爲對君子所提出的處世修身之指引。大象傳依其所賦予該卦之卦旨，將之轉換爲具體之啓示。此啓示針對君子，或將成爲君子者，提出處世修身之指引或行爲典範。後句啓示可概分以下三類：〔註43〕

1. 期勉類

對前句結合卦名所象徵之情境，有比、興之聯想及啓發，因而自我期許自我勉勵，對自我有所要求或規範。此類要求或規範是一般性的，是君子或將成爲君子者應有之德行或作爲。六十四卦中此類啓發占45卦，是爲最多數。

2. 指導類

前句結合卦名象徵某種情境，後句有時亦對君子於此情境下應如何自處提出指導。此指導並非是一般規範，而是以此情境爲前提之下的行爲指引。此類包括需、否、蠱、賁、大過、家人、蹇、困、革、既濟、未濟等11卦。值得注意的是，11卦中，否、蠱、大過、蹇、困、未濟等卦，其卦旨之情境爲負面的，是一般不期望發生的情況，但《大象傳》於此亦給與積極之行爲指導。

3. 典範類

因前句與卦名所象徵之情境，所引發對先人事跡的追思，這些事跡可豐富君子的歷史知識，並成爲君子學習的榜樣。此類事跡或典範多來自先王、后、或大人等在上位者。

上有地，臨：君子以教思無窮容保民無疆。」，《易程傳》注曰「君子觀親臨之象，則教思無窮。」。幾乎直接將大象傳文句套入上述之前句，卦名，後句連結形式中。

〔註43〕本研究對大象傳六十四卦啓示之分類詳見本章第三節之二〈大象傳六十四卦卦旨分析〉。

　　以上說明，大象傳前句與後句的關係，不是因果關係，而是思維情境轉換的結果。六十四卦其實就是六十四個思想單位。〔註44〕前句構作了一個大自然情境。再加入卦名爲指引，進行情境處理，並賦予人事意義。終而以此情境對君子的啓示爲方向，進行情境的融合與重構，是爲後句。前句，卦名，與後句，都是在同一個思想單位下情境轉換的結果。

第三節　大象傳對卦名及卦旨之解釋及發揮

一、大象傳六十四則文句之解讀

　　大象傳以極具規則性的方式，依三次轉換，將卦畫以卦名爲指引，轉換爲對君子之啓示。今以三次傳換說，對六十四卦逐一整理並說明其關鍵處，如附件 C〈大象傳六十四則文句解讀〉所示。以驗證三次轉換說在大象傳解讀上的效力。

　　由附件 C 之逐卦檢證，可說明大象傳的確依循三次轉換的模式，有規則將卦畫轉換爲前句自然圖象，並以卦名爲指引，將前句自然圖象轉換爲人事處境，再以此處境轉換出對君子之啓示，是爲後句。

　　大象傳之後句絕非零散的道德教條，而是與卦畫，卦名有一定連繫的人事啓發。進一步言之，大象傳前句，卦名，後句之間，其實有一個共通的連繫樞紐，就是一卦所示之人事情境，或處此人事情境時之義理，此情境或義理可謂之該卦之卦旨或卦旨，是爲此卦之中心思想。前句突顯了此卦旨與卦畫之連繫，卦名既作爲此卦旨之意向指引，又作爲此卦旨之名稱，後句則爲此卦旨之義理發揮。

二、大象傳六十四卦卦旨分析

　　卦旨既然是連繫大象傳前句，卦名，及後句之樞紐，當然也就是理解大象傳文句的樞紐，正確地把握住大象傳如何訂定一卦之義旨，就能正確地把握住大象傳如何釋經，也就能如實的理解大象傳。可惜的是，大象傳並沒有明確地標示出六十四卦之卦旨，我們只能憑著卦畫，卦名，及大象傳文句，

〔註44〕有關思想單位及情境轉換之概念，參考李賢中〈「辯者廿一事」論思想的單位結構及應用〉，收錄於於《輔仁學誌——人文藝術之部》第 28 期，2001 年 7 月，第 79～90 頁。

去逆推大象傳所訂之卦旨。藉由三次轉換的理論，我們也可以說，大象傳之前句，卦名，與後句，應可完全整合在 "卦旨" 這個中心思想上。就理想狀況論之，從前句，從卦名，或從後句，所顯示的卦旨應該是融貫一致的，但就實際言之，有些卦名之文字意義，在卦旨之指引上未必產生積極的指引做用，〔註45〕甚至與卦旨無涉，〔註46〕，但我們仍能從前句與後句之關係中，直接推尋卦旨。〔註47〕

以下即依上述理論及方法，推定大象傳解釋易經六十四卦之卦旨，並以表列呈現如下。除三次轉換外，表列之卦旨亦循下列原則推定：(1)大象傳之卦旨係就人事情境而說，而非就自然象狀而說。(2)大象傳卦旨可以為人事情境或人處此境時之義理。為了便於比較，下表所謂之卦旨專指處境而言。雖然如此，但處境與義理仍密不可分，義理必為該處境之義理，由義理亦可倒推此義理所針對之處境。(3)轉換三依發揮之方式分成期勉、指導、及典範三類，〔註48〕這樣的分類並無絕對的標準，只是讓卦旨與後句的關係更清楚。期勉類指卦旨啟發君子於此情境下之自我期許；指導類指君子處卦旨所示之情境下的行為指引。典範類為卦旨所示之情境引發的事跡或典範，可供君子學習或效法。

注意此表之中，小畜卦、大有卦、及中孚卦，此三卦的卦名，與前句及後句脫節。此雖不影響此三卦前句與後句的連繫，但亦顯示大象傳於此三卦，在卦畫、卦名與卦旨之間的融貫性有所欠缺。追究其原因，可能有三：(1)周易古經之卦名〔註49〕經寫經過漫長的抄及演變，原字原義可能有變。例如小畜卦，帛書卦名作「少藙」，中孚卦，帛書卦名作「中復」等。(2)大象傳成書時，有些卦之卦旨已難以用卦象解釋。(3)此中之卦畫、卦名與卦旨之存在某種有意義的關聯，只是目前尚未能找到融貫的解釋。有趣的是，象傳對此三卦的卦旨，亦是以卦爻象含混說之，留下相當大的解釋空間。

〔註45〕 例如歸妹卦、兌卦等，前句直可接關連後句，以推卦旨。卦名雖無指引作用，但亦與卦旨相合。

〔註46〕 例如小畜卦、大有卦、中孚卦，前句直接關連後句，以推卦旨。卦名只是卦名，無指引作用，且與卦旨無關。

〔註47〕 此時卦名並非無意義，卦名仍擔負與易經連繫之作用，只是未發揮意向指引的功能。

〔註48〕 參閱第二節之四〈大象傳釋經之程序〉。

〔註49〕 參閱第三章第三節之四〈象傳六十四卦卦旨分析〉。

〈大象傳卦旨分析表〉

	卦名	卦畫	前句	卦名指引	人事義旨	啟發	後句
			（轉換一）		（轉換二）		（轉換三）
1	乾	爲天	天行（建）	強健	強健不息	期勉	君子以自強不息。
2	坤	爲地	地勢（順）	順承	承擔任事	期勉	君子以厚德載物。
3	屯	水雷	雲雷	屯聚	大事將興	期勉	君子以經綸。
4	蒙	山水	山下出泉	蒙稚	事態之初	期勉	君子以果行育德。
5	需	水天	雲上於天	等待	靜心等待	指導	君子以飲食宴樂。
6	訟	天水	天與水違行	爭訟	爭訟	期勉	君子以作事謀始。
7	師	地水	地中有水	師眾	聚畜民眾	期勉	君子以容民畜眾。
8	比	水地	地上有水	比附	人心歸附	典範	先王以建萬國，親諸侯。
9	小畜	風天	風行天上	—	教化未行	期勉	君子以懿文德。
10	履	天澤	上天下澤	禮節	區分尊卑	期勉	君子以辯上下定民志。
11	泰	地天	天地交	通泰	交融和諧	典範	后以財成天地之道輔相天地之宜以左右民。
12	否	天地	天地不交	否塞	隔閡不通	指導	君子以儉德辟難不可榮以祿。
13	同人	天火	天與火	類聚	聚集同類	期勉	君子以類族辨物。
14	大有	火天	火在天上	—	光明普照	期勉	君子以竭惡揚善順天休命。
14	謙	地山	地中有山	謙藏	有而不居	期勉	君子以裒多益寡稱物平施。
16	豫	雷地	雷出地奮	豫樂	行禮作樂	典範	先王以作樂崇德殷薦之上帝以配祖考。
17	隨	澤雷	澤中有雷	順隨	憩息	期勉	君子以嚮晦入宴息。
18	蠱	山風	山下有風	蠱惑	教化不行	指導	君子以振民育德。
19	臨	地澤	澤上有地	監臨	上監臨下	期勉	君子以教思无窮容保民无疆。
20	觀	風地	風行地上	視察	教化百姓	典範	先王以省方觀民設教。
21	噬嗑	火雷	雷電	決斷	明斷善惡	典範	先王以明罰敕法。
22	賁	山火	山下有火	文飾	邁向文明	指導	君子以明庶政无敢折獄。
23	剝	山地	山附地上	剝塌	傾頹倒塌	期勉	上以厚下安宅。

	卦名	卦畫	前句	卦名指引	人事義旨	啟發	後句
			（轉換一）		（轉換二）		（轉換三）
24	復	地雷	雷在地中	復返	冬盡春來	典範	先王以至日閉關商旅不行后不省方。
25	无妄	天雷	天下雷行	不妄作	萬物將作	典範	先王以茂對時育萬物。
26	大畜	山天	天在山中	大積畜	容畜遠闊	期勉	君子以多識前言往行以畜其德。
27	頤	山雷	山下有雷	口頰	口頰節制	期勉	君子以慎言語節飲食。
28	大過	澤風	澤滅木	太過	太過成災	指導	君子以獨立不懼遯世无悶。
29	習坎	坎水	水洊至	不間斷	學習不間斷	期勉	君子以常德行習教事。
30	離	離火	明兩作	光明	光明持續	典範	大人以繼明照于四方。
31	咸	澤山	山上有澤	感受	虛以待受	期勉	君子以虛受人。
32	恆	雷風	雷風	恆常	挺立堅持	期勉	君子以立不易方。
33	遯	天山	天下有山	遁隱	遠離人事	期勉	君子以遠小人不惡而嚴。
34	大壯	雷天	雷在天上	壯盛	天威壯盛	期勉	君子以非禮勿履。
35	晉	火地	明出地上	日升	光明顯現	期勉	君子以自昭明德。
36	明夷	地火	明入地中	晦暗	晦暗不顯	期勉	君子以蒞眾，用晦而明。
37	家人	風火	風自火出	家庭	家人相處	指導	君子以言有物，而行有恆。
38	睽	火澤	上火下澤	乖違	習性相異	期勉	君子以同而異。
39	蹇	水山	山上有水	蹇難	滯塞難行	指導	君子以反身修德。
40	解	雷水	雷雨作	消解	寬放舒解	期勉	君子以赦過宥罪。
41	損	山澤	山下有澤	減損	減損欲望	期勉	君子以懲忿窒欲。
42	益	風雷	風雷	增益	增益德行	期勉	君子以見善則遷，有過則改。
43	夬	澤天	澤上于天	潰決	潤澤施惠	期勉	君子以施祿及下，居德則忌。
44	姤	天風	天下有風	邂逅	遍施教化	典範	后以施命誥四方。
45	萃	澤地	澤上於地	萃聚	保護財物	期勉	君子以除戎器戒不虞。
46	升	地風	地中生木	上升	日漸高大	期勉	君子以順德積小以高大。
47	困	澤水	澤無水	困窘	處境困窘	指導	君子以致命遂志。

	卦名	卦畫	前句	卦名指引	人事義旨	啟發	後句
			（轉換一）		（轉換二）		（轉換三）
48	井	水風	木上有水	井	工程動員	期勉	君子以勞民勸相。
49	革	澤火	澤中有火	變革	時代變革	指導	君子以治歷明時。
50	鼎	火風	木上有火	鼎器	容止端正	期勉	君子以正位凝命。
51	震	爲雷	洊雷	雷震	天威天譴	期勉	君子以恐懼修省。
52	艮	爲山	兼山	限制	自我節制	期勉	君子以思不出其位。
53	漸	風山	山上有木	漸至	徐積漸進	期勉	君子以居賢德，善俗。
54	歸妹	雷澤	澤上有雷	嫁女	時空久遠	期勉	君子以永終知敝。
55	豐	雷火	雷電皆至	豐盛	威赫明察	期勉	君子以折獄致刑。
56	旅	火山	山上有火	羈旅	謹慎小心	期勉	君子以明愼用刑，而不留獄。
57	巽	爲風	隨風	教化	政令教化	期勉	君子以申命行事。
58	兌	爲水	麗澤	和悅	討論學習	期勉	君子以朋友講習。
59	渙	風水	風行水上	水渙	天災	典範	先王以享于帝立廟。
60	節	水澤	澤上有水	節制	調節限制	期勉	君子以制數度議德行。
61	中孚	風澤	澤上有風	—	解消酷熱	期勉	君子以議獄緩死。
62	小過	雷山	山上有雷	稍過	稍過於常	期勉	君子以行過乎恭喪過乎哀用過乎儉。
63	既濟	水火	水在火上	事成	文明有序	指導	君子以思患而預防之。
64	未濟	火水	火在水上	事未成	文明失序	指導	君子以愼辨物居方。

三、大象傳釋經之問題討論

以下針對大象傳釋經之相關問題提出討論，主要在針對三次轉換說與傳統易學對大象傳之詮釋觀點的差異比較，以及大象傳慣用語之語意討論。

（一）大象傳詮釋觀點比較

本研究以三次轉換的方式對大象傳文句進行理解，其結果將有別與傳統易學。與傳統易學比較，本方式在詮釋的觀點上，可以發現有下列差異：(1)視大象傳爲解釋易經卦畫與卦名之作，有別於傳統視大象傳爲闡揚儒家思想之作。(2)重視前句與後句關係，有別於傳統重視後句格言之發揮。(3)依大象傳文本自身，不參雜他說，不擴充解釋，有別傳統以象傳或十翼其他篇章解釋大象傳並視之爲當然。

以三次轉換的方式顯示，將易經之卦畫及卦名解釋爲對君子〔註 50〕之啟示，並非天道本來如此，而是大象傳作者精心安排的結果。尤其是轉換一，是啟動轉換的關鍵。大象傳以極簡單清楚的規則，將卦畫以上下經卦的組合，轉換爲自然圖象。以震爲例：震爲雷，只要經卦是震，必轉爲雷。依雷作位置之高低，可以有天上之雷（大壯卦）其雷壯盛；山上之雷（小過卦）其雷稍過；天下之雷（無妄卦）其雷遍作；山下之雷（頤卦）其雷節制；地上之雷（豫卦）雷鳴如樂；澤上之雷（歸妹卦）雷聲甚遠；澤中之雷（隨卦）雷聲衰竭；地下之雷（復卦）其雷深藏。此皆因天（乾）、山（艮）、地（坤）、澤（兌）等，都是有帶有高低概念的自然物。另如火（離）、水（坎）、風（巽）等不具高低位置概念之經卦，其與雷之組合亦不分上下位置，如雷電（噬嗑卦）（豐卦），雲雷（屯卦）；雷雨（解卦）、雷風（恆卦），風雷（益卦）。

再如經卦巽，巽爲風，依風吹之高低，可以有天上之風（小畜卦）風不及人；天下之風（姤卦）其風遍吹；山下之風（蠱卦）風吹受阻；地上之風（觀卦）其風及人；水上之風（渙卦）受風於水面；澤上之風（中孚卦）其風清涼。但不會有地下之風〔註 51〕，或澤下之風〔註 52〕，水下之風〔註 53〕，因爲地、澤、水等物都是不透風的。由此二例亦可見大象傳前句之嚴謹，所構作的自然景象首先必是人之經驗可以感受或想象者，而且此感受將可與後句格言產生合理的聯想。

若我們接受將卦畫轉換爲前句（轉換一）是大象傳作者精心構思的結果，其最終目的在配合卦名並引發對君子之修身建言。則勢必會對傳統易學的大象傳詮釋產生下列兩點疑惑：(1)既然大象傳本身有一套自圓其說的釋經觀點，若另以象傳或十翼其他篇章之觀點來解釋大象傳是否妥當？(2)若以大象傳傳承儒家思想爲前提，是否會因過分重視儒學義理的發揮，而斷裂了大象傳與易學的連繫？不幸的是，以上二者的答案可能都是負面的。

有關第一個問題，前賢早有議論。王夫之於其《周易大象解》序言中，開宗明義直書「大象之與彖爻自別爲一義。取大象以釋彖爻，必齟齬不合，而強欲合之，此易學之所由晦也。」此說大象傳之義理不同於卦爻辭，當然

〔註 50〕 君子原意爲國君之子，爲貴族階級，爲未必是儒家以道德取向的君子。此將於後進一步討論。
〔註 51〕 升卦爲地中升木，而不說地中有風。
〔註 52〕 大過卦爲澤滅木，而不說澤下有風。
〔註 53〕 井卦爲木上有水，而不說風上有水。

更與十翼其他篇章有異。如果以大象傳來解釋卦爻辭或以卦爻辭乃至十翼其他篇章來解釋大象傳，必定會有齟齬不合之處。勉強去湊合，只會讓易學更加晦澀。

有關第二個問題，涉及大象傳之定位問題，若視大象傳爲解釋易經之著作，當然應以符合易學脈絡〔註54〕爲主，若視大象傳爲傳承儒學思想之著作，當然以儒學義理爲主。二者並非不可並存，但仍應有主從。今若以大象傳爲詮釋易理之作，即使持儒家觀點，對大象傳之理解亦當以易學脈絡爲主，儒學義理爲輔。也就是應先求大象傳文句與卦畫，卦名之間的融貫解釋，再求後句格言的儒學義理發揮。

以下試舉蒙卦、需卦、蠱卦爲例，並引王弼、孔穎達、及程頤之相關注釋，具體說明傳統易學對大象傳文句解釋的一些問題。

〔例一〕蒙卦

象曰：山下出泉，蒙；君子以果行育德。

王弼注：

果行者，初筮之義也。育德者，養正之功也。

孔穎達疏：

正義曰：「山下出泉，蒙」者，山下出泉，未有所適之處，是險而止，故蒙昧之象也。…「果行育德」者，自相違錯，若童蒙來問，則果行也，尋常處眾則育德，是不相須也。

程頤注：

山下出泉，出而遇險，未有所之，蒙之象也。若人蒙穉，未知所適也。君子觀蒙之象，以果行育德，觀其出而未能通行，則以果決其所行，觀其始出而未有所向，則以養育其明德也。

王弼「初筮之義」「養正之功」明顯企圖以卦辭及彖傳〔註55〕解釋大象傳。孔穎達「險而止」亦出於彖傳〔註56〕，且爲了符合卦辭「童蒙求我」〔註57〕，將果行育德拆爲兩節，解釋爲：若有人來問則「果行」，平常處眾則「育德」，兩不相待。但依此解釋，果行與育德均與山下出泉無關。「自相違錯」四字亦

〔註54〕此處所謂 "易學脈絡"，主要指大象傳與易經卦畫及卦名之連繫而言，但不包括與卦爻辭及十翼其他篇章之連繫。

〔註55〕此引〈蒙卦〉卦辭「初筮告，再三瀆。」及象曰「蒙以養正」。

〔註56〕〈蒙卦〉彖曰「山下有險，險而止。」

〔註57〕〈蒙卦〉卦辭「匪我求童蒙，童蒙求我。」

甚突兀，不知所由。

　　程頤以「未之所適」連結「山下出泉」與「蒙」，並以「君子觀蒙之象，以果行育德。」試圖結合前、後句。並以「養育其明德」釋「育德」，然「果行」與「育德」之關係爲何？「果決其所行」何以能「養育其明德」？此點至爲關鍵，否則君子睹萬物均可思「育德」，如此則君子「育德」成了儒學教條，「育德」亦成泛泛空說，而失去易學上的脈絡。程頤以「觀其始出而未有所向」連結「果決」與「育德」，「未有所向」固可與「果決」連結，但「觀其始出而未有所向」何以能「養育其明德」？則頗費思量。

　　若從三次轉換之易學脈絡觀之，因卦畫而思「山下出泉」，因「山下出泉」而思事態之初宜「果行」，因「果行」而思「育德」，所育之德，應是「果行」之德。德字也未必定作道德或明德〔註58〕之德解釋。有關大象傳德字之用法，將於後作進一步討論。

〔例二〕需卦

　　　　象曰：雲上於天，需；君子以飲食宴樂。

王弼注

　　　　童蒙已發，盛德光亨，飲食宴樂，其在茲乎！

孔穎達疏

　　　　正義曰：…若言雲上於天，是天之欲雨，待時而落，所以明需天惠
　　　　將施而盛德又亨，故君子於此之時，以飲食宴樂。

程頤注

　　　　…雲上，上於天未成雨也，故爲須待之義。陰陽之氣交感而未成雨
　　　　澤，猶若子畜其才德，而未施於用也。君子觀雲上於天，需而爲雨
　　　　之象，懷其道德，安以待時。飲食以養其氣體，宴樂以和其心志，
　　　　所謂居易以俟命也。

　　王弼「童蒙已發」企圖以蒙卦卦辭〔註59〕釋需卦大象傳，此不但預設周易經傳爲一體，且視六十四卦爲一體，非有此信念者，恐難接受此論。孔穎達以「雲上於天」爲「天惠將施」，此以雲爲天之盛德，故此時應「飲食宴樂」。

〔註58〕程頤此處雖未明說「明德」之意，依宋儒之學術傳承，或可參考朱熹《四書
　　　　集注・大學章句》「明德者，人之所得乎天，而虛靈不昧，以具眾理而應萬事
　　　　者也。」
〔註59〕〈蒙卦〉卦辭「匪我求童蒙，童蒙求我。」

如此將飲食宴樂視之爲對天恩的喜慶宴樂，則與需待之義完全脫節矣。

　　程頤以雲爲雨之畜，將「須待」轉換爲「畜其才德」，再轉換爲「懷其道德」，以符儒家進德修業之說。但「懷其道德」何以連結「飲食宴樂」？程頤雖妙引《中庸》「居易以俟命」發揮之，但「居易〔註60〕」與「懷其道德」之間似難有連繫。

　　就三次轉換之易學脈絡觀之，因卦畫而思「雲上於天」，因「雲上於天」而思「需待」，因「需待」而思「飲食宴樂」，思路原本十分流暢，今強加入「懷其道德」，視此爲儒學發揮則可，視此爲大象傳本義，則有畫蛇添足之虞。

〔例三〕蠱卦

　　象曰：山下有風，蠱；君子以振民育德。

王弼注

　　蠱者，有事而待能之時也，故君子以濟民養德也。

孔穎達疏

　　正義曰：必云「山下有風」者，風能搖動，散佈潤澤。今「山下有風」，取君子能以恩澤下振於民，育養己德。振象山下有風；育德，象山在上也。

程頤注

　　山下有風，風遇山而回，則物皆散亂，故爲有事之象。君子觀有事之象，以振濟於民，養育其德也。在己則養德，於天下則濟民，君子之所事，無大於此二者。

　　王弼直接以卦名導出「振民育德（濟民養德）」，完全捨棄「山下有風」而脫離了與卦畫的連繫。孔穎達試圖直接以卦畫來解釋「振民育德」，認爲「山下有風」，風能搖動，故有「振」字；因「山在上」，上恩澤下，故有「育德」二字。其說服力甚弱，實爲理性所難以接受。

　　程頤以「山下有風」爲有事之象，君子觀此象，在己則養德，於天下則濟民。有效連繫前句與後句，既保住易學脈絡，又能發揮儒理，甚符大象傳詮釋之大旨。唯「風遇山而回」而「物皆散亂」之說，恐與常識不合，使物皆散亂者爲風，不限於「遇山而回」之風。

　　就三次轉換之易學脈絡觀之，因卦畫而思「山下有風」，因風吹爲山所阻而思教化不行，教化不行則民眾易受蠱惑，故思「振民育德」。

〔註60〕朱熹《大庸章句》注「居易以俟命」曰「居易，素位而行也。」

　　以上三例與附錄 C〈大象傳六十四則文句解讀〉相互對照比較，可知以三次轉換的方式對大象傳文句進行理解，主要著重在大象傳之易學脈絡，其次才會是後句義理的發揮。

（二）大象傳之德與君子

　　近代學者大體上雖未必接受《易傳》爲孔子所作，但仍多認爲《易傳》出自儒者之手，爲儒家義理之闡揚。《易傳》之中，又以《大象傳》因多談 “德” 與 “君子”，故最被認爲顯示易傳與儒家淵源之代表。但是大象傳文句中所謂的 “德” 與 “君子” 是否即儒學意味下之 “德” 與 “君子”？此仍有討論的必要。

1. 大象傳之德

　　大象傳多論 “德”。“德” 亦是《書經》中最重要的概念之一，尤其是〈周書〉中，如 “敬德”、“明德” 等，是極常出現語詞〔註61〕。唯考察 “德” 的意義，可以發現，早期文獻中所肯定的 “德” 及具體德目，大都體現於政治領域，或者說，早期的德，大都與政治德行（Political Virtue）有關，〔註62〕以嘉惠百姓爲德。

　　“德” 又通 “得”，“德” 依其文理脈絡，可解釋爲先天所具之秉賦或後天培育之品格或能力。即使在《論語》中，“德” 字之使用，亦未必全作德行或倫理道德解釋。例如「爲政以德」（爲政），朱注「德之爲言得也，得於心而不失也。」。其他如「天生德於予」（述而）；「君子之德風，小人之德草。」（顏淵）；「驥不稱其力，稱其德也。」（憲問）等，“德” 字之使用，均可當作秉賦，風格，或能力解釋。至於今日我們所熟悉的 “道德” 一詞，在儒家要到《荀子》書中方才出現，並逐漸被賦予及使用在有關倫常日用之實踐能力方面，儒家色彩濃厚的概念上。〔註63〕

　　《大象傳》六十四卦中，其後段格言部份，論及德者凡十五卦。約占總數四分之一，出現頻率可謂甚高。其內容分別爲：

　　　坤　　：君子以厚德載物。

〔註61〕《書經・周書》 “敬德” 出現八次，“明德” 出現五次。
〔註62〕見陳來《古代宗教與倫理——儒家思想的根源》，頁 296。
〔註63〕先秦上獻，道德二字連用並有倫常日用實踐意義者，除《荀子》諸篇之外，另如《禮記・曲禮上》「道德仁義，非禮不成，教訓正俗，非禮不備。」唯二者年代先後殊不可考。

蒙 ：君子以果行育德。

小畜：君子以懿文德。

否 ：君子以儉德辟難，不可榮以祿。

豫 ：先王以作樂崇德，殷薦之上帝，以配祖考。

蠱 ：君子以振民育德。

大畜：君子以多識前言往行，以畜其德。

坎 ：君子以常德行，習教事。

晉 ：君子以自昭明德。

蹇 ：君子以反身修德。

夬 ：君子以施祿及下，居德則忌。

升 ：君子以順德，積小以高大。

漸 ：君子以居賢德善俗。

節 ：君子以制數度，議德行。

其中豫、蠱、夬、節四卦，很明顯的，是統治者的政治德行。而蒙、小畜、否、大畜、坎、漸等卦，多是談處世或學習的態度或能力的培養。談及品德要求者，有坤、蒙、大畜、蹇、升等五卦。但所述之內容，如厚德、育德、畜德、修德、順德等，均僅只是對 "德" 的態度，而非德行的具體條目。似較偏向《書經‧周書》中的 "敬德"、"明德"，而未必定是指向儒家所強調的人倫道德，如孝悌忠信之類。

2 大象傳之君子

"君子" 一辭，在《易經》、《書經》、《詩經》中均有出現，並常與 "小人" 對稱。《易經》卦爻辭中，"君子" 出現十九次，其中與 "小人" 對舉者六次〔註64〕。"小人" 另與 "大人"、"大君"、"公"、"高宗" 等對舉各一次。由此以及爻辭內容可以推知，在《易經》中，"小人" 係指庶民，或位階較低者。而 "君子" 則與 "大人"、"大君"、"公" 等類似，為統治階層的王公貴族。由於《易經》咸認為是西周早期的作品，故可斷言，最早出現的 "君子" 一詞，應指王公貴族等社會地位較高者，未必強調人格品性。

〔註64〕分別為：觀卦初六「童觀。小人無咎，君子吝。」；剝卦上九「碩果不食。君子得輿，小人剝廬。」；遯卦九四「好遯。君子吉，小人否也。」；大壯卦九三「小人用壯，君子用罔。貞厲。羝羊觸藩，羸其角。」；解卦六五「君子維有解。吉。有孚于小人。」；革卦上六「君子豹變，小人革面。征凶，居貞吉。」

　　《書經》部份，若以《今文尚書》為據，"君子" 出現四次，均指君主或有官位者。《詩經》中，"君子" 出現一百八十四次，用法上較多元化，除了指在上位之王公貴族外，亦可指夫君，男子美稱，或指品德高尚者。

　　《論語》之中，言及 "君子" 者凡一百零七次，有論德者，有論位者，有德位兼論者。而其中論德不論位者八十六次，佔多數。

　　以上可知，基本上，孔子之前 "君子" 之稱，以位為主，主要指統治階級之王公貴族。至孔子之時，"君子" 之稱方以德為主，主要指有品德者。孔子以後的儒者，亦是以德為主，並在《孟子》、《荀子》、《禮記》儒家經典中廣泛出現，因而成為儒家思想關心的焦點。〔註65〕

　　《大象傳》以君子為對象者，六十四卦中佔五十三卦，占絕大多數。剩下的九卦中，對象為先王者七卦；對象為后者三卦（復卦同時有先王及后）；對象為大人者一卦；另有一卦則僅言在上位者，而未言及其身份〔註66〕。也就是說，除君子外的其他十一卦，明顯地係為以統治階層為典範而說的。

　　至於以 "君子" 為對象的五十三卦中，其中有十七卦〔註67〕是談政事的，也就是說，大象傳約有一半〔註68〕的格言是以統治階層為對象而說的，此之 "君子" 應是有位者，而非僅是有德而無位者。此與《論語》、《孟子》、《荀子》、《禮記》等典型儒家著作確有顯著之差別。

　　除了政事之外，雖不乏論及品德修身者，但亦有些是有關宗教信仰、處世或生活態度方面的建議，未必關係到仁義道德，例如需卦的「君子以飲食宴樂」；否卦的「君子以儉德辟難不可榮以祿」；同人卦的「君子以類族辨物」；隨卦的「君子以嚮晦入宴息」；頤卦的「君子以慎言語節飲食」；歸妹卦的「君子以永終知敝」等。也就是說，在五十三則論及君子的格言中，有些是針對有位的君子而說的，有些是生活態度的建議，未必一定要視之為道德訓教。

〔註65〕有關《易經》、《書經》、《詩經》、《論語》之君子觀，主要參考林義正《孔子學說探微》〈論孔子的君子概念〉，臺北：東大圖書，1987年。頁61～71。

〔註66〕剝卦「上以厚下安宅」

〔註67〕計有師、履、蠱、臨、賁、明夷、解、夬、萃、井、革、鼎、豐、旅、巽、節、中孚等共十七卦，其後句之規箴格言，明顯是對有職守者說的，對當時之一般民眾毫無意義。

〔註68〕包括先王、后等之十一卦，及此處之十七卦，共二十八卦。

綜合以上所述，我們可以說，《大象傳》所謂的"德"及"君子"，固然可以解釋爲儒家心目中所認同的"德"及"君子"。但亦可以有其他的選擇，例如解釋爲孔子之前的周文化中，所論及的"德"及"君子"。

第四節　大象傳之哲學思想

一、對大象傳思想討論之前提

大象傳，如同象傳，是爲解釋《易經》的作品。但在解釋的範圍及方式上，又與象傳有不同。大象傳不涉及卦辭，僅從卦畫及卦名中去詮釋六十四卦之義旨，並從中發揮。我們可以說，大象傳站在釋經的立場去解釋卦畫及卦名並賦予卦旨，至於從卦旨中所啓發的後句處世格言，則完全是大象傳自身思想的發揮。

由於大象傳後句多言君子及德，故傳統上逕以儒家思想解讀之。但如此亦有可能引發出兩個題：(1)過度強調以儒家思想解讀，導至忽略了大象傳在易理上的聯繫。(2)侷限在儒家思想脈絡上的解讀，以致阻礙了其他思想發揮的可能。更何況儒家思想體系博大，在先秦便有「儒分爲八」〔註69〕之說，漢儒與宋儒在思想內容上亦有相當大的差別，所謂儒家思想，亦只能是以詮釋者心目中的儒家思想。若堅持以此爲前提來解讀大象傳，甚或此爲目的進行過多的引申發揮，大有因而失去理解大象傳本來面目的可能性。

本研究主張，對大象傳思想的研究，應回歸文本，除了於與易學上之連繫所必要者〔註70〕之外，不做任何思想學派預設。另者，雖說大象傳思想之發揮主要在後句，但對後句的詮釋，不宜與前句斷裂，故在大象傳思想哲學研究上，前句與後句之關連性亦應在考慮之列。

大象傳自卦畫及卦名中轉換而得處世修身之啓示。其根本精神，簡要的說，就是從人對自然的經驗感受，移傳到人在處境下對自身的反省及要求。因而特重經驗感受及人文自覺，以下有關大象傳的哲學思想解析，就是在這樣的一個觀點下展開的。

〔註69〕《韓非子‧顯學》「自孔子之死也，有子張之儒，有子思之儒，有顏氏之儒，有孟氏之儒，有漆雕氏之儒，有仲良氏之儒，有孫氏之儒，有樂正氏之儒。…故孔、墨之後，儒分爲八，墨離爲三。」
〔註70〕如本章第二節之一所作的三點預設。

二、大象傳對重要哲學論題的立場

（一）本體論及宇宙論

大象傳由於特別重視經驗感受，尤其對大自然現象的感受。其思想大都為素樸的，因感官經驗直接而得的印象及其連想，對宇宙之發生及萬物的根源等終極性問題並無具體主張或發揮，六十四則格言亦全部落實在人間。以此觀之，大象傳並不涉及本體論或宇宙論之實質討論。但是否就對超越界（Transcendence）〔註71〕沒有任何預設或默認呢？以下將進一步探索。

（二）天論

大象傳以乾為天，故其前句多有 "天" 字，此前句之天顯然為自然之天，有天體，天時，天空等意義，或以天形容其高、大、空、廣。大象傳後句中，泰卦及大有卦亦論及天，此外震卦雖未明言天，但以雷震為天威，亦於天概念有關。

> 泰：天地交，泰；后以財成天地之道輔相天地之宜以左右民。

> 大有：火在天上，大有；君子以遏惡揚善順天休命。

> 震：洊雷，震；君子以恐懼修省。

其中泰卦顯示，古代君王（后）統治民眾，以能與天地之運作相輔相成而成為典範。此處「天地」合稱，應是指自然天之成分居多，「天地之道」顯示天地之運作有一定的規律，統治者應順天時地利以行政事。

大有卦將「遏惡揚善」與「順天休命」並論，顯然認為 "天" 是「遏惡揚善」的，故「遏惡揚善」是君子順天的使命。而「火在天上」更給君子以 "天帝無所不在，無所不察" 的威赫。以此觀之，大象傳似以 "天" 為道德的最終依據。此或可與《書經》「天道福善禍淫」（湯誥）及《詩經》「順帝之則」（大雅・皇矣）相呼應。

震卦顯示，大象傳將「恐懼」與「修省」並論，而「恐懼」又來自「洊雷」。古人視雷為天威，故而「修省」的動力根源，還來自對天的敬畏。《書經》曰「有夏多罪，天命殛之」（湯誓）；《詩經》云「我其夙夜、畏天之威、于時保之」（周頌・我將），亦可與此呼應。

〔註71〕指超越自然界的，經驗世界以外的世界。

綜合以上，當知大象傳一方面天地合稱，以天爲載行者；另一方面以天具賞罰意志，人之行善與修省，乃至治理百姓，都應該順從此上天之意志，並亦以此爲人之所以爲善的根源。由此觀之，大象傳之天亦具有宗教上的超越性，爲最高之統治（主宰）者及終極審判者。〔註72〕

（三）鬼神觀

大象傳中並無論及鬼神之文句。豫卦「先王以作樂崇德，殷薦之上帝，以配祖考。」及渙卦「先王以享于帝立廟。」雖論及祭祀，其對象爲鬼神，但應只是當時禮樂制度及宗教信仰的描述，並不及鬼神概念及人神關係的討論。

（四）聖人觀

聖人爲人格之最高典範。大象傳未言及聖人，但以先王、后等爲典範。以此觀之，或可以先王等爲大象傳之聖人，如此則有比、泰、豫、觀、噬嗑、剝、復、無妄、離、姤、渙等十一卦與典範有關。

但大象傳之典範主要以事跡爲主，論及人格境界者，似乎僅離卦「大人以繼明照于四方。」雖然如此，從事跡之中，亦可歸納出一些德行要求，包括：(1)使民以時：例如無妄卦之「先王以茂對時，育萬物。」；復卦之「先王以至日閉關，商旅不行，后不省方。」(2)嘉惠百姓：例如泰卦之「后以財成天地之道，輔相天地之宜，以左右民。」；剝卦之「山附地上，剝；上以厚下，安宅。」(3)重視教化：例如觀卦之「先王以省方，觀民設教。」；姤卦之「后以施命誥四方。」(4)莊嚴祭祀：例如上述之豫卦及渙卦。此外比卦之「先王以建萬國，親諸侯。」及噬嗑卦之「先王以明罰敕法。」也被例入典範，可見建立功業及有效統治是大象傳所推崇的德行。

值得注意的是，除了剝卦「厚下安宅」之外，其他九項事跡，都爲統治者所專屬。若以先王爲理想統治者的典型，相當於象傳中的聖人，此聖人（先王）使民以時，嘉惠百姓，重視教化，且莊嚴祭祀，毫無神秘可言，亦不涉及對超越經驗之天道〔註73〕的領悟。

〔註72〕 此以天之統治（主宰），啓示，審判，造生，與載行五種側面分析之，參看參考傅佩榮《儒道天論發微》，頁31。及本文第三章第四節之二，有關天論之相關討論。

〔註73〕 泰卦所謂「天地之道」宜理解爲天地運作之規律，爲感官所能觀察體驗者，並無超越意義。

三、大象傳自身思想發揮之特色

大象傳哲學思想發揮主要在後句，在探討大象傳思想時，不宜過早將後句定調爲儒學道德教條，將之導往仁義道德，三綱五常等方向解釋，並有意忽略蘊有其他思想的可能性。以下針對大象傳後句，歸納大象傳所重視之思想內容及其發揮。並採分類統計的方式，從 "作用" 及 "價值" 兩個維度進行分類，以分析大象傳後句思想發揮的特色。

（一）人文精神

大象傳六十四句啓示格言皆在說 "人"，既無宇宙、本體等抽象思考，亦不論天道鬼神，人文精神實可謂大象傳思想最重要的特徵。尤其下列三點最足以突顯：(1)《易經》本是卜筮之書，大象傳雖爲解《易》之作，但完全不以卜筮說易，也不談任何神秘的，不可知的，超經驗的事物。其關懷之重點，完全落在人事上。(2)大象傳多處表達人對萬物的責任，以及對生命的尊重。例如坤卦之「厚德載物」；師卦之「容民畜眾」；中孚卦之「議獄緩死」。以及需卦之「飲食宴樂」；隨卦的「嚮晦入宴息」等。(3)大象傳恆以正面思考的方式，積極面對生命。雖然「卦有小大，辭有險易」（繫辭傳），六十四卦有凶有吉，但誠如王夫之所強調：

> 故否而可以儉德辟難，剝而可以厚下安宅，歸妹而可以永終知敝，姤而可以施命誥四方，略其德之凶危而反諸誠之通復，則就天地雷風電木水火日月山澤已成之法象，而體其各得之常。」（周易大象解·序）

大象傳於負面卦旨之處，仍可道出積極的，正面的義理。其所蘊含不向命運低頭的人本思想，不言而喻。

（二）價值取向

大象傳六十四則後句，可以從不同的角度分類統計，以觀察其思想之傾向。以下以 "作用" 及 "價值" 兩個維度進行分類，以分析大象傳後句思想發揮的特色。

作用分類主要針對後句企圖發揮的作用，分成修身、處世、及政事三大類。所謂修身類，指有關提升自身品德能力的建議，包括進德修業，提升人格境界等。據統計，此類格言有 20 條，佔全體的 31%。其次爲處世類，即有關如何自處及如何與他人相處之態度、方法、或智慧。包括待人接物，應對

進退，生活態度，及危機處理等。此類格言有 17 條，佔全體的 27%。再次為
政事類，指有關政治及權力的運作指引，包括統治，民政，教化，司法審判
等。此類格言有 27 條，佔全體的 42%，是為最大宗。此可見大象傳後句格言
之主要對象及目的，乃是針對統治階層的 "君子"，提供箴言。

　　比較重要的是價值分類，價值分類在針對後句是基於什麼樣的價值意識
之下所引發出，或說大象傳認為什麼東西是有價值的，或值得擁有或追求的。
若不將大象傳後句定調為儒學道德教條，則大象傳後句所認定的價值也未必
就一定要涉及道德議題。當然，也未必每一句後句格言都涉及到價值，有些
只是生活的指導或做事的方式，未必涉及價值，也不應強行塞入價值意識。

　　其實要在後句進行客觀分類是有些困難的，因為各人的解讀可能不同。
例如「先王以茂對時，育萬物。」的價值取向，可以視為敬天，也可以視為
仁慈，或二者兼具。再如豫卦「先王以作樂崇德，殷薦之上帝，以配祖考。」
所敘三事，既說祭祀敬天，又關係到禮樂制度。雖然如此，以下仍就大象傳
後句格言判斷其價值取向，區分為明辨、仁慈、進取、守禮、教化、剛毅、
敬天、節制、眞誠、謙退共十類。並依其出現頻率的多寡，統計分析如下：

1. 明辨：明白事理，分辨事類，明察是非。
   計有同人、噬嗑、賁、離、明夷、革、豐、旅、未濟等共 9 卦。
2. 仁慈：寬厚，仁愛，尊重生命。
   計有坤、師、謙、剝、無妄、解、夬、中孚等共 8 卦。
3. 進取：積極進取，持之以恆，學習成長。
   計有乾、屯、小畜、大畜、坎、益、升、兌等共 8 卦。
4. 守禮：守禮，守分，重視禮法及制度。
   計有履、豫、復、大壯、鼎、艮等共 6 卦。
5. 教化：宣揚政令，教化民眾。
   計有蠱、臨、觀、姤、井、巽等共 6 卦。
6. 剛毅：剛毅，正直，果決，堅持。
   計有蒙、大過、恆、遯、睽、困等共 6 卦。
7. 敬天：敬天，順天，畏天。
   計有泰、大有、震、渙等共 4 卦。
8. 節制：節制，守分。
   計有頤、損、小過等共 3 卦。

9. 眞誠：自我覺醒，由內而發。

計有晉、蹇等共 2 卦。

10. 謙退：謙和，退讓。

計有否、咸等共 2 卦。

以上共計 54 卦，另有 10 卦屬生活指導或做事方法，不涉及價值問題。爲了便於參閱，編制〈後句作用及價值分類表〉如附錄 D。

從頻率次數觀之，大象傳在作用上首重政事，列爲第一，但亦不輕忽進德修業，以及待人處事之道。在價值意識上，進取、守禮、教化、剛毅、敬天、眞誠等明顯有儒家傾向，眞誠尤其涉及儒家核心思想。明辨、仁慈、節制等應是儒道共通的價值。謙退類則屬道家思想成分較濃厚者，如否卦之「儉德辟難」及咸卦之「以虛受人」。

第五節 大象傳小結

古人將《大象傳》及《小象傳》合稱爲《象傳》，此舉極可能對《大象傳》之認識造成相當的扭曲。本研究首先要澄清，《大象傳》與《小象傳》不應預設爲同一著作，作者應非同一人，著作年代亦可能有差異。

大象傳以極具規則性的方式，將易經之卦畫及卦名，轉換爲人事情境，再針對此情境，提出修身處世之格言。本研究針對此規則性，提出三次轉換說，主張以三次轉換的方式對大象傳文句進行理解。此理論也預設了大象傳先得是解釋《易經》之作，然後才能在解釋易理的前提下，啓發大象傳自己的思想。所以本研究特別重視卦畫，卦名，及思想啓發之間的關係，六十四卦就是六十四個獨立的思想單位。六十四則格言，絕非僅只是格言，而是與卦畫及卦名，共同進行情境構作、處理、及融合的結果。從一些例證的比較中，以可以發現以三次轉換的方式解讀大象傳，的確可以更融貫的理解大象傳文句與易經卦畫與卦名之間的關係。

大象傳一方面以極深刻且嚴謹的方式，有規則地將卦畫傳換爲大自然景象，並以人在此景象中的感受，配合卦名，導引出人事情境，以說明一卦之旨，此是對易經的解釋。另一方面，從易經的解釋中，發展出後句對君子的啓示，此部分則完全是大象傳自身思想的發揮。從大象傳後句中，我們也可以了解，大象傳思想都在討論人間事物，君子應該如何，或說人應該如何。

對於人以外的事物，則幾乎完全保持緘默。

也因爲大象傳強烈的人文及道德傾向，並且以極高的頻率出現 "君子" 及 "德" 等儒家所慣用的字詞，所以理所當然地在傳統上被視爲儒家宏揚義理之作。對此點，本研究持保留的態度，其他因素暫且不論，且以大象使用之字詞爲例，大象傳亦不乏仁、義、聖人等儒家學說中的重要概念，但爲何絕口不提 "仁"、"義"、"聖人" 等字詞？其中就有進一步探究的必要。何況否卦之「儉德辟難」，咸卦之「以虛受人」，明夷卦之「用晦而明」未嘗沒有道家明哲保身，以退爲進的思想。

有關《大象傳》的一些重要問題，例如成書年代問題及學派歸屬問題等，將於第六章及第七章中，與《彖傳》及《小象傳》一併，作進一步的比較與討論。

第五章　小象傳體例及思想研究

第一節　小象傳之成書及特色

　　傳統易學將〈小象〉與〈大象〉合稱爲《象傳》，本研究雖然反對這樣的安排，但也必須承認這是一個歷史事實。合大、小《象傳》爲一之慣例始於何時，雖無文獻可考，但至少在東漢靈帝熹平四年（公元 175 年）刊刻石經時，係大、小《象傳》合刊。據屈萬里〔註1〕依出土之熹平石經殘字整理校對，易經共刊刻石碑八頁，《象傳》刊刻於第三頁末行至第五頁中，分〈上象第五〉及〈下象第六〉兩篇。以下摘錄上象第五原文之乾、坤、屯、蒙四卦：〔註2〕

　　上象第五

天行健君子以自強不息潛龍勿用陽在下也見龍再田德施普也終日乾乾反復道也或躍在淵進无咎也飛龍在天大人造也亢龍有悔盈不可久也用九天德不可爲首也。地勢坤君子以厚德載物履霜堅冰陰始凝也馴致其道至堅冰也六二之動直以方也不習无不利地道光也含章可貞以時發也或從王事知光大也括囊无咎愼不害也黃裳元吉文在中也戰龍於野其道窮也用六永貞以大終也。雲雷屯君子以經綸雖磐桓志行正也以貴下賤大得民也六二之難乘剛也十年乃字反常也既鹿无虞以縱禽也君子舍之往吝窮也求而往明也屯其膏施未光也泣血漣如何可

〔註1〕屈萬里《漢石經周易殘字集證》，收錄於《屈萬里全集》第二輯，台北：中央研究院歷史語言研究所，1961年。本書集漢石經易經碑文殘字四千四百餘字，約占周易全書五分之一而弱，缺漏部分爲屈先生據唐石經補齊。

〔註2〕同上，卷二，頁20～21。

長也。山下出泉蒙君子以果行育德利用刑人以正法也子克家剛柔接
也勿用娶女行不順也困蒙之吝獨遠實也童蒙之吉順以巽也利用禦寇
上下順也。〔註3〕

以此考古文獻，很清楚的反映出東漢末年時易經文本之原貌。於《象傳》
部分，的確是獨立成篇，併列在《易經》經文與《彖傳》之後，且大、小《象
傳》合刊。這樣的安排方式，就《小象傳》文字部分而言，與今本《易經》
比較，存在有下列顯著差異：

(1) 石經古本，同一卦之大、小《象傳》連續書寫，中間無任何標點斷句
或分隔，僅在每卦之尾，加一句點，以示區隔。今本則大、小《象傳》分列，
並加標點斷句。

(2) 石經古本，《小象傳》直接接在《大象傳》之後。今本則《小象傳》
及《大象傳》中間隔有初爻之爻辭。

(3) 石經古本，《小象傳》不分爻位，連續書寫。今本則將《小象傳》割
裂，分置於各爻爻辭之後，並於各爻《小象傳》原有文字之前，添加「象曰」
二字。總共於 386 則小象文字中，添加了 772 字。

從以上分析中可知，今本〈大象〉與〈小象〉之安排，除了在乾卦仍大
體保留了古本之格式外，〔註4〕其餘六十三卦均經大幅改造。〈大象〉與〈小
象〉清楚分列，〈小象〉與爻辭之間的對應也十分清楚。由此亦可知，欲閱讀
古本《小象傳》，除非對《易經》卦爻辭極為熟稔，否則在斷句以及與爻辭的
對應連繫上，會有相當的困難度。就此而論，今本《小象傳》的安排方式，
的確大有助益於讀者在閱讀上的便利。

與《彖傳》及《大象傳》相較，《小象傳》相對比較不受重視。尤其現代
易學，對《小象傳》批評多而關注少。黃沛榮於《周易彖象傳義理探微》中
表示「小象釋爻，或據象以說爻義，或依理以言人事，體例至為龐雜，是以
古今學者，鮮有論述。」〔註5〕李鏡池於《周易探源》中對小象傳更提出直接

〔註3〕加網底部分為漢石碑殘字，未加網底部分為屈萬里依唐石經補齊。
〔註4〕以王弼《周易注》為例，〈乾卦‧象曰〉「象曰：天行健，君子以自強不息。
　　　潛龍勿用，陽在下也。見龍在田，德施普也。終日乾乾，反復道也。或躍在
　　　淵，進无咎也。飛龍在天，大人造也。亢龍有悔，盈不可久也。用九，天德，
　　　不可為首也。」，其後接〈文言曰〉。參見〔魏〕王弼撰，樓宇烈校釋：《周易
　　　注校釋》，北京：中華書局，2012 年，頁 2。
〔註5〕見黃沛榮《周易彖象傳義理探微》，臺北：漢京文化，1984 年，頁 127。

且嚴厲的批評：

> 小象解爻辭，主要是用剛柔說，就爻位來解釋。小象說的剛、柔、
> 上、下、內、外、位、中、時、應、得、當、光、明、志、行、文、
> 正等，在彖傳裡都有，可以說小象是繼承彖傳這個剛柔、爻位說來
> 解釋爻辭的。可是剛柔說不過是彖傳的一種，此外它還有天道說，
> 人道說等，故說出來比較詳備而圓通。而小象光用這一說來解釋，
> 就陷於形式主義，僅僅爲維護統治階級的等級制度千篇一律而強
> 說。到它要強說也沒有可說時，就順著爻辭來敷衍，說了等於沒有
> 說，甚至胡說亂說。在易傳裡，小象是最不像樣，可以說沒有哲學
> 意義。剛柔說已見於彖傳，除了剛柔說，小象就沒有什麼了。〔註6〕

　　類似的批評文字亦見其他學者。例如嚴靈峰批評《小象傳》「解說的內容
極少有特殊見解，每每將爻辭反覆申說，無絲毫增足地的意義，乃至斷章取
義，其文字比爻辭還要脫略，比比皆是。」〔註7〕王博《易傳通論》亦指出「現
代學者中，很多人都批評《小象傳》的寫作非常隨意、淺薄，它不僅漏掉了
許多爻辭不加解釋，或者有解釋，也只是無意義的重復，而且有時候解釋文
字與經文的意思正好反對。」〔註8〕然王博對此持保留態度，故於其後又說「或
許其中正包括著作者的獨特用心。」〔註9〕

　　有關《小象傳》的認識，首先我們必須承認，《小象傳》解釋的對象爲爻。
64卦共計384爻，加上乾卦用九及坤卦用六，計有386則爻辭，對應地，就
有386則小象文字。在今本《易經》編排方式出現之前，爲了讓小象文字能
與386則爻辭對應，每則小象文字必須引一段爻辭，或直接引用爻題，以對
應到各爻，這也是我們今日在讀小象傳仍必須忍受一些贅文的根本原因。

　　小象傳原文，去除標點符號及"象曰"等贅字，約三千六百餘字。其中半
數用來引爻辭或爻題以對應各爻。若扣除此部分之用字，實際用於釋爻辭者，
僅約一千八百七十餘字。分配到386則，每則平均僅只4.87字用以釋爻辭，
比爻辭本身還簡短。小象傳爲何採用如此簡短形式解釋爻辭，很可能與當時
的書寫工具有關，也可能是呼應爻辭的簡短，其確實原因已不可考。

〔註6〕見李鏡池《周易探源》，頁350～351。
〔註7〕見嚴靈峰：〈易經「小象」成立的年代及其內容〉收錄於中國哲學會主編《哲
　　　學論文集》第一輯，頁36，臺北：臺灣商務印書館，1967年。
〔註8〕見王博《易傳通論》，頁104。
〔註9〕見王博《易傳通論》，頁104。

若我們從漢石碑中的殘字拼湊中，接受《小象傳》的原始面貌，並承認《小象傳》成書的主要目的在解釋爻義，或許我們可以爲上述對小象傳的批評提出一些辯護如下：

(1) 小象傳引爻辭或爻題，是爲了與易爻建立對應關係，以利參照。並不是因爲無話可說而敷衍。只要能與爻辭有對應關係，未必需要全文引用，沒有引用的部分，並不是無意脫落，而是爲了節省篇幅。

(2) 小象傳零碎雜亂，是因爲386則爻辭本身就零碎雜亂，小象傳緊扣爻辭，被迫分割爲386則彼此無關之短句，不易作系統性的發揮。

(3) 小象傳依各爻發揮其義，對卦畫的解釋，被限制在該爻，無法如彖傳之對卦畫之六爻，可以從卦象、卦德、爻象等多種角度，選擇最好的發揮方式。

小象傳以平均每爻不及五字的篇幅，對各爻提出解釋，的確很難有精彩的思想發揮，這是一個事實，也唯如此，或許我們須對《小象傳》作者的處境有更多的體貼，並對小象傳 386 則短文做更仔細的分析與比對，才能拼湊小象傳的釋經體例，以及藉由對爻義之解釋所作的思想發揮。

小象傳文體方面，雖偶有例外，但大體採先引爻辭原文，再以短句解釋方式。並具下列二特色：(1)以 "也" 作爲短句之結束。386 則小象文句，除比卦六三〔註 10〕以 "乎" 結束之外，無一例外。(2)多有用韻。小象傳用韻的問題顧炎武於《音學五書・易韻》對小象傳句尾之用韻，用上古音韻做了詳盡的研究〔註 11〕。黃沛榮亦曾針對小象傳之用韻，分別就獨韻及轉韻舉例並分析說明。〔註 12〕

此以 "也" 爲句尾以釋爻辭的短句形式，無獨有偶地也在《左傳》中出現，例如〈襄公二十五年〉崔杼占筮遇困之大過，陳文子之解說爲「其繇曰：『困于石，據于蒺梨。入于其宮，不見其妻。凶。』困于石，往不濟也，據于蒺梨，可恃傷也。」先引爻辭，再以短句說明，並以也字結束，其文例與今本小象傳完全相同。

這樣的短句型式，在彖傳中也不乏類似文體，例如〈比卦・彖曰〉「比，吉也；比，輔也。下順從也。原筮，元永貞，無咎，以剛中也。不寧方來，

〔註 10〕 《小象傳・比卦六三》「比之匪人，不亦傷乎。」
〔註 11〕 參考〔清〕顧炎武著：《音學五書》，北京：中華書局，1982 年。頁 205～217。
〔註 12〕 參考黃沛榮《周易彖象傳義理探微》，頁 154～156。

上下應也。後夫凶，其道窮也。」除了引卦辭外，所有的釋卦辭短句一律以 "也" 字結尾。這或許可爲小象傳成書的年代以及與象傳之關係等問題，做一參考與旁證。

第二節　小象傳釋爻之體例

小象傳釋爻義有一定的易例及文例，易例指對卦畫解釋的用字及規則，文例包括文句結構，行文慣例及文體等。

一、爻及爻辭

嚴格言之，小象傳釋經的對象是爻，而非僅只是爻辭。爻，《說文》「交也。象易六爻頭交也。」是以爻爲易經之專用字。《繫辭傳》亦多次解釋「爻者，言乎變者也。」「爻也者。效此者也。」「爻也者、效天下之動者也。」概而言之，以爲 "爻" 有交錯，變化，仿效的意思，此可能皆是古人在爻被稱爲 "爻" 之後，藉 "爻" 之字形，字音，及作用，來解釋爻。事實上，爻古寫作繇，春秋易學皆作繇，繇通謠，其使用於卜筮上有悠久歷史。《左傳》《國語》卜兆及筮兆之占辭均稱爲繇，蓋或以歌謠形式，解釋卜筮之結果，以利記誦，故謂之繇。卜占〔註13〕及筮占〔註14〕均有繇辭，不但爻辭稱繇，卦辭亦稱爲繇〔註15〕。今以爻代繇，當是在春秋之後，方以 "爻" 稱卦畫上的陰陽符號，以及所附之繇。完整的爻，除爻辭之外，亦應包括卦畫中該爻之位置及屬性，以今本《易經》言之，即包括爻題與爻辭。

爻題用以說明該爻在卦畫上的位置（爻位）與性質（爻德）。春秋易學及象傳中不見爻題，上博簡本及帛書本之周易經文則已使用爻題。〔註16〕爻題的出現，一來可以文字對爻位及爻德作準確的描述，以便與卦畫對照，二來也作爲一卦六爻的識別及各爻的稱呼，故在小象傳中常以爻題代表該爻爻辭。

〔註13〕《左傳・襄公十年》載：鄭國伐衛，衛卿孫文子占卜「得繇曰：兆如山陵，有夫出征，而喪其雄。」此稱卜辭爲繇之例。

〔註14〕《左傳・襄公二十五年》載：崔武子筮占，遇困之大過，「示陳文子，文子曰，夫從風，風隕妻，不可聚也，且其繇曰：困于石，據于蒺梨，入于其宮，不見其妻，凶。」此稱爻辭爲繇之例。

〔註15〕《國語・晉語四》載：公子重耳占筮，得貞屯悔豫，司空季子分析「其繇曰：元亨利貞，勿用有攸往，利建侯。」此稱（屯卦）卦辭爲繇之例。

〔註16〕參考第二章第二節。

各爻之下所繫之辭爲爻辭，周易六十四卦，每卦六爻，加上乾卦用九及坤卦用六，並計爻辭 386 則。若不計標點，每則最短二字〔註17〕，最長二十七字〔註18〕。自其結構分析，高亨概分筮辭（卦爻辭）爲記事，取象，說事，斷占四類。〔註19〕本研究將四類再簡化爲兩類元素，一爲敘事之辭，合高亨之記事，取象，說事三類爲一類，以下簡稱敘辭。一爲斷占之辭，以下簡稱斷辭。

敘事之詞描述一幅情境，可能用一個故事，一個人物，一個事件，或一幅圖象來顯示某一類人事情境。斷占之詞，則是對事件後續結果之如意與否的預測，包括吉、凶、悔、吝、厲、無咎等。若將《易經》視爲占筮之書，爻辭就好像求神問卜所得的詩籤，敘辭就如同詩籤上的那首詩，斷辭就是所問之事的吉凶宜不宜。敘辭描述的情境，就影射占筮者當下的處境，斷辭所判定之吉凶悔吝，就是預言占筮者所問之事的可能結果。若將《易經》視爲義理之書，則敘辭與斷辭之間就必須是普遍的因果關係，人若處於敘辭所述之情境，便會導至斷辭之說的結果。〔註20〕由於爻是小象傳釋經的主要對象，以上僅就小象傳研究之必要者，對爻題及爻辭做簡短討論。

二、小象傳對卦畫之解釋

由於小象傳爲釋爻之作，故在卦畫的解釋上有其先天之限制。一小象傳文句之視野必聚焦於該卦對應之一爻，必從該爻之觀點解析該卦畫。包括該爻之位置，性質，以及與同卦其他爻的相對關係等。也因如此，小象傳之卦畫解析絕大部分在論爻象，較不易論及卦象。

小象傳之爻象解釋用語及含義大體同象傳。以下將小象傳文句中，去除引爻題及爻辭之部分，分爲爻象用語、準爻象用語、卦象用語三部分，以分析小象傳如何解釋卦畫，並就爻象部分，討論與象傳之差異所在。

〔註17〕例如否卦六三「包羞。」恆卦九二「悔亡。」

〔註18〕睽卦上九：「睽孤，見豕負涂，載鬼一車。先張之弧，後說之弧，匪寇婚媾，往遇雨則吉。」

〔註19〕見高亨《高亨《周易》九講》，頁 17～26。

〔註20〕斷辭也有可能以行爲指引的方式出現，不直接斷言吉凶，代之以在某情境下應如何趨吉避凶的指引。例如屯六三「即鹿無虞，惟入于林中。君子幾不如舍。往吝。」「幾不如舍」便是在「即鹿無虞，惟入于林中。」之情境下，趨吉避凶的指引。不論視《易經》爲占筮或易理，此類指引都可理解爲在敘辭所述之情境下所示之指引。

（一）小象傳爻象解析用語

此處所謂之爻象用語，包括剛、柔、中、正、位、當、應、敵、乘、承（順）、初、上、下等爻象解析專用字詞，並有其習慣性用法。這些字詞也是彖傳在解析畫時之慣用語，其中剛、柔、中、正、位、當、應、敵、乘、順等，屬彖傳之靜態爻象，其使用慣例與彖傳完全相同，請參閱第三章第二節之三〈爻象解析〉小節，此不贅述。以下針對小象傳，略述上例諸字詞使用之較特殊者。

1. 剛、柔、陰、陽

小象傳剛、柔二字之使用，大體同彖傳。唯剛爻居中時，彖傳常以「剛中」描述，小象傳則以直代剛，稱「中直」。小象多以剛爲志，以柔爲順。此亦同於彖傳。

另，小象傳亦出現 "陰"、"陽" 各一次。即乾卦初九「陽在下也」及坤卦初六「陰始凝也」。乾卦初九爲剛爻的第一次出現，坤卦初六爲柔爻的第一次出現，尤其「陽在下也」明顯以 "陽" 代 "剛"，指初六剛爻在下。此雖爲孤證，亦可作爲易學術語中，"剛、柔" 相對與 "陰、陽" 其間轉變的參考。

2. 中、正

中、正之使用，亦同彖傳。唯小象傳特重 "中" 字，共出現 53 次，爲小象傳使用最頻繁之字。扣除引用爻辭者 5 處〔註21〕，所餘 48 次之中，非用於中爻者僅泰卦六四「不戒以孚，中心願也。」，及震卦上六「震索索，未得中也。」。震卦上六雖非中爻而言 "中"，其意仍指六五中爻「其事在中，大無喪也。」故言「未得中也」，仍與中爻有關。準此，小象傳釋爻辭，在出現 "中"字的 48 次當中，有 46 次直出現在中爻，僅一次與中爻無關〔註22〕。此亦可見小象傳對此用 "中" 字於中爻之規則的重視。

從另一角度觀察，64 卦共得 128 中爻，何以僅有 45 爻〔註23〕用 "中" 來解釋中爻？進一步分析，可發現 "中" 多用於吉類意義的爻辭。

依爻辭統計，中爻斷辭爲吉〔註24〕者共 48 次，爲吉類〔註25〕者 64 次。

〔註21〕分別爲：師卦九二「在師中吉」；泰卦六二「得尚于中行」；復卦六四「中行獨復」；夬卦九「中行無咎」；豐卦九四「日中見斗」。

〔註22〕即泰卦六四「中心願也」，另一次震卦上六，雖不在中爻，但仍與中爻有關。

〔註23〕46 次之中，比卦九五中字出現兩次，故共計出現於 45 中爻。

〔註24〕包括元吉。

〔註25〕參考黃沛榮《《易經》形式結構中所蘊涵之義理》，漢學研究第 19 卷第一期，

其中，小象傳以"中"釋此吉者佔21次，以"中"釋此吉類者佔24次。中爻斷辭為凶者共3次，斷為凶類〔註26〕者共8次，小象傳則完全不以"中"釋凶；以"中"釋凶類者僅一處，即震卦六五「震往來厲，億無喪有事。」小象以「震往來厲，危行也。其事在中，大無喪也。」釋之。此爻雖因「來厲」歸凶類，但小象傳巧妙暗示，因為六五是中爻，所以雖有厲而無喪，有逢凶而化吉之意。綜觀其義，則仍以中為吉。

今依上述統計編製中爻吉凶分析簡表如下：其中"吉"為"吉類"之最，"凶"為"凶類"之最，其它類則斷辭為凶中帶吉〔註27〕或吉凶互見〔註28〕，或不見斷辭〔註29〕。

〈中爻吉凶分析簡表〉

	中爻數	比例	以中釋中爻次數	以中釋中爻比例	比例調整	備註
總數	128	100%	45	35%	35%	
吉	48	38%	21	44%	44%	吉類含吉
吉類	64	50%	24	38%	38%	
凶	3	2%	0	0%	0%	凶類含凶
凶類	8	6%	1	13%	0%	用中以化厲為無喪
其它類	56	44%	19	34%	34%	

分析表中可略窺，中爻之爻辭固然吉類多凶類少，但小象傳更是以中字強調吉，故中爻爻辭38%斷為吉，小象傳則近半數（48%）以中釋此中爻之吉，中爻爻辭6%斷為凶類，小象傳完全不以中字釋其凶，可以說對違願的爻，刻意的避開中字，以維持中字與美好順心之間的正向關係。

從以上之分析中亦可看出，小象傳對中字的使用策略是，(1)以中表示中爻，對非中爻者，除非引用爻辭，否則罕用中字。(2)中字多用於吉類的，合心意的爻辭，不用於凶類的，事與願違的爻辭。

不但如此，小象傳由於文句簡短，故對中的使用，固然有些似象傳一般，

2001年6月。頁1～22。吉類即斷辭中有吉、利、亨、無不利等字詞者。
〔註26〕 同上，凶類即斷辭中有凶、吝、厲、悔、災、眚、無有利、不利等字詞者。
〔註27〕 如無咎，悔亡。
〔註28〕 如屯卦九五「屯其膏。小貞吉，大貞凶。」
〔註29〕 如隨卦六二「係小子，失丈夫。」

做雙關語的使用，一方面以中表示中爻，一方面取中之文意。〔註30〕例如需卦九二「需于沙，衍在中也。」中既自爻象上指此中爻，亦從義理上解釋爻辭「需於沙」。沙中有衍，即解釋「沙」為寬闊的沙灘。〔註31〕但亦有時候，小象傳逕以"中"為美好順心的原因，也就是說，放棄"中"之義理解釋而逕以爻象論斷吉凶，中爻之所以為吉的原因就因為是中爻。例如：

習坎卦：九二「求小得，未出中也。」

大壯卦：九二「九二貞吉，以中也。」

萃卦：六二「引吉無咎，中未變也。」

巽卦：九二「紛若之吉，得中也。」

節卦：九五「甘節之吉，居位中也。」

就此觀之，雖然同樣是以中說中爻，小象傳在精神上，與象傳相較，似乎多一些以象數（易道）說天道的成份，而略少些人事義理的發揮。

3. 當位

"當"字出現30次，絕大多數均與爻象之當位或不當位有關。當位不當位之概念大體同於象傳。唯小象傳稱當位為正當或位當。不當位則或稱為不當、未當、不當位、位不當、非其位、或未得位，後二者不含當字。小象傳當字之使用與爻象及當位概念的相關性並非絕對，例如噬嗑卦六五「貞厲無咎，得當也。」之當，應指處置得當，故能厲而無咎，而不涉爻象。另如困卦上六「困于葛藟，未當也。」應指上六陰乘陽之不當，故困于葛藟，非不當位。另如恆卦九四「久非其位，安得禽也。」及旅卦「旅于處，未得位也。」雖未言不當位，實以「久非其位」「未得位」代之。細究小象傳當字使用與爻象及當位概念的相關性，可整理得下列訊息：

(1) 小象傳以當位不當位判斷爻象者，共計30爻。

(2) 有關當位之判斷較少（7次），且集中在四及五爻。四爻當位曰「當位」或「位當」，〔註32〕五爻當位則曰「位正當」。〔註33〕7爻之中，斷辭屬吉類或凶類者，或無斷辭者都有。

〔註30〕參看3.2.4.6〈爻象用語在人事上的象徵意義〉。

〔註31〕孔穎達《周易正義》〈需〉「衍謂寬行。」，程頤《易程傳》〈需〉「衍，寬綽也。」，《說文‧衍》「水朝宗于海也。」《康熙字典‧衍》「沙衍，水中有沙者。」

〔註32〕賁、蹇卦六四，小象曰「當位」，臨卦六四，小象曰「位當」。

〔註33〕履、否、兌、中孚四卦之九五，小象皆曰「位正當也」。

(3) 有關不當位之判斷較多（23 次），其中屬吉類或凶類者，或無斷辭者皆有。值得注意的是萃卦九四「大吉無咎，位不當也。」直接把大吉之因歸諸於「位不當」，似將爻辭「大吉無咎」解讀成先大吉而後無咎，其吉之程度因位不當而轉弱。依此細看，震卦六三「震蘇蘇，位不當也。」只是以「位不當」釋「震蘇蘇」而不涉爻辭之「無眚」；豐卦九四「豐其蔀，位不當也。」只是以「位不當」釋「豐其蔀」而不涉爻辭之「遇其夷主，吉」。就此觀之，小象傳釋不當位，雖未必屬凶類，但有往不利或不宜之方面發展的傾向。

(4) 小象傳需卦上六「雖不當位，未大失也。」造成爻象解釋極大的困難。「不當位」三字連用只能作爻象解釋，但依爻象，上六爲當位。對此，王弼認爲「處無位之地，不當位者也。」〔註 34〕以爲不當位指沒有位置，初爻上爻不論位，故此謂不當位。程頤認「明陰宜在下而居上，爲不當位也。」〔註 35〕是以陰爻宜在下，而不宜居上，今上六居上，故謂不當位，但如此又爲爻象創新例，有就箭畫靶之嫌。朱熹則直說「上六以陰居上，是爲當位，言不當位，未詳。」〔註 36〕高亨亦直指「上六是陰爻居陽位，正是當位，可見傳文有誤。」〔註37〕。今以困卦上六之例並參考程說，或可主張小象傳擴大了"當位"的義含範圍，以陰承陽爲當位，故陰乘陽亦可謂之不當位。

綜合以上，小象傳對當字之使用及當位之說，大體同於彖傳。但多用於釋凶類，不積極用以解釋吉類。此外，小象傳對當字在爻象上的用法，似有欠嚴謹，上六陰乘陽亦稱「未當」〔註38〕或「不當位」〔註39〕。

4. 乘、承（順）、應、敵

小象傳乘字出現 8 次，其中 5 次作「乘剛」，另 3 次〔註40〕作乘坐之乘，無關爻象。可見小象爻象之乘均爲陰乘陽，五次無例外。且其斷辭皆不屬吉類。此皆同於彖傳。

小象傳承字 6 見，均作繼承之承，而不作爻象用語。今日易學慣用陰承

〔註34〕王弼《周易注》〈需·上六〉。
〔註35〕程頤《易程傳》〈需·上六〉。
〔註36〕朱熹《周易本義》〈需·上六〉。
〔註37〕高亨《周易大傳今注》〈需·上六〉，頁 83。
〔註38〕如困卦上六「困于葛藟，未當也。」
〔註39〕如需卦上六「雖不當位，未大失也。」
〔註40〕即：同人卦九四「乘其墉，義弗克也。」；賁卦初九「舍車而徒，義弗乘也。」；解卦六三「負且乘，亦可醜也。」

陽之 "承"，小象傳多以 "順" 字代之。順字出現 16 次，其中 4 次〔註41〕與爻象無關。其餘 12 次〔註42〕，除蒙卦上九、臨卦九二及漸卦九三之外，均爲陰爻且在陽爻之下。蒙卦上九、及漸卦九三雖爲陽爻但其下爲陰爻相承。唯一例外爲臨卦九二「未順命也。」雖爲陽爻且無陰爻相承，但「未順命」爲否定辭，故仍合以陰順陽之說，所餘 11 爻中，有六爻爲吉，無一爻處凶類。此亦可以略窺小象傳以陰爲順，並有陰順陽則吉的思想。

在應與敵方面，小象無應字，敵字亦只出現一次，同人九三「伏戎于莽，敵剛也。三歲不興，安行也。」敵做雙關語，既以敵剛解釋「伏戎于莽」，亦可說九三與上九敵應。但此爲孤證，不足以說明小象傳以敵爲不應。此大不同於象傳。唯我們亦不可說小象傳爻象中沒有應、不應的觀念，小象傳乃以 "志" 來說有應與不應，此將於討論志字時進一步說明之。

5. 初、上與下、終、始

爻題以 "初"、"上" 表示初爻及上爻，小象傳亦不乏使用初、上以說爻象之例，"初"、"上" 可謂爻象用語無疑。小象傳另有 "下"、"終"、"始" 等字，雖未必是爻象用語，但因與初、上之字義近似，故一併討論如下：

小象傳 "初" 字 8 見，扣除引爻辭 2 處〔註43〕，其餘 6 次用於指初爻，可視爲爻象專用字。"上" 字 35 見，是小象傳最常用字之一，其中 16 次用於上爻。小象傳應有相當的程度以 "上" 指上爻，其餘的 19 次，多用在 "從上"，"上合志"，"上佑"，"承上道" 等語詞，以 "上" 字指在上（位）者，尤其 "上下" 連用出現有 3 次，〔註44〕以強烈對比上與下之階級及服從關係。以此，小象傳之 "上"，或可從義理觀點，指在上者，如天、君、長官、主人等；或可從爻象觀點，用以指在上之爻，在君位之五爻，及最上之上爻，或做雙關語使用。

與爻之上下位置相關者另有下、始、終等字。小象傳使用 "下" 字 15 次，其中 1 次引爻辭〔註45〕，另 3 次爲 "上下" 連用，其餘 11 次中，6 次用於初

〔註41〕即：蒙卦六三「勿用娶女，行不順也。」；比卦九五「舍逆取順，失前禽也。」；升卦六四「王用亨于岐山，順事也。」革卦上六「小人革面，順以從君也。」
〔註42〕包括：蒙卦六五、蒙卦上九、需卦六四、臨卦九二、頤卦六五、咸卦六二、明夷六二、家人六二、家人六四、漸卦九三、漸卦六四、渙卦初六等共計 12 爻，其爻辭無「順」字，小象傳皆有「順」字。
〔註43〕明夷卦上六「初登于天」；及睽卦六三「無初有終」
〔註44〕蒙上九「上下順也」；訟九二「自下訟上」；剝六三「失上下也」。
〔註45〕巽卦上九「巽在床下。」

爻，5 次用以指在下者，或在下之爻。另 "始" 字出現 2 次，均在初爻，且在文義上均可解釋爲時間上的開始。終字出現 26 次，其中 9 次係引爻辭，所餘 17 次中，5 次用於上爻，另 12 次 〔註 46〕落在其他爻，依文義均可理解爲時間上的結束。

由以上分析亦可得出，小象傳對 "初" 字的使用，有強烈的爻象用語傾象，對 "上"、"下"、"終"、"始" 等字，多做雙關語使用。上、下用以指示地位；始、終用以敘述時間。至於上、下、終、始是否用於初爻或上爻，則視義理解釋上之需要，有選擇性的使用 "下" 或 "始" 於初爻，"上" 或 "終" 於上爻。

（二）小象傳準爻象解析用語

此處所謂之 "準爻象用語" 指某些常用字詞，其文字本身之字義可用以解釋爻辭，但又似可與爻象建立關係，以描述或說明爻象。以下分別就志、順、窮、疑、際、始、終等可能具爻象含義，或與爻象有關之字詞，逐一討論並解析小象傳對此類字詞的使用慣例。

1. 志

志指心意，心願，意志等，象傳大體以剛爲志，〔註 47〕準此，似可預設小象傳以剛爻爲志，但是否如此，仍須依小象傳文本來推斷。小象傳志字出現 52 爻 53 次，扣除順爻辭而說者 4 處〔註 48〕仍於 48 爻中使用 49 次，是小象傳出現最頻繁的實字。不但如此，小象傳又多以 "志" 作複合詞，例如 "得志"、"志行"、"合志"、"志在"、"志窮" 等。以下先就複合詞探究小象傳對志的用法，再整合推斷志字之使用規則。

(1) 得志

小象傳 "得志" 或 "志未得" 凡 8 見。若依陽爻爲志的假設，有應或有承爲得，不承不應爲未得。例如同人卦上九「同人于郊，志未得也。」以上九爲志，九三不應，故曰「志未得」。賁卦上九「白賁無咎，上得志也。」上九爲志且六五承之，故曰「得志」。但如此以爻象觀點解釋得志，仍有例外。如謙卦上六「鳴謙，志未得也。」或勉強可說上六爲陰故曰志未得。升卦六五

〔註 46〕包括坤卦用六「用六永貞，以大終也。」

〔註 47〕參考第三章第三節之一〈象傳字詞使用慣例〉。

〔註 48〕即：咸卦九三「志在隨人」；晉卦六三「眾允之志」；明夷卦九三「南狩之志」；歸妹卦九四「愆期之志」

「貞吉升階，大得志也。」六五爲陰，唯九二有應，但陰爻豈可謂志？似只能從義理解釋之，「升階」爲步步高升，以「大得志」爲步步高升之結果，〔註49〕而不能從爻象觀點解釋之。

(2) 志行

小象傳 "志行" 凡 7 見，有時略加變化爲 "志大行"、"志行正"。進一步分析，7 次志行，均落在陽爻，2 次爲初九〔註50〕，其餘 5 次均落在九四，〔註51〕且 5 次均有陰相承（六三承九四）。從志行的使用上，可知小象傳係有意識的以陽爻爲志，並以其下有陰爻相承爲志行的條件。

(3) 合志

"合志" 在小象傳中 4 見，從字面解釋，應指順合他爻之志，故本身當爲陰爻，但亦有例外。大畜卦九三「利有攸往，上合志也。」此造成爻象解釋的困難。孔穎達釋此爲「利有攸往者，與上合志，利有所往，故象曰上合志也。」〔註52〕以向外發展合在上位者之志，故曰「合上志」，跳脫爻象之說，單純從義理角度指「日閑輿衛，利有攸往」乃爲合上志。程頤以「上九陽性上進，且畜已極，故不下畜三，而與合志上進也。」〔註53〕不放棄爻象之說，以九三與上九合志。若依此說，則小象之爻象解釋不應再有 "有應" 與 "不應" 的觀念，否則若陽爻與陰爻相應則爲 "有應"，若不相應則爲 "合志"，這樣的說法，恐因太過方便而大失說服力，或使人無所適從。

(4) 志在

"志在" 包括志在內、志在外、志在下，志在君等。依陽爲志的假設，若某爻其小象曰「志在某」，則其所在之處應是陽爻。依此，所謂志在內（2 次），指志所在之陽爻在內卦，志在外（3 次）指志所在之陽爻在外卦，志在下（1 次）指所在之陽爻在下位，志在君（1 次）指志所在之陽爻在五爻君位。細究小象傳文句，大體符合上說，唯七次中有二處例外。泰卦初九「拔茅征吉，志在外也。」但泰卦上經卦無陽爻，或宜以義理解釋志在外爲 "出征之志在外"。困卦九四「來徐徐，志在下也。」傳統以初六釋此 "志"，例如王弼注此

〔註49〕孔穎達《周易正義》〈升・六五〉「居中而得其貞吉，處尊而保其升階，志大得矣，故曰大得志也。」

〔註50〕屯卦初九「雖磐桓，志行正也。」；臨卦初九「咸臨貞吉。志行正也。」

〔註51〕履卦、否卦、豫卦、睽卦、及未濟卦

〔註52〕孔穎達《周易正義》〈大畜・九三〉。

〔註53〕程頤《易程傳》〈大畜・九三〉。

「下，謂初也。」〔註54〕。程頤則注「四應於初，而隔於二。志在下求，故徐徐而來。」〔註55〕但如此有二不宜，(1)初爻爲陰，不合以陽爻爲志的假設。(2)困卦初爻爻辭「臀困于株木，入于幽谷，三歲不覿。」在義理上似不宜爲志。不如放棄爻象，純以義理解釋，來徐徐乃因志不在此，其志在下在後。

(5) 志窮

小象傳 "志窮" 3 見，分別在豫卦初六，旅卦初六，及巽卦九三。依陽爲志的假設，前二者以初爻爲陰，故可以志窮說之，但如何解釋巽卦九三「頻巽之吝，志窮也」之志窮？恐怕還是得從義理的觀點，頻頻申命且有困難，是以志窮。程頤注「頻失而頻巽，是其志窮困，可吝之甚也。」或可爲參考。〔註56〕

(6) 志

去除以複合詞及引爻辭所使用之部分，仍有 19 爻其 "志" 字單獨出現〔註57〕，其中於陽爻佔 11 次，陰爻有 8 次。陰爻爻辭出現之 "志" 者如下表所示。陰爻用志字，難以從爻象解釋。但觀此 8 例，志字做心志解釋，除大有卦六五及豐卦六二之「信以發志」略有勉強外，其餘諸 "志" 字之使用，均甚爲順當合理，故陰爻用 "志" 字，應脫離爻象，純以義理論之。

爻	小象文字（與志有關部分）	義理解讀
履卦六三	武人爲于大君，志剛也。	武人志剛。
大有卦六五	厥孚交如，信以發志也。	孚爲誠信，以誠信發志。
隨卦六三	繫丈夫，志舍下也。	繫丈夫，願捨小子。
遯卦六二	執用黃牛，固志也。	固志如牛皮之所捆。
益卦六四	告公從，以益志也。	告公以益公之志。
萃卦初六	乃亂乃萃，其志亂也。	雖萃實亂，乃因志亂。
豐卦六二	有孚發若，信以發志也。	孚爲誠信，以誠信發志。
巽卦初六	進退，志疑也。利武人之貞，志治也。	進退不定，志疑之象。武人剛直，可修立其志之疑。

〔註54〕王弼《周易注》〈困·九四〉。
〔註55〕程頤《易程傳》〈困·九四〉。
〔註56〕程頤《易程傳》〈巽·九三〉
〔註57〕19 爻中出現 20 次，巽卦初六「進退，志疑也。利武人之貞，志治也。」一爻二用 "志" 字。

反觀陽爻出現之志字，多處與爻辭似無關連而純乎出自爻象之轉換。若從義理觀點解讀 "志" 字之使用，或需曲折之解釋，或流於泛泛。如下表所示：

爻	小象文字（與志有關部分）	義理解讀
蠱卦上九	不事王侯，志可則也。	不事王侯乃因其志有則。
觀卦上九	觀其生，志未平也。	義理解釋曲折義淺。
咸卦九五	咸其脢，志末也。	義理解釋曲折義淺。
遯卦九五	嘉遯貞吉，以正志也。	義理解釋曲折義淺。
家人卦初九	閑有家，志未變也。	義理解釋曲折義淺。
損卦九二	九二利貞，中以爲志也。	義理解釋曲折義淺。
姤卦九五	有隕自天，志不舍命也。	天賜之命，志不可違。
萃卦九五	萃有位，志未光也。	義理解釋曲折義淺。
革卦九四	改命之吉，信志也。	義理解釋曲折義淺。
兌卦九二	孚兌之吉，信志也。	義理解釋曲折義淺。
中孚卦初九	初九虞吉，志未變也。	雖有它而志不變。

綜合以上，可以說小象傳 "志" 字之使用，在文意上，可解釋爲心意，心願，意志等；在爻象上，有以陽爻爲志的傾向。並以有陰爻相承或相應之陽爻爲得志或志行，但亦有例外。這也造成了在小象傳之理解上，或經由小象傳解讀爻辭上，產生一些混淆或解釋上的困難。基本上，"志" 字單獨出現時，若在陰爻，以爻象解釋多困難，不妨循字義做義理解釋便可；反之，若在陽爻，強以義理解釋反而曲折勉強，徒增困擾，不如純就爻象解釋。例如觀卦上九：

上九：觀其生，君子無咎。 象曰：觀其生，志未平也。

若從爻象解釋，陽爻爲志，其下爲陽爻無承，故曰志未平。若從義理觀之，或可曰君子只得無咎，其心願未大發揮，故曰志未平。若以此解讀則其義淺陋。王弼注此曰「特處異地，爲眾所觀，不爲平易，和光流通，志未平也。」孔穎達疏「志未與世俗均平。世無危懼之憂，我有符同之慮，故曰志未平也。」程頤則注「不可以不在於位，故安然放意無所事也，是其至意未得安也。故云：志未平也。平，謂安寧也。」均曲折勉強，甚或不知所云，此亦爲強加義理於象術語言之上所普遍需面對的困難。

2. 順

順字之使用已於前乘承應敵之討論中略作說明，小象傳大體以陰爻爲順，以陰順陽爲吉；就文字解釋，順爲順從。此或可以 "順" 爲雙關語，從爻象觀之，陰承陽爲順爲吉，就文字及義理解釋，陰順陽即在下位者順從上位者。小象傳此 "以順致吉" 的思想，是爲其思想特色一。

3. 窮

小象傳 "窮" 字出現 11 次，3 次用於初爻，6 次用於上爻，大體上可說小象傳以初爻及上爻象徵窮，但仍有二次例外：屯卦六三「君子舍之，往吝窮也。」及巽卦九三「頻巽之吝，志窮也。」

窮有窮盡的意思，〔註58〕小象傳窮字常於吝、災、困、凶等字連用，其做爲負面字詞使用的企圖相當明顯。我們可以說，當初爻或上爻，尤其是上爻，有凶類斷辭時，小象傳多用窮來解釋此凶災，例如坤卦上六「戰龍於野，其道窮也。」；姤卦上九「姤其角，上窮吝也。」；隨卦上六「拘係之，上窮也。」；无妄卦上九「无妄之行，窮之災也。」；大壯卦初九「壯于趾，其孚窮也。」；姤卦上九「姤其角，上窮吝也。」；節卦上六「苦節貞凶，其道窮也。」其前半段均引爻辭，後半段以窮釋爻辭之災吝，此或合象數之說，但若以義理觀點視之則甚是蒼白無力。

4. 疑

小象傳 "疑" 字共出現 9 次，其中用於三，四爻者 4 次。有學者歸納小象傳多以疑釋三、四爻，〔註59〕就統計觀點言之，似難成立。何況使用於三、四爻之此 4 次中，除賁卦六四「六四當位疑也。」或有可能與爻象有關之外，其他 3 次皆與所引之爻辭有關。升卦九三「登虛邑，無所疑也。」在解釋登高丘之邑〔註60〕，一往直前，無有疑礙；損卦六三「一人行，三則疑也。」在解釋三人之行則有猜忌之疑，一人行則無；既濟卦六四「終日戒，有所疑也。」在解釋終日爲之戒乃因有所疑。此可證小象傳 "疑" 字之使用，以解釋爻辭義理爲主，應無涉於爻象。

〔註58〕《說文·窮》「極也。」

〔註59〕黃沛榮《周易彖象傳義理探微》，頁 141「三、四爻反覆相通，經文多疑而不定之辭，故小象傳每以此釋。」

〔註60〕「虛邑」，孔穎達《周易正義》「空虛之邑」；程頤《易程傳》「無人之邑」。高亨《周易大傳今注》「邑在大丘之上者。」《說文》虛，大丘也。崑崙丘謂之崑崙虛。今採高說，以合《說文》及 "升" 之字義。

5. 際

"際" 指邊際，爲事物交接之處。《說文》「壁會也。」，段王裁注「兩牆相合之縫也。引申之、凡兩合皆曰際。」。小象傳 "際" 字 4 見 〔註61〕，分別是泰卦九三「無往不復，天地際也。」；坎卦六四「樽酒簋貳，剛柔際也。」；解卦初六「剛柔之際，義無咎也。」；豐卦上六「豐其屋，天際翔也。」。除了豐卦上六之外，其餘三次涉及天地或剛柔，故或被視之爲爻象用語。

細究其文義，"際" 均可作交接之處理解。以解卦初六爲例，「剛柔之際」即剛柔交接之處。"柔" 指初六，唯 "剛" 係何指則未有定論。孔穎達以爲是初六九二之際，故曰「初六處蹇難始解之初，在剛柔始散之際。」〔註62〕程頤則主張是初六與九四之際，故曰「初四相應是剛柔相際接也。」〔註63〕以此，剛、柔或爲爻象用語，"際" 則雖用於爻象解釋，但本身非爻象用語。

綜合以上，可歸納出小象傳以爻象釋吉凶的一些規則。大體以中或中正解釋吉類；以不當位解釋凶類；以柔乘剛爲凶，柔順剛爲吉；以剛爻爲志，剛爻得位爲得志，剛爻有柔爻相承爲志行；以窮解釋初爻或上爻之爲凶等。但一些準爻象用語如志、順、窮、際等字詞，雖然與爻象描述有關，但文字本身亦有豐富的含義，有時用作義理解釋更勝過視爲爻象用語，若強加以作爻象解釋，反而會曲折勉強，甚至不知所云。

（三）小象傳卦象用語

小象傳雖是釋爻之作，但亦保留有上下經卦概念的痕跡，包括以上、下、內、外、形容經卦位置，以及以乾爲天，坤爲地等。例如泰卦九三「無往不復，天地際也。」以天地際說明九三位在乾卦與坤卦之界際。另文句中有「在內」，「在外」，「在上」等，均指相應之爻在內卦〔註64〕，外卦〔註65〕，或下卦〔註66〕。此皆顯示小象傳雖未論及上下經卦，但其背後確實有八經卦及其上、下、內、外的概念。而且這概念及術語的使用，與象傳及大象傳是相合的。

〔註61〕另有蒙卦九二「子克家，剛柔接也。」亦可視爲同類。
〔註62〕孔穎達《周易正義》〈解・初六〉。
〔註63〕程頤《易程傳》〈解・初六〉。
〔註64〕例如臨卦 上六「敦臨之吉，志在內也。」或指相應之陽爻在初九，九二。
〔註65〕例如需卦 九三「需于泥，災在外也。」或指相應之陰爻在上六。
〔註66〕例如困卦 九四「來徐徐，志在下也。」或指相應之陰爻在初六。

三、小象傳對爻辭之解釋

小象傳編撰之基本任務即在解釋爻辭，以下討論小象傳釋爻辭的文體結構，釋爻方式，及慣用語詞。

（一）爻辭之引用及義理化

小象傳釋爻辭前必先引用之，以爲對照，此實爲小象傳於經傳分列時之原始風貌所不得不然。小象傳引爻辭大體採下列方式：

1. 引爻題

以爻題代表爻辭。例如：坤卦六二以「六二之動」代表六二爻辭所述之動；屯卦六二以「六二之難」代表六二爻辭所述之難。

2. 全文引用

若爻辭在 4 字之內，甚可能全文引用。例如乾卦初九「潛龍勿用」；上九「亢龍有悔」；坤卦六五「黃裳元吉」等。

3. 引頭尾

若爻辭文句較長，則可能只引頭尾以代表完整爻辭。例如泰卦初九以「拔茅征吉」代表爻辭「拔茅茹以其彙征吉」；九二以「包荒得尚于中行」代表爻辭「包荒用馮河不遐遺朋亡得尚于中行」。

4. 引重點

若爻辭文句較長，亦可能引重點，通常是引句首以爲提示，並省略其他部分。例如泰卦六四「翩翩不富」爲爻辭「翩翩不富以其鄰」之省；泰卦九三「無往不復」爲爻辭「無平不陂無往不復」之省；同人九四「乘其墉」爲爻辭「乘其墉弗克攻」之省。

5. 分段引

若爻辭本身所述之情境不只一事，而有分段解釋之必要，則分段引爻辭之重點，並各別解釋。例如同人九三「伏戎于莽敵剛也。三歲不興安行也。」分別引爻辭「伏戎于莽升其高陵。三歲不興。」之前後，並分別解釋；大過九五「枯楊生華，何可久也。老婦士夫，亦可醜也。」亦分別引爻辭「枯楊生華。老婦得士夫。無咎無譽。」之前後二事。

除之此外，屯卦六四「求而往，明也。」看似未引爻辭，其實「求而往」即爻辭「乘馬班如，求婚媾」之意，是以意引而非以辭引，爲小象傳引爻辭之特例。

　　值得注意的是，小象傳引爻辭，有時似有意 "忽略" 而非 "省略" 某一部份，不予解釋。例如師卦六五，爻辭曰「田有禽利執言，無咎。長子帥師弟子輿尸，貞凶。」前後兩段，大象傳「長子帥師，以中行也。弟子輿師，使不當也。」只釋後段而完全忽略了前段「田有禽利執言，無咎。」再如剝卦上九爻辭「碩果不食。君子得輿，小人剝廬。」大象傳「君子得輿，民所載也。小人剝廬，終不可用也。」釋後段而完全忽略了前段「碩果不食。」以上二例中，被忽略之爻辭均為獨立完整且甚具關鍵意義者，何以為小象傳所忽略？其可能原因不外乎(1)《易經》版本上的差異，爻辭本身有異文。(2)不言自明。(3)當時已不明其意，無法以義理說明之，故有意忽略。到底原因為何，可能逐案有別，在此不能細究，但指出此現象之存在。

　　小象傳引爻辭時，有時亦於引用時加以改造，而非只是單純引用。其改造的方式，簡單的說，就是將爻辭中之敘辭及斷辭建立關係，將爻辭義理化，以利從義理的觀點解釋爻辭。爻辭原本有敘辭以敘述情境，斷辭以斷占吉凶悔吝。例如蒙卦六四「困蒙。吝。」其情境為「困蒙」，其斷占為「吝」。小象傳則曰「困蒙之吝，獨遠實也。」將「困蒙。吝。」改造為「困蒙之吝。」，所解釋之對象既非「困蒙」亦非「吝」，而是「困蒙之所以為吝」。也就是在解釋爻辭之前，在態度上已先認定易經爻辭在說義理之當然而非占筮結果。同理，如復卦六三「頻復。厲無咎。」小象傳則曰「頻復之厲，義無咎也。」先將「頻復」與「厲」建立關係，以釋頻頻復返之「厲」雖厲，理當無咎。至於比卦六四，爻辭曰「外比之」小象引用時，擅加一賢字，改造成「外比於賢」，直接將爻辭義理化，以利其後之義理發揮「外比於賢，以從上也。」

（二）爻辭之解釋

　　小象傳在解釋爻辭的方法上，又可區分為以爻象解釋，以文意解釋，及以義理解釋三方面。其中又以義理解釋為關鍵，蓋不論解釋爻象或文意，其最終目的仍在解釋義理。

　　藉爻象以解說爻辭，前節已多作說明，此不贅述。在文意解釋上，小象傳由於文句甚簡短，對爻辭用字甚少直接訓詁或釋意，但仍可從對爻辭文句寓意之說明中，推論其對某字之解釋。

　　例如蒙卦初六「利用刑人，以正法也。」正法即以刑正法，如此，則可知小象傳釋爻辭「利用刑人」為利以刑罰懲罰犯人，以 "刑" 為刑罰，作動詞用。需卦初九「利用恆無咎，未失常也。」此以常釋恆。訟卦九二「不克訟，

歸逋竄也。」此以竄釋逋。另如履卦初九「素履之往，獨行愿也。」以獨釋素；履卦九二「幽人貞吉，中不自亂也。」以靜釋幽等，均可從解釋爻辭之文句中，推測小象傳對爻辭文字之解讀。

義理指事物之理，尤其指人事之理。所謂義理解釋即對爻辭何以如此之道理提出說明。包括爻辭所敘之情境，及情境與吉凶判斷之間的關係等。這些情境及關係可以從成因、後果、寓意、建言、評論及感嘆等六方面解說其理。今分敘之於下：

1. 說成因

以爻辭所述爲果，而解說此果之因，即說爻辭情境之所以如此的原因。此類解釋占小象之大宗。例如，乾卦初九「潛龍勿用，陽在下也。」可解讀爲：因爲陽在下，故爻辭曰潛龍勿用；坤卦上六「戰龍於野，其道窮也。」可解讀爲：因爲其陰陽相處之道已窮，故爻辭曰戰龍於野；同理，蒙卦六四「困蒙之吝，獨遠實也。」可解讀爲：因爲獨且遠實，故有困蒙之吝；師卦六四「左次無咎，未失常也。」可解讀爲：因爲出師未失常，故左次而無咎。

2. 說後果

以爻辭所述爲因，解說此因之果，即說爻辭情境依理將產生之結果。例如，師卦初六「師出以律，失律凶也。」可解讀爲：爻辭說師出以律，因爲失律的結果爲凶；師卦六三「師或輿尸，大無功也。」可解讀爲：爻辭說師或輿尸，因爲行動的結果大而無功；同理，比卦六二「比之自內，不自失也。」可解讀爲：爻辭說比之自內，如此則其結果將不自失立場。

3. 說寓意：

解讀爻辭文字背後所蘊藏之暗喻或關鍵處。例如，坤卦初六「履霜堅冰，陰始凝也。馴致其道，至堅冰也。」可解讀爲：爻辭說「履霜堅冰至」，就是以霜比喻陰德之初始。順此道發展，終將成堅冰；蠱卦六五「幹父之蠱，承以德也。」可解讀爲：爻辭說「幹父之蠱用譽」，就是在說以賢德之能，承繼父業，在改革中仍有繼承；觀卦初六「初六童觀，小人道也。」可解讀爲：爻辭說「童觀」，就是以童子比喻小人，以童觀比喻小人之道。

4. 建言：

對爻辭所處之情境，提出建言或行爲指引。例如，需卦九四「需于血，順以聽也。」可解讀爲：爻辭說「需于血」，處需于血之時，宜順從並提高警

覺；再如訟卦六三「食舊德，從上吉也。」可解讀爲：爻辭說「食舊德」，處食舊德之時，從上則吉。

5. 評論：

對爻辭情境做道德評論，但不做建議。例如，屯卦九五「屯其膏，施未光也。」是爲對爻辭「屯其膏」作評論，認爲若「屯其膏」則施惠不能廣顯；訟卦上九「以訟受服，亦不足敬也。」是爲對爻辭「或錫之鞶帶，終朝三褫之」作評論，認爲如此以訟事而受賜鞶帶，雖得國君之賜賞，也不值得尊敬。另如蠱卦上九「不事王侯，志可則也。」對爻辭「不事王侯」作評論，認爲不事王侯的氣節是值得效法的。

6. 感嘆：

對爻辭情境做情感抒發，並在感嘆中有所預測或或祈使。例如，屯卦上六「泣血漣如，何可長也。」對爻辭「乘馬班如，泣血漣如。」發出感嘆，認爲血淚漣漣的感傷不可太長久；比卦六三「比之匪人，不亦傷乎。」對爻辭「比之匪人」發出感嘆，認爲比附不當之人，會大受傷害；賁卦九三「永貞之吉，終莫之陵也。」則對爻辭「賁如濡如，永貞吉」發出感嘆，認爲裝飾之美到了極點，不可能再超過了，所受的吉祥也不可能再超過了。

以上分類，只是便於整理比較，事實上，小象傳對爻辭解釋的方式往往是混合使用且變化多端，甚至可以是見仁見智的。例如小畜卦九三「夫妻反目，不能正室也。」可以自因的角度解讀，因爲「不能正室」所以爻辭說「夫妻反目」，亦可從果的角度解釋，爻辭說「夫妻反目」，其結果會造成「不能正室」。再以屯卦初九爲例如下：

> 初九：磐桓；利居貞，利建侯。

> 象曰：雖磐桓，志行正也。以貴下賤，大得民也。

從爻象觀之，初九剛爻爲志；從文字訓之，以貞爲正；從文義解釋，爻辭說「磐桓」，小象以「雖磐桓」說「行」，是以 "雖行而未行" 釋「磐桓」；再從義理解釋，雖磐桓不進，但磐桓所寓意的行動意圖卻是正當的，所以說「志行正也」。磐桓不進志在定居，所以爻辭說「利居貞」。再者，從爻象觀之，初九剛爻爲貴，六二柔爻爲賤，剛爻處柔爻之下，所以說「以貴下賤」；再從義理解釋，因爲能以貴下賤，以至「大得民」心，所以爻辭說「利建侯」。

此說明，小象傳在釋爻辭時，可以藉爻象說義理，藉義理明字義，互相

支持，融貫使用，並無固定之解讀規則。

（三）釋爻辭慣用字

除了釋爻象之外，小象傳在釋爻辭時，亦有些常用字詞。其中有些出自爻辭本身，如貞、孚、吉、凶、吝、無咎等；用些則是小象文句中所常用以釋爻辭的字詞，如義、道、則、巽等。今就其中有解釋或討論之必要者分別說明如下：

1. 義

小象傳義字 14 見，其使用可謂頻繁，傳統多以道義或對正當行爲之堅持解釋之。然細究小象傳文句，此義非仁義道德之義所專屬，而應有更廣泛之含意，否則許多解釋將甚爲曲折勉強。例如小畜卦初九「復自道，其義吉也。」程頤注「陽剛之才，由其道而復其義，吉也。」〔註 67〕不但不合小象傳文意，且意思含混讓人難以理解。

易學上亦多有主張訓 "義" 爲 "宜"〔註 68〕，宜有合宜，適當，應該的意思，仍帶有道德規範意味。唯小象傳本身亦二用宜字，臨卦六五「大君之宜，行中之謂也。」及蹇卦初六「往蹇來譽，宜待也。」前者係引爻辭，後者小象以「宜待也」釋爻辭「往蹇來譽」，此或可爲小象傳以義爲宜之反證，小象之義與宜有所不同，故此處不言「義待也」。本研究主張，小象傳之 "義"，當做 "理"，或 "依理" 來理解，如此解釋小象傳所出現義字 14 次，皆文理通順，意義完整合理。王弼注易，亦多以義爲理，例如解卦初六「剛柔之際，義無咎也。」王弼注曰「或有過咎，非其理也。義猶理也。」

2. 道與則

小象傳 "道" 字出現 22 次，除 2 次爲引用爻辭外，其餘 20 次均作道路〔註 69〕，方式〔註 70〕或正途〔註 71〕解釋。"道" 原意指道路，《說文》「所行道也。」，由道路引申爲正途或行事風格方式。值得注意的是，小象傳未言天道，所言

〔註 67〕程頤《易程傳》〈小畜・初九〉。

〔註 68〕參考黃沛榮《周易彖象傳義理探微》，頁 13〜14。

〔註 69〕道路例：坤卦六五「戰龍於野，其道窮也。」大畜卦上九「何天之衢，道大行也。」睽卦九二「遇主于巷，未失道也。」

〔註 70〕方式例：坤卦六二「不習無不利，地道光也。」蠱卦九二「幹母之蠱，得中道也。」觀卦初六「童觀，小人道也。」

〔註 71〕正途例：頤卦六「三十年勿用，道大悖也。」復卦上六「迷復之凶，反君道也。」

之道，除坤六二「地道光」外，皆爲人間之道。而地道光亦只是形容大地之直方寬廣，並未脫離經驗。小象傳既不言天道，也未把 "道" 作規則規律使用，與天道之 "道" 概念相關連的，另以 "則" 字代之，小象傳 "則" 出現 10 次，4 次爲若則之則，〔註72〕餘者皆作規則之則。《詩經・大雅・烝民》「天生烝民、有物有則。」"則" 可理解爲法則，常規，或典範。相對而言，爻辭及象傳之則均若則之則，象傳唯有震卦曰「笑言啞啞，後有則也。」作法則之則，是爲唯一例外，巧的是，小象傳震卦九亦曰「笑言啞啞，後有則也。」其中緣由，或有探究的空間。

綜合以上，大體言之，小象傳以守正道，順常則爲吉，失正道，違常則爲凶，此亦爲小象傳內蘊思想之具體表現。

3. 巽

小象傳 "巽" 字 6 見，去除引爻辭 2 次，其餘 4 次分別是：蒙卦六五「童蒙之吉，順以巽也。」家人卦六二「六二之吉，順以巽也。」萃卦六三「往無咎，上巽也。」及漸卦六四「或得其桷，順以巽也。」其中三次以「順以巽」釋爻，可見順與巽非同義字，巽當釋遜，謙退委宛爲遜。若以巽作順甚是牽強。例如孔穎達釋此「巽亦順也，猶委物於二。順謂心順，巽謂貌順。」〔註73〕拐彎抹角，強作解釋，實不如以遜釋巽來得直接且適當。萃卦六三之「上巽也」亦可解讀爲對上之謙退委宛。

4. 貞與孚

"貞" 與 "孚" 都是卦爻辭之常用字。小象傳雖未明示，但不缺以正訓貞之例。例如隨卦初九爻辭曰「官有渝，貞吉。」小象則曰「官有渝，從正吉也。」臨卦初九爻辭曰「咸臨貞吉。」小象則曰「咸臨貞吉，志行正也。此二例猶可從爻象說初九爲正，故小象用正字釋爻辭。但如豫卦六二爻辭曰「不終日貞吉」小象則曰「不終日貞吉，以中正也。」六二雖中而不正，小象仍以正釋貞吉，另如巽卦上九爻辭有「貞凶」二字，小象則釋以「正乎凶也」，此皆以正訓貞之明證。但是否恆以正訓貞，則仍未敢有定論。

同樣的，小象傳亦不乏以信訓孚之例。例如大有六五「厥孚交如，信以發志也。」即以信釋孚，上下有應爲發志，六五發九二之志。革卦九四爻辭曰「悔亡有孚。改命吉。」小象則以信釋孚，以陽爲志，故曰「改命之吉，

〔註72〕其中一次爲爻辭引用：大壯上六「艱則吉」。
〔註73〕孔穎達《周易正義》〈蒙・初六〉。

信志也。」

至於信字的用法，小象傳扣除引爻辭部分，信字共出現 5 次。分別是大有六五「厥孚交如，信以發志也。」革卦九四「改命之吉，信志也。」鼎卦九四「覆公餗，信如何也。」豐卦六二「有孚發若，信以發志也。」及兌五九二「孚兌之吉，信志也。」其中除鼎卦九四外，其他 4 爻極明顯地將信與志合用。以此，"信" 似可理解信念之信，「信以發志」即為因為相信而堅定其心志。唯小象傳文句簡短，同一字辭的解釋彈性也比較大。若以誠信之信釋「信以發志」，雖較曲折，亦無不可。

四、小象傳釋爻之問題討論

以下針對小象傳釋爻的態度，及釋爻所受的批評作必要之討論。包括爻象解析，以卦攝爻，誤解爻辭，及釋爻的效力等。

（一）小象傳與彖傳在爻象解析上之比較

彖傳及小象傳，都自爻象觀點對卦畫提出解釋。彖傳藉爻象論一卦之旨，小象傳藉爻象言一爻之義，同一卦畫，二者對爻象之解析及用語上多有共通處，然亦或有差異。以下就小象傳與彖傳在爻象解析上之異同進行比較，大象傳由於不論爻象，故而無從比較。

在用語方面，小象傳對爻位及爻德之解釋及所使用的語詞上大體與彖傳相同，包括剛、柔、中、正、當（位）、乘等，在準爻象的用語上如志、順、等亦類似。不但用語近似，甚至在解析上亦有相合之處，例如小畜卦，九五剛中，六四承陽，故彖傳曰「剛中而志行」九五剛中，為六四所承故曰「志行」，小象傳小畜六四亦曰「上合志也。」即六四合九五之志。

雖然如此，但使用範圍及觀點上，小象傳釋爻象畢竟與彖傳不盡相同，其差異處可分下列四方面說之：

1. 對象固定

彖傳針對六爻解析爻象，可選擇一卦當中的某一或二爻進行解析。小象傳則一次只能針對固定之某一爻，而且每爻必論，無有缺漏，毫無選擇之可能。最多只能皆由乘承敵應上下等關係，找對應的爻，以發揮解釋。小象傳所釋之對象固定無彈性，且相對視野狹窄，這也增加了小象傳以爻象釋爻的困難度。

2. 僅限靜態爻位解析

相對於彖傳可用靜態爻位、動態往來、及六爻合象等方式解析爻象，小象傳受限於視野，只能就某一爻做靜態之爻位解析，無法從動態往來或六爻合象等方式解析爻象。

3. 直接以爻象釋爻義

彖傳釋爻象多使用複合詞或短句形式，例如「剛中」，「剛中而應」，「剛應而志行」，「柔得位而上下應之」等，極少直接單獨使用爻象字詞〔註74〕。反觀小象傳，則常直接使用爻象字詞解釋爻辭。例如：

豫卦六五：貞疾，恆不死。　　　象曰：六五貞疾，乘剛也。

大壯卦九二：貞吉。　　　　　　象曰：九二貞吉，以中也。

大壯卦六五：喪羊于易。無悔。　象曰：喪羊于易，位不當也。

井卦九五：井冽寒泉食。　　　　象曰：寒泉之食，中正也。

以「乘剛」釋「貞疾」；以「中」釋「貞吉」；以「不當位」釋「喪羊于易」；以「中正」釋「井冽寒泉食」，此皆從卦畫觀點直接以爻象釋爻辭，但若自義理觀點，以上解釋顯得十分無力。

也因為上述現象，彖傳之爻象短句可從雙關語的觀點，既可以是解釋卦畫的爻象用語，又可以從文字意義上賦以義理解釋。〔註75〕小象傳則如前述，常直接以爻象解說情境或論斷吉凶，在義理解釋上可使用的材料相對稀少，較難作義理發揮。

4. 擬人化

小象傳釋爻辭，似有以爻擬人之意，使讀者在解讀時，會有將爻比擬為人物的傾向。以下舉訟卦九二，比卦六四，及否卦初六為例：

屯卦初九：磐桓，利居貞，利建侯。

象曰：雖磐桓，志行正也。以貴下賤，大得民也。

訟卦九二：不克訟，歸而逋其邑人三百戶，無眚。

象曰：不克訟，歸逋竄也。自下訟上，患至掇也。

〔註74〕蹇卦「當位貞吉」或許是一例外，但亦與卦辭「貞吉」連用。

〔註75〕參考 3.2.4.5〈主爻指涉〉中，以隨卦「剛來而下柔」无妄卦「剛自外來而為主於內」大畜卦「剛上而尚賢」及小過卦「剛失位而不中」為例，所作的討論；以及 3.3.3〈對卦辭之解釋及義理發揮〉以大有、恆、及蹇三卦為例，所作的討論。

比卦六四：外比之，貞吉。

象曰：外比於賢，以從上也。

屯卦初九，小象曰「以貴下賤」，爻辭中未見此義，乃小象之發揮。以此爻爲尊貴之身而處低賤之位。王弼《周易注》〈屯・初九〉「陽貴而陰賤也。」爻本無貴賤，此以爻擬人，初九陽爻爲貴，故爲貴人（貴爻），初爻位於最下，是爲賤位，以貴人而就賤位，故小象釋初九「以貴下賤」。

訟卦九二，小象曰「自下訟上」，爻辭中亦不見此義。九二在下卦，使人聯想所訟者在上卦，其相應之爻爲六五，以此擬人化爲九二訟六五。孔穎達《周易正義》疏「自下訟上，與五相敵，不勝其訟，言訟不得勝也。」爻不訟人，亦無勝敗，以二訟五之說，是爲受小象「自下訟上」之啓發所致，以二比擬爲訟者，以五比擬爲所訟之人。

比卦六四，小象曰「外比於賢，以從上也。」，爻辭「外比之」原無固定對象，小象傳以「賢」及「上」暗示所比之對象。王弼《周易注》「外比於五，履得其位，比不失賢。」以九五爲賢者，六四爲當事者，六四比附九五爲「從上」，以爻喻人，將六四爻辭「外比之」巧妙轉換爲 "比附在上位之賢者"。

此三例顯示，小象傳語詞中確實暗藏以爻喻人之意。相對地，在彖傳中就很難找到這樣的暗示。王弼曰「夫位者，列貴賤之地，待才用之宅也。爻者，守位分之任，應貴賤之序者也。位有尊卑，爻有陰陽。」〔註76〕此明確宣告以爻喻人的大原則。所謂貴賤、位分、尊卑，皆爲以爻擬人結果。王弼注《易》，無論釋卦、爻辭，乃至彖傳，皆有以擬人化的傾向，藉此說人事變化之理，〔註77〕追溯其源，應與小象傳有密切關係。

（二）小象傳是否以卦攝爻

卦與爻的關係，一直是易學上的一個關鍵問題。孔穎達《周易正義・序》〈論卦辭爻辭誰作〉提出卦辭爻辭或並是文王所作，或文王作卦辭，周公本文王之意作爻辭，父統子業，故卦爻辭可視爲一體。王弼《周易略例・明彖》「故舉卦之名，義有主矣；觀其彖辭，則思過半矣。」視掌握卦辭爲理解爻辭的關鍵因素。以上皆以周易卦爻辭爲一體，視以卦攝爻爲必然。近代有些

〔註76〕王弼《周易略例》〈辯位〉。
〔註77〕朱伯崑《易學哲學史》，頁270，「王弼將爻位的變化看成事物的變化，特別是人事變化的一面鏡子。」

學者對此有異議，李鏡池便曾推測「卦爻辭乃卜史的卜筮記錄。」〔註78〕依此推論，爻辭既然是占筮的記錄，當然就不相連屬，故應分別解釋，若硬要附會連貫的意義，勢必大加穿鑿。高亨〔註79〕與朱伯崑〔註80〕對周易卦爻辭之編纂亦採占筮記錄說，朱伯崑更進一步主張，占筮記錄是原始素材，但編纂過程中有所「選擇，編排和文字加工」〔註81〕，因而有些卦的卦爻辭「體現了一個中心觀念，有其思想性，並非只是筮辭的堆積。」但「多數卦的卦爻辭之間缺乏甚至沒有邏輯的聯繫。」〔註82〕李鏡池也在這個問題上有困擾並反復思辨，〔註83〕並於其《周易通義》中改口「大多數的卦都是有中心的，一卦說一類事。」〔註84〕

　　若以一卦有一卦之旨為前提，小象傳釋爻，是否有將卦名卦旨列入考慮？也就是說，小象傳是否蘊有以卦攝爻的思想？針對這個問題，從文本中檢視，可以發現小象傳絕大多數僅就爻辭來解釋發揮，除非爻辭中帶有卦名，否則少有將爻與卦名做連繫的例子。唯亦有例外在大有卦，大有卦初九及上九之爻辭雖未提及卦名「大有」，但小象傳釋此二爻自動加上「大有」二字：

　　　　初九：無交害，匪咎，艱則無咎。　象曰：大有初九，無交害也。

　　　　上九：自天佑之，吉無不利。　　　象曰：大有上吉，自天佑也。

　　對此二爻，我們可以有兩種解釋觀點：

　　(1) 小象傳文意淺薄，只能重複爻辭。爻辭說「無交害」，小象亦說「無交害也」；爻辭說「自天佑之」，小象亦說「自天佑也」。又因過於單薄，再引卦名以湊字數。

　　(2) 小象傳以卦攝爻，爻辭之「無交害」，指在大有的情境下因無交害故能「匪咎」〔註85〕，同理，上九爻辭之「自天佑之」，指在大有的情境下方有

〔註78〕李鏡池《周易探源》，頁21。

〔註79〕參考高亨《高亨《周易》九講》，頁3。

〔註80〕參考朱伯崑《易學哲學史》第一卷，頁8～12。

〔註81〕同上，頁10。

〔註82〕同上。

〔註83〕參考李鏡池《周易探源・周易卦名考釋》頁291「由於《易》文簡古，不易解釋，故對卦名和卦爻辭的聯繫有許多沒有看出來。最近寫《周易通義》一書，才明白卦名和卦爻辭全有聯繫。」

〔註84〕李鏡池《周易通義》，頁6。

〔註85〕小象傳引爻題，應代表此引爻辭之全體，此處應指「無交害，匪咎，艱則無咎。」

來自天佑之上吉。

此例亦說明，若接受小象傳可能用 "以卦攝爻" 的方式來解釋爻辭，或許可豐富小象傳之內容。

另如无妄卦九四及恆卦九二：

无妄九四：可貞，無咎。　　象曰：可貞無咎，固有之也。

恆　九二：悔亡。　　　　　象曰：九二悔亡，能久中也。

王弼《周易注》注爻辭云「處无妄之時⋯故可以任正，固有所守而無咎也。」強調「固有」係在无妄卦之情境下解讀。无妄之卦旨，一般可理解爲不虛妄或不妄動。今因「无妄」而說「可貞無咎」之「固有」，含義較爲豐富。

恆卦九二「能久中也」，"中" 來自中爻，"久" 則與卦名 "恆" 不脫干係。此亦顯示小象傳以卦旨釋爻辭之可能性。

以上說明，小象傳釋爻是否意蘊以卦攝爻，雖有數例，但並不多見，故尚難有定論。但由於小象傳文句簡略，若在解讀上能預設其簡短文句中可能蘊有卦旨，或可大幅豐富其內容含義。

（三）小象傳對爻辭的誤讀誤解

如本章第一節中所述，近代學者對小象傳多有批評，其中之一便是懷疑小象傳對《易經》經文有誤讀誤解之處。黃沛榮於《周易彖象傳義理探微》中，亦具體舉師卦上六，大有卦九三，遯卦九四，蠱卦初六，坎卦上六，睽卦初九，節卦六三等，爲小象傳誤解爻辭之實例。〔註86〕然而《周易古經》成書年代久遠，版本有異，其文義渺然難考者亦多，所謂正讀或誤解，實難有定論。近代詮釋學之討論，對如實理解作者原意之可能性亦有疑慮，〔註87〕面對文本，我們總是帶著某些預設去做理解，「主張有一種就其本身可言之爲『正確的詮釋』的這種詮釋觀念，就是不可思議的，也是不可能實現的」。〔註88〕傅偉勳創造的詮釋學中，亦強調誤讀（misreading）的重要地位。誤讀乃是閱讀過程中的積極因素，它是主體有意識的行爲，是意義創造的生產

〔註86〕黃沛榮《周易彖象傳義理探微》，頁 175～178。

〔註87〕參考張鼎國：〈「較好地」還「不同地」理解〉，收錄於黃俊傑編《中國經典詮釋傳統（一）：通論篇》，頁 15～50，臺北市：喜馬拉雅基金會，2001 年。

〔註88〕見帕瑪著，嚴平譯：《詮釋學》，臺北市：桂冠，1992 年。頁 214，引高達美（Gadamer）《眞理方法》語。

性環節。〔註89〕

　　基於上述，有關於小象傳釋爻之正確性的批評，不論是誤讀或誤解〔註90〕，都有兩點需要再考慮：首先，我們要承認，作者原意庶幾無法完整還原，故而亦無法確證何者爲正解，何者爲誤解或誤讀。小象傳以小象傳自己的觀點來解釋爻辭，除非是內部有矛盾，否則我們只能說不滿意，不接受，但不宜說是錯誤。其次，就算是小象傳的誤讀，也可以有其文獻上的意義，至少顯示了小象傳作者時代，對爻辭理解的狀況。

（四）小象傳釋爻辭之效力

　　小象傳釋另一項爲人垢病的問題在其釋經見解淺薄無益，價值不高。對此，我們可以說，小象傳的價值絕大部分取決於其釋經的效力，然而釋經的效力如何評估？若我們從解讀爻辭的角度觀之，小象傳釋爻辭的效力，在於衡量比較，讀小象傳與不讀小象傳，對爻義的捕捉的差別有多大。若有差別，則小象傳釋爻辭爲有效的，反之，若直接讀爻辭與參考小象傳再讀爻辭之間並無差別，則可宣稱小象傳的解釋是無效的，或是無價值的。

　　進一步分析，小象傳對卦畫及爻辭的解釋中，其爻象部分，大體相同於象傳。讀者若通象傳，可自行解釋爻象，於此小象傳之價值有限。在爻辭解釋部分，小象傳除了以爻象解釋爻辭之外，許多只是引用爻辭或順著爻辭解釋。今欲評論小象傳的釋經效力，應除去爻象及爻辭引用，剩下的才是小象傳效力的發揮。

　　若自此觀點，小象傳對爻象的解說，實罕有新見解，對意義晦澀的爻辭亦多作泛泛之談而未能指出關鍵處，且缺乏系統性，在解釋效力上，似未能使讀者對爻辭的理解有較大的助益。今以履卦六三爲例：

　　　六三：眇能視，跛能履，履虎尾，咥人，凶。武人爲于大君。

　　　象曰：眇能視；不足以有明也。跛能履；不足以與行也。咥人之凶；
　　　位不當也。武人爲于大君；志剛也。

　　此爻敘事之辭頗複雜，計有「眇能視」、「跛能履」、「履虎尾咥人」、及「武人爲于大君」四事，其中「眇能視」及「跛能履」又重複出現在歸妹初九及

〔註89〕　參考潘德榮《文字‧詮釋‧傳統：中國詮釋傳統的現代轉化》，上海：上海譯文出版社，2003 年。頁 139。

〔註90〕　同上。依創造的詮釋學，誤讀或誤解都是有悖於作者意願的理解，但誤解是消極的，必需清除。

九二之爻辭，〔註91〕尤其關鍵。「眇能視」、「跛能履」何以同時出現？有何典故或象徵意義？與「履虎尾咥人」及「武人爲于大君」之關係爲何？爻辭所述是一事？二事？或三事？或四事？這些都是解讀爻辭所面臨之困難處，但小象傳僅以「不足以有明也」「不足以與行也」解釋「眇能視」、「跛能履」。眇不明視，跛不利行，此爲常識，何需再說明？至於以「位不當」釋凶，以「志剛」釋武人，亦屬泛泛之論。若就此爻言之，直接讀爻辭與參照小象傳再讀爻辭二者相較，我們可以說，小象傳之釋此爻辭，毫無效力可言。不單如此，小象傳釋爻，有時甚至給爻辭的理解帶來困擾。例如泰卦九三爻辭「無平不陂，無往不復。艱貞無咎。」原本說窮通往復之理，寓意深遠且不難理解。小象傳釋此「無往不復，天地際也。」反而模糊了焦點，令人摸不著頭腦，只能以象數強說之。

綜合以上討論，我們可以說，小象傳釋爻辭，就增進爻辭的可理解度而言，其效力並不強。但是，小象傳的確代表某種見解，某種立場。小象傳從自己的立場去詮釋爻辭，將爻辭義理化，格言化，其貢獻及價值不應抹殺或惡意批判，但也不宜過度尊崇，視之爲理解爻辭的唯一正確途徑，甚至不惜爲了符合小象而曲解爻辭。

第三節　小象傳之哲學思想

小象傳因取材雜散且文句簡短，除非主觀認定，較難從客觀證據中揭示其中的思想成分。以下先說明對此議題之研究方式，並以此爲前提論述小象傳可能之哲學思想。

一、對小象傳思想討論之前提

小象傳之釋爻，正如同象傳之釋卦，以此觀之，有關象傳思想討論的前題，同樣的也適用於小象傳思想之討論。其中包括(1)一切以文本爲依歸，不預設學派立場或既定的觀點解讀其思想。(2)不以孤證或特例論斷其思想特色，儘量提出更具服力的證據。〔註92〕

但在另一方面，小象傳到底不同於象傳，小象傳有小象傳的特色。首先，

〔註91〕歸妹初九「歸妹以娣，跛能履，征吉。」歸妹九二「眇能視，利幽人之貞。」
〔註92〕參考第三章第四節之一〈對象傳思想討論之前提〉。

小象傳之文句簡短且不連續。易經六十四卦，每卦六爻，象傳釋六十四卦，每卦有如一篇小論文，各有其思想內容；小象傳則釋每卦六爻，有如六則不連續不相干的文句，難以從中挖掘出較深刻的思想。其次，小象傳引爻辭，有時只引片斷，有時加以改造或融合，加以文句過於簡短，使小象傳在忠實詮釋爻辭與自身思想發揮之間的界線更加模糊。是故，對小象傳傳思想之研究，與象傳思想之研究，在態度上及方法上，除了上述前題之外，仍須突顯下列兩點差異：

(1) 小象傳思想討論的素材固然來自小象傳文句，但應檢別確認其中那些是有意識的爲某主張之發揮，那些僅只是順爻辭解釋的結果，並以前者部分而非後部分來代表小象傳思想。例如爻辭蠱卦及家人卦中，多言及親子及家人，所以小象傳釋爻辭亦言及父子夫婦等，但我們不宜就此論斷小象傳重視家庭倫理。

(2) 爻辭 386 則，所論之事件或所繫之情境廣闊多樣，故小象傳釋爻，其論述亦簡短而廣闊多樣，我們不宜以某簡短論述而直接判定小象傳有某種思想，但可以從眾多簡短論述中，以統計學的精神，進行歸納，以探究小象傳文句背後的思想體系。

二、小象傳對重要哲學論題的立場

以下分形而上學、天論兩部分述之。至於鬼神觀及聖人觀等，小象傳似完全未涉及。

（一）形而上學

小象傳，可能因爲文句過於簡短，較缺乏對形而上的，思辯的，超越經驗的議題之論述。乾卦初九「陽在下也」可能與伯陽父論地震之「陽伏而不能出，陰迫而不能烝，于是有地震。」（國語‧周語上）有關，「陽伏」即「陽在下」。陽氣之說或有本體論意涵，然此孤證實不足以論斷小象傳之形上學思想。坤卦初六「陰始凝也」之陰應指陰冷，並無形而上的意義。比較特殊的是小象傳對 "中" 概念的使用，或許可以賦以形而上的意義。試論述如下：

小象傳常棄義理解釋而逕以爻象論斷吉凶，中爻之所以爲吉的原因就因爲是在中或得中。例如：

需卦九五「酒食貞吉，以中正也。」

比卦九五「顯比之吉，位正中也。」

小畜九二「牽復在中，亦不自失也。」

履卦九二「幽人貞吉，中不自亂也。」

泰卦六五「以祉元吉，中以行願也。」

豫卦六五「恆不死，中未亡也。」

隨卦九五「孚于嘉，吉；位正中也。」

習坎九二「求小得，未出中也。」

大壯九二「九二貞吉，以中也。」

萃卦六二「引吉無咎，中未變也。」

巽卦九二「紛若之吉，得中也。」

節卦九五「甘節之吉，居位中也。」

以上文句顯示，小象傳文句之 "中" 字，很難全部作守中、中道、居中守正等具道德意義的解釋，就算是強以道德意義釋中字，也往往與經驗脫節而顯得泛泛無力。例如「酒食貞吉，以中正也。」就爻象言之，九五居中且正，故曰「中正」，但若以「中正」之德來解釋「酒食貞吉」，似企圖以道德萬能之說釋萬事之吉，其理拘泥刻板，有如道德教條。細究以上諸例，小象傳之 "中"，似有某種神祕的力量或性質，能使事物往好的，順心的發展。仍以需卦九五爲例，「酒食貞吉，以中正也。」孔穎達《周易正義》解釋爲「言九五居中得正，需道亨通，上下無事也。」，即以得中正爲亨通；《易程傳》則注「需于酒食而貞且吉者，以五得中正而盡其道也。」，以得中正則能盡其道。以上諸例亦顯示，小象傳以得 "中" 爲吉，若從存有學的角度敘述，中之爲物，能盡他物之道，使萬物亨通，往好的方向發展。所以，若得中或居中則需酒食吉，顯比吉，牽復不自失，幽人不自亂，心願得成，得以不亡…等。以此，似以 "中" 爲一種形而上的存有，能降福事物，使一切事物往好的方向發展的神祕力量，此 "中" 僅存在於二、五爻，不存在於其他爻。二、五爻居中，居中則得中，得中則得利。

（二）天論

小象傳 "天" 字出現 11 次，其中 7 次爲引用爻辭，〔註93〕小象傳在釋此

〔註93〕包括：乾卦「飛龍在天」；大有卦「公用亨于天子」，「自天佑也」；大畜卦「何天之衢」；明夷卦「初登于天」；姤卦「有隕自天」；中孚卦「翰音登于天」。

7 爻時，除了姤卦九五「有隕自天，志不舍命也。」似有天命思想外，其他 6 次引用均未針對 "天" 有所論述。另所餘之 4 次不爲釋爻辭，純爲小象之發揮，可進一步據此探究小象傳之天概念。茲引此 4 例之爻辭及小象傳如下：

乾卦用九：見群龍無首，吉。

象曰：天德不可爲首也。

師卦九二：在師中，吉無咎，王三錫命。

象曰：在師中吉，承天寵也。王三錫命，懷萬邦也。

泰卦九三：無平不陂，無往不復，艱貞無咎。勿恤其孚，于食有福。

象曰：無往不復，天地際也。

豐卦上六：豐其屋，蔀其家，闚其戶，闃其無人，三歲不覿，凶。

象曰：豐其屋，天際翔也。闚其戶，闃其無人，自藏也。

其中「天德」含義隱晦，似以乾德，龍德爲天德。王弼《周易注》「九，天之德也」，九爲數之極，以九爲天德，應指德之極。「天寵」意指「在師中」爲受天之寵，此天可指天子，或指主宰之天。「天地際」則明顯指下乾上坤之際，是以乾爲天，坤爲地，爲八卦取象之古老傳統。「天際翔」指飛翔於天際〔註94〕爲自然之天。

以上，唯師卦之「天寵」之天或可能有最高主宰義，其餘皆爲自然界之天，或易學傳統中所象之天。

三、小象傳自身思想發揮之特色

本小節討論小象傳文本中有代表性的，足以顯示其特色之思想發揮。此所謂有代表性的，並非憑吾人之主觀認定或任意引申。而係依小象傳文本中，所反覆發揮，並可明顯被意識到的論點。由於小象傳文句簡短，文義常有欠完整，故仍需借助數字統計，以突顯其重要性。

（一）重卑尊

小象傳之爻象用語中，常以陽爻爲志，陰爻爲順，尤其以陰承陽爲陰順陽志。〔註95〕以此爲基礎，再加以擬人化的結果，陽爻爲尊，陰爻爲卑，貫

〔註94〕孔穎達《周易正義》〈豐‧上六〉「如鳥之飛翔於天際，言隱翳之深也。」

〔註95〕參看 5.2.2.1〈小象傳爻象解析慣用語〉中，乘承應敵之討論；及 5.2.2.2〈小象傳準爻象解析慣用語〉中，志與順之討論。

澈意志者爲尊，順從他人意志者爲卑，如此很自然的就在釋爻辭的過程中置入了重尊卑的思想。重尊卑思想的核心當在區分尊卑，卑順尊意。以在上位者爲尊，尊者之意志當充分實現，卑者應當順從尊者，以合尊者之意志。在家則以夫爲尊，父爲尊，在國則以君爲尊，大人爲尊。

爲此，小象傳似刻意以合尊卑之分爲吉，即以尊者得志爲吉，卑順尊志爲吉。依簡單算數，純就爻象論之，若以陽爻當位，或有應、有承爲得志，易經 384 爻，半數爲陽，半數爲陰，陽爻中半數得位，其他或乘陰或有應，失位且無承者無應之陽爻僅 24 爻〔註96〕，故陽爻中可謂之得志或志行者 168 爻。另有 80 陰爻爲陰順（承）陽〔註97〕。小象傳作者經過細心檢選，以 "得志"、"志行"、"合志" 釋爻者共 18 處，其中 15 爻爲陽，本身爲志〔註98〕，3 爻爲陰，其應或承的對象爲陽爻，即合陽爻之志。18 爻中歸吉或吉類者佔 12 爻，無一歸凶類。此外，小象傳又以 "順" 字釋爻者 12 次，扣除臨卦九二「未順命也。」爲否定句外。即在合陰順陽之說的 80 爻中取 11 爻，11 爻中 6 爻爲吉，無一爻歸屬凶類。這也說明了小象傳在符合爻象規範的爻當中，刻意挑選了吉類的爻，至少是避開凶類的爻，以符應其背後以卑順尊志爲宜爲吉的思想，當屬合理的推測。

這也就是說，小象傳以陽爻爲志，以陰承陽爲順，看起來是以爻象釋爻辭的規則，其實是以尊卑思想釋爻辭，再以爻象及爻象用語包裝尊卑思想的結果。以下再舉幾個具體的例子

蒙卦上九：擊蒙。不利爲寇。利禦寇。　象曰：利用禦寇，上下順也。

頤卦六五：拂經。居貞吉。不可涉大川。　象曰：居貞之吉，順以從上也。

家人六二：無攸遂。在中饋。貞吉。　象曰：六二之吉，順以巽也。

否卦初六：拔茅茹以其彙。貞吉亨。　象曰：拔茅貞吉，志在君也。

升卦初六：允升。大吉。　象曰：允升大吉，上合志也。

蒙卦上九將「利禦寇」之因解釋爲「上下順也。」「上下順」即區分尊卑，卑順從尊。頤卦六五將此爻之所以吉，歸之於下順從上，卑順從尊，「順以從

〔註96〕陽爻失位者 96 爻，其中又無應無承者，即對應位及下位皆陽者，佔四分之一，計 24 爻。

〔註97〕上爻無承，其餘 5 爻，半數爲陰爻，陰爻之上，半數爲陽爻。故 64 卦可論者 320 爻，陰承陽者占之四分之一。

〔註98〕即於合陽爻當位，或有應，或有承的 168 爻中取 15 爻。

上」則吉。家人卦六二將此爻之所以吉，歸之於「順以巽」，婦女主中饋，若順從且遜讓則吉。此家庭中男尊女卑之思想不言而喻。否卦初六以「志在君」釋吉，君為尊，「志在君」即順君之志，以君之志為志則吉。升卦初六以「上合志」釋吉，上合志即合上志，順上位者之志則吉。

　　王博在《易傳通論》中提出，小象傳有很多地方都涉及到禮及名分，此說甚有見地。〔註99〕唯王博從「中」說禮，本研究則強調，小象傳釋爻的背後，蘊有濃厚的尊卑思想。別貴賤，序尊卑，可以說是禮之實踐的外在基礎。由此觀之，小象傳重尊卑的思想未嘗不可說是著重禮教的一種表現。

（二）窮則變

　　小象傳之窮，常指窮盡之窮，而非窮困之窮。窮則變指事情發展到盡頭必定有變，不可能永久如此。小象傳每於釋爻文句中，表現出窮則有變的思想。例如

　　　乾卦上九：亢龍有悔。　　　　　象曰：亢龍有悔，盈不可久也。

　　　坤卦上六：龍戰于野，其血玄黃。　象曰：龍戰於野，其道窮也。

　　　否卦上九：傾否。先否後喜。　　象曰：否終則傾，何可長也。

　　　豫卦上六：冥豫成有渝。無咎。　象曰：冥豫在上，何可長也。

　　　中孚上九：翰音登于天，貞凶。　象曰：翰音登于天，何可長也。

　　　既濟上六：濡其首，厲。　　　　象曰：濡其首厲，何可久也。

「盈不可久」指富貴終不可久而必有變；「其道窮」指二強相爭終有一戰；「否終則傾」指惡物終將傾出，無久藏之理；「冥豫在上，何可長也。」釋爻辭「冥豫成有渝」俾晝作夜，極豫盡樂，終將有變。「翰音登于天，何可長也。」指雞啼再高遠，終有盡時。「濡其首厲，何可久也。」指濟渡河川時似有滅頂之厲，但終須作出改變，不能久「濡其首」。

　　要注意的是，以上諸文句，都落在上爻，小象傳顯然視上爻為現狀的終點，變化將發生的始點。再者，不論好事，壞事，都適用此窮則變的規律，盈固不可久，厲亦不可久。小象傳亦常用如「道窮」「志窮」等字詞，且皆用以解釋「凶」，此亦暗示處「凶」之時，唯「變」可以化解。《繫辭傳》曰「窮則變，變則通，通則久。」也在說同一道理。或許可加上「久則窮」使之成

〔註99〕參考王博《易傳通論》，頁121。

一完整的循環。〔註100〕

　　進一步探索，"窮則變" 做爲一普遍的原則，可否視爲天道或天道的一部分呢？若是，那麼我們可否說小象傳蘊有天道思想呢？由於小象傳中找不到天道思想的論述，我們或許當以小象傳之 "窮則變" 思想爲人間事物經驗歸納出的結論，而非形而上學思辨分析而得之推論結果。

第四節　小象傳小結

　　小象傳，一方面是解釋爻辭最權威之作，另一方面，也可能是十翼之中，遭到批判及誤會最爲嚴重的。有關其成書年代問題，本章雖未作深入討論，但以晚於象傳爲預設，至少不早於象傳，否則有些小象傳與象傳比較的觀點可能都會有問題。小象傳與象傳及大象傳的作者及著作年代問題，將在下一章做更進一步的分析及比較。

　　小象傳對卦畫逐爻解釋，因而特重爻象。在爻象解析的用語上，小象傳與象傳大同而小異。但在對待爻象的態度上，二者卻有很大的差異。象傳利用爻象用語造詞造句，且一語雙關，讓讀者有義理解釋的空間。小象傳則在爻象的解析及安排上，相對而言比較缺乏義理解釋的彈性。一來因爲文句過於簡短，難以發揮，而且小象傳採逐爻解釋的方式，文句解釋的範圍受到限制。再者，小象傳似有較強烈的以易學爻象理論推演人事之吉凶的傾向，故多直接以爻象釋爻辭之吉凶。例如以中爲吉；以不當位釋凶；以柔乘剛爲凶，柔順剛爲吉等。這未嘗不是小象傳以易道模擬天道，以天道推演人事的表現。然而，除非對易道堅信不移，否則就義理言之，這樣的解釋是比較沒有說服力的。

　　雖然如此，小象傳解釋爻辭基本上還是以義理爲主，爻象解析只是一個輔助。小象傳對爻辭之義理解釋，從爻辭義理化開始，再以因，以果，以寓意，以建言等各種角度，去說明爻辭中敘辭與斷辭的關係，使吉凶悔吝不再是占筮的結果，而成爲義理之當然。不過在效力上，小象傳對爻辭的義理解釋，有時流於淺薄，未見精彩，對某些爻辭中的奧密，也未能提出關鍵性的解說，這也是小象傳最爲人垢病處。這也許在小象傳著作當時，爻辭中的某

〔註100〕參考傅佩榮《解讀易經》〈既濟・上六〉「『《易》窮則變，變則通，通則久。』這三句警語還可以在後面加上一句，成爲首尾連環，就是『久則窮』。」

些寓義，已經無人知曉，故只能就字面意義去發揮了。

在思想方面，也因爲小象傳文句過於簡單，難以形成有系統的思想論述。然而就統計分析觀點視之，小象傳思想如重尊卑之分等，多落實在人間，少有超越經驗的，形而上的，或宗教信仰上的論述。

小象傳重尊卑之思想可以視爲重禮教之表現，亦可視爲小象傳中的儒學思想成份。另小象傳釋復卦之初、二兩爻釋爻時，刻意提出有儒家思想意味的解釋，亦頗堪玩味。

　　　初九：不復遠，無衹悔，元吉。　　象曰：不遠之復，以修身也。

　　　六二：休復，吉。　　　　　　　象曰：休復之吉，以下仁也。

修身是儒學功夫必論之重要概念，從《論語》之「吾日三省吾身」，到《孟子》「善養吾浩然之氣」，到《大學》「自天子以至於庶人，壹是皆以修身爲本。」可說儒家經典無不重視修身。小象傳以「不遠之復」論及「修身」，可謂宋儒「復其初」之濫觴。

「下仁」之「仁」，是爲彖傳及大、小象傳中，唯一用及 "仁" 字之處，意義重大。「下仁」可理解爲就下而親近仁。以「下仁」釋「休復之吉」，似以對下仁厚使之休復爲吉。小象傳以 "修身" 及 "仁"，釋此連續二爻，其儒學思想成份之濃厚，不言而喻。

至於 "窮則變" 的思想，與《老子》「反者道之動」思想如出一轍。所謂「大曰逝，逝曰遠，遠曰反。」（老子・第二十五章），從空間到時間，宇宙的道理就是窮極必反。另如坤卦六二「不習無不利，地道光也。」以地道——大自然之道，的廣大彰顯，釋「不習無不利」，王弼注此「任其自然，而物自生。不假修營而功自成，故不習焉。」以道家精神詮釋之，頗有幾分道理。

有關小象傳的學派思想問題，將於其後另設專章，並與象傳、大象傳合併討論。

第六章　彖象三傳釋經體例及觀點比較

第一節　從釋經的角度看彖象三傳

　　本章重點在針對《彖傳》《大象傳》及《小象傳》（以下簡稱三傳）從解釋《易經》的視角，對三傳之釋經體例及預設觀點進行綜合比較並彙總整理。有些學者對《周易》經傳作這樣的區分：「《易經》是部占筮書，《易傳》則是一哲學書。」〔註1〕「《易傳》解經與《易經》原意往往相去甚遠，所以研究這兩部書，應當以經觀經，以傳觀傳。」〔註2〕但是這樣的態度，也遭到一些學者的反對，認爲「解釋《易經》，應充分參考《易傳》，不可全盤放棄。」〔註3〕本研究贊成後者之主張，但也理解前者之訴求。其實前者（如高亨）亦承認「《易傳》解經」，只是認爲在解經之中，自家的思想發揮過多，以致於與「原意相去甚遠」。然而就近代詮釋學的觀點，對如實理解「作者原意」之可能性抱持懷疑，認爲詮釋者總是帶著某些前見理解文本。更何況藉著經典的注疏，發揮自己的思想，本來就是中國經典詮釋的常態。《易傳》，尤其是〈彖〉〈象〉三傳，我們首先得承認三傳都是解釋《易經》之作，但我們亦不能否認，三傳是帶著自己的思想或立場去作解釋的，甚至是藉著解釋的機會，有

〔註1〕見余敦康〈從《易經》到《易傳》〉，收錄於黃壽祺，黃善文編《周易研究論文集》第三輯，北京：師範大學，1990年。頁107～133。原載於《中國哲學》第七輯，1982年。

〔註2〕高亨《周易大傳今注》〈前言〉，濟南：齊魯書社，2009年，頁2。

〔註3〕參看鄭吉雄〈從卦爻辭字義的演繹論《易傳》對《易經》的詮釋〉，《漢學研究》第24卷第一期，2007年6月，頁1～33。

意識的發揮自身的思想。為此，本研究將三傳的綜合比較分二章敘述，本章以三傳為釋經之作的觀點來整理與比較，第七章則以三傳所發揮的思想內容為對象來做綜合比較。

當然，就文本而言，釋經內容與思想內容二者之間是很難分割的，尤其是作為詮釋者釋經立場之思想部分，也就是作為其解經之前見（前理解）所蘊涵的思想，此部分姑且稱之為三傳釋經的"前觀念"，也就是三傳以何立場看待易經，此部分亦在本章中一併討論。

《易經》乃將卦畫、卦名、卦辭、爻辭等內容，依一定的順序編排所構成。三傳主要針對卦畫、卦名、卦辭、及爻辭解釋，但未涉及六十四卦順序之解釋。故以下拋開順序問題，針對三傳釋經的範圍，比較三傳解釋卦畫、卦名、卦辭、及爻辭的方法、用字、及背後可能之預設，以釐清三傳釋經觀點之異同。

中國經典詮釋的傳統，有很強的目的性，往往以經文為核心，經由層層展開，層層解釋，以顯現經文中所隱藏的道德真理或微言大義。傳統易經詮釋系統更是如此。《易經》由於年代久遠，且又涉及天地之道，有其神秘性，一般人難以掌握作者之意，所謂「聖人之意，其不可見乎？」（繫辭傳），所以必須有孔子作《易傳》以解說經中之微言大義，再由易學大家為《周易》經傳作注疏，一般學易者則從注疏中揣摸伏羲、文王、孔子畫卦撰書之心意，從而領悟天道，明瞭世事，然後才能進退有據，趨吉避凶。以上大體就是傳統易學建構與傳承的基本方式，如下圖〔註4〕所示：

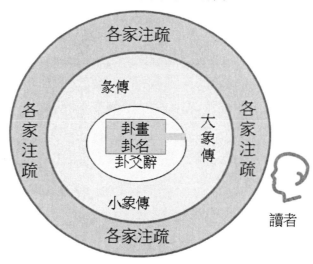

　　周易古經以卦畫及卦名爲核心，聖人文王父子爲卦畫繫上卦爻辭，完成《易經》文本。聖人孔子憂慮後人不能理解卦畫及卦爻辭中的微言大義，所以作《易傳》，其中《彖傳》《大象傳》及《小象傳》三篇爲釋卦畫及卦爻辭之作，亦是本研究之主要對象。〔註5〕以此《周易》經及傳均爲聖人所作，有無上權威，《周易》之內容亦就此定型。但易道內容玄妙，聖人撰著《周易》的心意深遠，後代學者若直接閱讀《周易》經傳，很難理解其中之深意，故須藉由易學大家之注疏以探究並掌握易道妙旨意，藉易道以推天道，推天道以明人事。

　　上述傳統的對易經詮釋的途徑，其實強烈基於兩個信念：(1)易與天地準，藉易道可通天道。(2)人更三聖，周易經傳之完成，爲三世三聖人之手筆。傳統以此二信念爲周易詮釋之預設觀點。然而二預設觀點亦使周易的詮釋受到兩個大的限制。第一，易道必須能通天道，《易經》不僅只是筮占或義理之書，更是內蘊天道之書。因而促使周易詮釋必須帶有超越經驗的神秘色彩。第二，《易經》與《易傳》的作者都是聖人，聖人的言辭具有不容懷疑的權威性。也因此周易古經與彖傳、大象傳、及小象傳被視爲一整體，彼此之間必須要有融貫一致的解釋，否則便是聖人與聖人之間的矛盾，爲理所不容。

　　本研究主張易經詮釋宜先擱置「易與天地準」及「人更三聖」二預設，所謂擱置，不是否定或不討論，只是暫不以此爲易經詮釋的前提。易經是否內蘊天道。周易經傳是否須視爲一整體，仍可以作爲議題來論證，但在未有定論之前，不宜作爲易經詮釋的必要條件。擱置「易與天地準」，可優先處理周易經傳中，理性及經驗所能掌握的部分。擱置「人更三聖」的預設，此點尤其重要，一方面可以減少《周易》理解上不必要的障礙，將詮釋的重點，回到各個文本自身。另一方面也允許三傳對《易經》有不同的理解與詮釋。擱置此二預設之易經詮釋體系可以下圖表示。

〔註 5〕其中《大象傳》並不涉及卦爻辭，直接解釋卦畫及卦名。

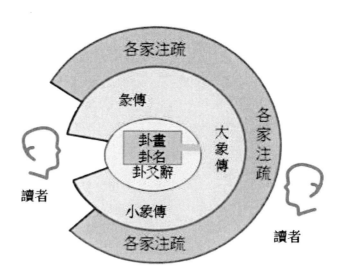

　　首先，對易經的理解，可以直接閱讀易經，或藉由三傳對易經之解釋而理解易經，或經由各家注疏對易經及三傳的解釋而理解易經。其次，既然理解易經有多種途徑，當然可以各種途徑的結果進行比較或選擇，例如對某一爻辭的理解，可直接就爻辭理解，也可以藉由小象傳去理解，或參考王弼《周易注》而理解，但不同的途徑所到的易經詮釋可以是不一樣的，不同的人可以有不同解讀。同樣的卦畫、卦名、及卦爻辭，彖傳可以有彖傳的解釋，大象傳可以有大象傳的解釋，小象傳也可以有小象傳的解釋，同理，王弼當然可以有王弼的解釋。不同的詮釋者，自有不同的前見，進行不同解釋。

　　在這樣的易經詮釋架構下，本研究主要目的仍在對三傳的釋經方式及行文體例進行整理及比較。以期能對三傳釋經在方法上、文體上、及前見上的異同，乃至成書之可能先後順序，提出一些新的觀點。

第二節　卦畫的解讀

　　易經卦畫為六個陰陽符號所組成的圖案，卦畫一方面做為卦的識別字符，另一方面，卦畫中的六個陰陽符號，又可以各種方式解讀，並賦以各類的象徵意義。不同的解析方式，使同一卦畫有不同意義。

一、卦畫解析方式

　　易學發展歷史悠久，對卦畫的解析方式及理論，屢有創新。自春秋易學以降的卦象說，再發展出卦德說，爻位及爻象說。漢興之後又有孟喜之十二

消息卦及卦氣說，京房之互體、納甲、飛伏、八宮、世應，遊魂歸魂諸說，鄭玄之爻辰說，荀爽之升降說，虞翻之卦變說等。〔註6〕各種解釋的目的也未必相同，有些是爲了藉此說陰陽災變，預言讖緯，有些則是爲了解經的需要。所謂解經的需要，就是藉此說明《易經》卦畫與卦爻辭之間有某種必然的連繫關係。歷代易學雖然對卦畫的解讀如此多樣化，但基於本研究第三、四、五章對此問題的充分解析，可以發現三傳對卦畫解釋，其實只有卦象說、卦德說、爻象說三大類。並沒有足夠的證據顯示三傳解經帶有其他如卦氣、互體、卦變等畫解析方式，也就是說，就三傳論之，三傳並不以這些觀點解經。

　　卦象說以自然物或自然現象對應八經卦。大體以乾爲天，坤爲地，震爲雷，巽爲風，坎爲水，離爲火，艮爲山，兌爲澤，或於其中略加以引申變形。以此，六畫卦可分解爲上下二自然物，再以此上下位置理解爲二自然物的上下或內外關係，甚至是動態的往來關係。象傳，大象傳，乃至春秋易學都採此說以解釋卦畫，可以說是最早的，最素樸直觀的解析卦畫方式。

　　卦德說則進一步以更抽象的方式，將八經卦卦象所關係到的自然現象，以其關鍵性質或特徵來表示此物之德。即大體以乾爲健，坤爲順，震爲動，巽爲巽（遜），坎爲險，離爲文明，艮爲止，兌爲說（悅）。卦德之德一方面可以理解爲本質，另一方面，就人事而言，也可以理解爲人之內在的秉賦或能力。另外，剛與柔也是兩種含義更廣的卦德分類，以乾、震、坎、艮爲一組，屬剛卦，具剛德；坤、巽、離、兌爲一組，屬柔卦，具柔德。卦德說可以說是建立在卦象說的基礎上，將八經卦由自然現像移轉至人類觀察的對象，並與人的生活世界產生了聯繫。尤其以上下經卦所象徵之二卦德之運用，例如象傳中之「動而健」，「行險而順」，「內健而外順」，「動乎險中」，「文明以健」，「見險而能止」等。很明顯的在表示一種人事情境或在面對某種處境下的應有的態度，因而具有某種程度的道德意涵。

　　卦德既然可視爲卦象所對應之自然物的性質引申，卦德說的出現應是在卦象說之後。春秋易學未見有卦德說。象傳大量以卦德解釋上下二經卦，以卦德解釋卦畫的比例明顯高於以卦象解釋。相對的，大象傳及小象傳中都找不到卦德說的影子。

　　爻象說採另一種以爻爲主的方式解讀卦畫。可再細分爲爻位說，往來說，

〔註 6〕諸說始於何人均爲後人考證結果，未必有定論。此處主要參考屈萬里《先秦漢魏易例述評》及呂紹綱《周易闡微》，頁389～408。

及合象說。爻位說以六爻之靜態位置（爻位）及性質，以及與他爻的關係，論說各爻所顯示的意義，如剛，柔，中，正，當位，有應，乘承（順）等。往來說又以爻位說爲基礎加以動態解釋，將爻之剛柔，配合上下經卦位置，由上卦往下卦爲來，爲下，由下卦往上卦爲進，爲上（行）。動態解釋之背後依據，可能是基於某指定爻（主爻）之上下，或以反卦（覆卦）說之。合象說則視六爻爲一整體來解釋卦畫，或以六爻符號構作實物圖象，以六爻象徵剛柔之消長，此解釋觀點也爲後起的十二消息卦提供了源頭依據。

爻象說之剛、柔、中、正、當位、得位、有應等用語，一方面固然用於爻象描述，但在人格描述及人間事務上亦有其相對的意義，故而一語雙關。在解釋爻象時，隱然帶來道德要求或人倫義理解釋。這在複合字詞或二字連用時，尤其明顯，例如中正，剛中，剛來，柔進，順乎剛，柔乘剛，上下應，位不當等，很容易讓人聯想到一些人格特質，處世態度，或人事際遇。這與以卦德說產生之語詞，有異曲同功之效。三傳之中，彖傳與小象傳都以爻象釋卦畫，大象傳則完全沒有這樣的概念。

彖傳與小象傳雖然都使用爻象說解釋卦畫，且所使用的爻象用語亦大致相同，但在使用的背景上仍有很大的差異。彖傳使用爻象是選擇性的，可以用各種角度對卦畫作解析，有時用卦象，有時用卦德，有時用爻象，運用自如，相互不干涉。而且就爻的選擇上，也是自六爻中選出所要的爻，予以爻象說明。小象傳則因文體關係，對卦畫的視野受到限制，只能逐爻解說，不宜以卦象或卦德說卦畫；而且，只能就被指定爻解析其爻象，無其他選擇的餘地；而且只能採靜態爻位說，無法從動態往來或六爻合象方式解析爻象，這也增加了小象傳解釋卦畫的困難度。

有關卦象說、卦德說、與爻象說的發生順序，卦象說應是最古老的卦畫解析方式。至於卦德說及爻象說產生的先後，則缺乏相關史料且年代久遠，恐怕難有定論。唯以下試舉二論證以主張卦德說應早於爻象說。(1)卦德說可能從卦象說演變而來，都是以八經卦爲對象的開展，爻象說則與八經卦及卦象說毫無關連，是以離卦象說較遠。(2)《說卦傳》中已有卦德說的影子，但完全沒有爻象的概念。相對後出的如十二消息卦、世應、升降等解釋卦畫的方式，則多涉及爻象而與八經卦無關。二者相較，卦德說較接近春秋易，爻象說較接近漢易。

綜而言之，三傳在卦畫解釋的方法上，大象傳採卦象說，小象傳採爻象

說，象傳則卦象說，卦德說及卦象說三法並用不悖，最是完備且多樣。在卦畫解釋的企圖上，三傳亦有所不同，大象傳以卦象釋卦名卦旨，彖傳以卦象、卦德及爻象釋卦名卦旨及卦辭，小象傳則以爻象釋爻辭。

雖然三傳都是藉卦畫以解釋易經，但除了在方法上及企圖上有所差異外，在對卦畫在本質上，亦有些預設觀點值得進一步探索如下：

二、卦畫與卦爻辭的關係

傳統易學中往往有一種信念可稱之爲「言生於象」〔註7〕即強調卦畫與卦爻辭之間有某種生成關係，或某種因果關係，卦爻辭（言）係卦畫（象）遵循某種規則轉換而產生的當然結果。例如李鼎祚《周易集解》釋屯卦卦辭「元亨利貞。勿用有攸往，利建侯。」引虞翻語曰「坎二之初，剛柔交震，故元亨。之初得正，故利貞矣。」「之外稱往。初震得正，起之欲應，動而失位，故勿用有攸往。震爲侯，初剛難拔，故利以建侯。」〔註8〕

李鼎祚首先認爲屯卦 ䷂ 爲坎卦 ䷜ 所變，〔註9〕坎卦初六升爲六二，九二降爲初九，是以坎卦變屯卦，所以說「坎二之初」，即坎卦九二降至初九（互換）。下經卦原爲坎，今剛爻與柔爻交換而成震，所以說「剛柔交震」。此剛柔交在初爻及二爻，爲剛柔交之始，元爲始〔註10〕，故此亨爲「元亨」。九二來初九爲「之初」，而後剛爻居剛位，是爲「得正」，正又通貞，所以說「之初得正，故利貞矣。」至此，卦辭「元亨利貞」四字都有著落。

初九在下卦震，且得正，故曰「初震得正」。震爲動，動而起，起而應，其應在六四，初九至六四由下卦至上卦，由內到外爲往，故說「之外稱往」。初九若往六四，剛變柔而失位，故說「動則失位」。失位爲不利，所以卦辭曰「勿用有攸往」。經卦震之卦象爲諸侯，〔註11〕初九爲剛之始，剛者不易撼動，且與六四〔註12〕有應，所以卦辭曰「利建侯」。

〔註7〕王弼《周易略例‧明象》「盡意莫若象，盡象莫若言。言生於象，故可尋言以觀象。象生於意，故可尋象以觀意。」

〔註8〕李鼎祚《周易集解》〈屯〉。

〔註9〕同上，「荀爽曰：物難在始生，此本坎卦也。」

〔註10〕《說文》「元，始也。」

〔註11〕傳統易學以乾爲父，爲天子，震爲長男，爲諸侯。

〔註12〕漢京房之世應說以爻位配官爵，「初爻爲元士、二爻爲大夫、三爻爲三公、四爻爲諸侯、五爻爲天子、上爻爲宗廟。」，見朱伯崑《易學哲學史》第一卷，頁130。

　　以上一連串解釋，都在說明，只要找對方法，自可從卦畫中推演出卦爻辭。基於"言生於象"的信念，學易的主要目的，就在找出卦畫與卦爻辭之間的生成關係。

　　既然彖傳以卦畫釋卦辭（含卦名），大象傳以卦畫釋卦名，小象傳以卦畫釋爻辭，那麼三傳釋卦畫及卦爻辭，是否帶有「言生於象」的觀點呢？以下逐一檢驗三傳在解釋卦畫時，是否企圖將卦畫與卦爻辭之間建立生成關或某種因果關係，以卦爻辭爲卦畫所生，或爲卦畫推演的結果。

　　大象傳以卦畫釋卦名，其方法甚具規則性，即將卦畫分解爲上、下二經卦，再取卦象，並藉此構作自然情境，然後結合卦名，以將自然情境及人在此自然情境下的感受轉換人事情境，此人事情境即爲卦名所寓之卦旨。〔註13〕綜觀此以卦畫釋卦旨之過程，的確似顯示卦畫與卦名之間存在有某種關連性，卦名爲卦畫解析下的呈現某種合理性或適當性。然而此合理性來自人類對自然景象所產生的感受或連想，而非基於某種推演規則。

　　彖傳以卦畫釋卦名及卦辭，其方式大約是將卦畫以卦象、卦德、或爻象解析，並轉成短句，再以此短句解釋卦名或卦辭所涵之人事情境或義理。例如蒙卦〔註14〕以「山下有險，險而止。」釋蒙，以艮爲山，爲止，坎爲水，爲險，故「山下有險，險而止。」是爲將卦畫依卦象、卦德解讀而得之短句。同一短句，以字義釋之，可理解爲進則怕有危險，疑有險而止，前途不明，不知所適之情境，並以此釋蒙之卦旨。

　　釋卦辭時，又依卦畫，以九二、六五有應，故說「志應也」；九二剛居中爻，故說「剛中」。「志應」依文意可理解爲心意相應，「剛中」可理解爲內心剛直。今以「志應」釋卦辭「匪我求童蒙，童蒙求我。」，以「剛中」釋卦辭「初筮告」。所以稚童懵懂求我而我有應答，那是因爲卦畫顯示我與稚童心意相應；第一次筮占便眞誠以實相告，那是因爲卦畫顯示內心剛直。

　　由上例可知，彖傳依卦畫解析產生之短句，因所選用表達卦象，卦德，爻象的字辭，在字義上，適合做人事情境的描述及人倫義理的表達，故語涉雙關，一方面解析卦畫，一方面又可用來解釋卦辭之義涵。以此，彖傳之卦

〔註13〕參第四章第二節之四〈大象傳釋經之程序——三次轉換〉。

〔註14〕〈蒙〉卦辭「蒙，匪我求童蒙，童蒙求我。初筮告，再三瀆，瀆則不告。」彖曰「蒙，山下有險，險而止，蒙。蒙亨，以亨行時中也。匪我求童蒙，童蒙求我，志應也。初筮告，以剛中也。再三瀆，瀆則不告，瀆蒙也。蒙以養正，聖功也。」

畫與卦辭之關係，純粹只是引藉卦畫以解釋卦辭。並非在說明卦畫與卦辭之間的生成關係或因果關係。

小象傳以卦畫釋爻辭，因語多簡短，只能直接以爻象用語對爻辭之吉凶悔吝作判決式的說明。例如坤卦六五「黃裳元吉，文在中也。」直接以六五「在中」釋爻辭「元吉」，坤卦上六「戰龍於野，其道窮也。」直接以上六「道窮」釋爻辭「戰龍於野」。後人儘管可以為此做大幅引申，〔註15〕然其追索其核心概念仍在依爻象解釋爻辭所述之情境，及何以吉凶的道理，並非在解釋卦畫與爻辭之生成關係。

以上考查，三傳都有依卦畫解釋卦名，卦辭，或爻辭的企圖。但找不出證據顯示，彖傳、大象傳、或小象傳企圖依卦畫說明卦名，卦辭，或爻辭的構成文字由來。或許大象傳在某些卦的卦畫解讀上，企圖將卦象導引到卦名，並與卦名建立緊密關係，例如以「雲雷」釋「屯」，以「雲上於天」釋「需」，但所建立的關係是基於人對自然景象所產生的感受上，而非卦畫與卦名之間的邏輯推演或因果關係。

三、卦畫與天道的關係

傳統易學有「推天道以明人事」之說。所謂「易與天地準，故能彌綸天地之道。」（繫辭傳），《易經》之卦畫及卦爻辭中所潛藏的道理，可類比天地運作的道理，人及人類社會的活動，也是依天道而運作，故藉易道可推天道以明人事。《易經》是記載易道最權威的著作，《易經》又由卦畫及卦爻辭所構成的，六十四卦的卦畫及順序安排中藏有天地運作規則應是合理的猜測，易學中的十二消息卦、爻辰、納甲等說，歸根結底，皆企圖在以卦畫比附或解釋天地運作之道。然而，從卦畫中以窺天道的思想否存在於三傳之中？三傳是否支持此說，是否認為卦畫中藏有天道密碼？

大象傳的卦畫及卦象的轉換極具規則性，且完全落在自然情境中，為人之經驗所能認識或體會。絲毫無涉於天道運行之神妙。

彖傳在卦畫的解析中，以卦象、卦德及爻象用語加以轉換並解說，轉換亦甚具規則性，且具合人事義理之解釋，並不與天地運作對應，亦不涉天道。

〔註15〕例如孔穎達《周易正義》疏「正義曰：黃裳元吉者，黃是中之色，裳是下之飾，坤為臣道，五居君位，是臣之極貴者也。能以中和通於物理，居於臣職，故云黃裳元吉。」

象傳雖有多處論及天道〔註16〕但均出自卦名卦辭的發揮，而非出自卦畫的推演。

小象傳對爻象的解釋，偏於簡短，而且常針對爻象直接解釋爻辭之人事之吉凶，似乎藏有自卦畫中可斷定吉凶的概念，隱然有自卦畫以說人事的企圖。

以上綜觀三傳對卦畫的解析，雖各有巧妙，但基本上是均是企圖將卦畫轉爲人事情境，並以此將易經內容落實爲人間義理。並未多見有企圖將卦畫與天道直接連繫的觀念。唯小象傳以中爲吉，以不當位爲凶，以柔乘剛爲凶的解經規則，或許有易道暗藏天道的思維。

第三節　卦爻辭的解釋方式及文體結構

一、三傳釋經策略與方式整理

解釋易經，不外乎解釋其圖畫符號（卦畫），以及其文字（卦爻辭）。三傳對卦畫之解釋如前所述，至於對易經文字的解釋，則三傳對象各有不同，大象傳只釋卦名，最爲單純，彖傳釋卦名及卦辭，小象傳釋爻辭。不但如此，三傳釋卦爻辭的方法及觀點亦有如差異。茲分別摘要並比較如下：

（一）大象傳

大象傳藉由卦畫經兩次轉換以釋卦名，〔註17〕其第一次轉換將卦畫轉換爲自然景象的描述，即大象傳之前句。第二次轉換則將前句依卦名爲指引轉換爲人事情境，以說明此卦名之義旨。所謂"依卦名爲指引"即以卦名之字面意義與前句之自然景象結合，而所得該卦之義旨也正就是對卦名的解釋。再以此卦旨爲媒引，興發轉換爲對君子的啓示（後句），是爲大象傳的思想發揮。

（二）彖傳

彖傳釋卦名及卦辭比較複雜，〔註18〕基本以下列三種方式綜合運用：(1)藉卦畫之卦象、卦德、或爻象，以產生說明卦畫之短句，並藉此短句以釋卦

〔註16〕例如《彖傳‧謙》「天道下濟而光明，地道卑而上行。天道虧盈而益謙，地道變盈而流謙。」
〔註17〕參考第四章第二節之四〈大象傳釋經之程序——三次轉換〉。
〔註18〕參考第三章第三節〈彖傳對卦名、卦辭及卦旨之解釋〉。

名及卦辭。(2)藉文字訓詁直接解說卦名或卦辭之字義。(3)以卦名或卦辭中之某字，以同義字替代，或藉此另造短句，以暗示卦辭之字義，並產生解釋效果。第三點尤其是彖傳釋卦辭的特色，這樣的解釋方式，造成一種印象，使得解釋好像不再是彖傳作者的解釋，而成為卦辭自行在做解釋。此相較於直接解釋的方式，更能有效提升解釋的權威性。例如革卦卦辭「元亨，利貞。悔亡。」彖傳則以「大亨以正。革而當，其悔乃亡。」釋之，先以正代貞，所得之「正」再以「當」置換，並與卦名「革」結合，而有「革而當」，以此釋卦辭「悔亡」。使人在讀革卦卦辭時，產生 "於「革」卦之情境中「元亨利貞」將導至「悔亡」" 的理解，如此很自然的完成了將卦辭義理化的目的。

在內容結構上，每則彖傳文字，又可分解為三部分，(1)引卦辭，(2)解釋卦辭(3)思想發揮。但三部分並非絕然區分，引卦辭時便可能略加以更動改造，以產生解釋的效果；解釋時又可能帶出自身思想的發揮。

（三）小象傳

大象傳受到一則文句解釋一爻的形式所限定，且文詞甚簡短，故其解釋爻辭的方式亦較為扼要。〔註19〕大體依爻位轉換出對應文字，或藉由文字造句或代換以釋爻辭。在內容結構上，每則小象傳文字，可分解為引爻辭及解釋爻辭兩部分，但由於文句甚簡短，不易有較深刻之思想發揮。

在解釋爻辭的方法上，常於引爻辭時，將爻辭加以增字或剪裁，使有利於義理闡釋。並以下列方式解釋爻辭之所以如此之理，或對爻辭之情境給予意見及贊嘆，包括：(1)說其因。(2)說其果。(3)說其寓意。(4)給予建言。(5)給予評論。(6)情感贊嘆。其中前三項屬解釋，後三項為發揮。

基本上，小象傳釋爻辭，在方法上與彖傳釋卦辭有甚多相似或互通處。例如藉爻象產生字句，以及於引爻辭時，將之適當改造以合義理解釋等。

以上簡略介紹三傳解釋卦爻辭的策略及方法。三傳或藉著卦畫，或藉著訓詁，或藉著引卦爻辭，對卦爻辭進行解釋或發揮。其解釋之策略或方法雖然不盡相同，但都同樣的藉卦爻辭的解釋以論人事，並作人事義理發揮，論及天道規則或宇宙秩序之發揮者甚是罕有，就算偶有出現，〔註20〕最終目的也會終實在人事上。〔註21〕從人事義理的角度解釋《易經》文字，可以說是

〔註19〕參第五章第二節之三〈小象傳對爻辭之解釋〉。

〔註20〕例如《彖傳‧乾》「大哉乾元。萬物資始，乃統天。」

〔註21〕例如《彖傳‧乾》最終仍以「首出庶物 萬國咸寧。」告終。

三傳最大的共通點。

二、三傳釋經之慣用文字詞

　　易經經文（卦爻辭）中有些經常出現的字詞，三傳（嚴格說應該是彖傳及小象傳，因爲大象傳只涉及卦名。）在解釋這些字詞的時候，往往使用或代之以與人事相關的文字，因而在解經時便帶有與人事議論相關的意向。以下就這類經文中的慣用字詞，及三傳自身在解易經時的慣用字詞，做綜合整理及比較，此處所謂的慣用字詞，不僅只是以出現頻率來檢選，而且必須是在理解或詮釋上，與三傳釋經的宗旨有關鍵作用的字詞。

（一）卦爻象用語

　　大象傳在解釋卦畫時，將八經卦轉換爲天、地、水、火、雷、風、山、澤等自然物，並以文字呈現此自然物，然後再以二自然物的上下內外關係構成景象，以引導對卦名及卦旨的解釋。

　　彖傳解釋卦畫，除了上述卦象轉換外，另以卦德及爻象方式，將圖畫依二經卦之卦德轉換出健、順、險、明、動、遜、止、悅，及剛、柔等字，並依爻象解析轉換出剛、柔、中、正、當（位）、得（位）、應、敵等字詞。然而這些字詞，除了用於解釋卦畫之外，在約定俗成的字義中，也有人格品德或人際關係描述等人倫事務上的意義。

　　小象傳在解釋卦畫也使用了與彖傳相同的方式，亦將圖畫依卦象轉換出剛、柔、中、正、當、得、應等字。這也說明了，彖傳以卦德及爻象，小象傳以爻象的方式，將卦畫轉換成與人事相關的文字，並以此文字造句，以解釋卦爻辭。如此一方面將卦畫與卦爻辭建立關係，另一方面將卦爻辭往人事義理方向解釋發揮。

（二）元、亨、利、貞、孚

　　彖傳除乾坤二卦有乾元，坤元之說外，其餘多訓元爲大，故經文「元亨」彖傳引用時多解釋爲「大亨」。並多以亨爲通達。利字則不作解釋，並於引用卦辭時常省略，當是遵循一般字義約定，以有助益爲利，並無特殊之解釋。

　　貞，彖傳釋之爲正，此較有爭議，蓋《易經》卦爻辭中，若 "貞" 字均作 "正" 解釋，多有扞格難通之處，但彖傳都能巧妙解釋使之合理。例如師卦卦

辭「師。貞丈人吉。」彖傳斷句爲「師。貞,丈人吉。」並以「師,眾也;貞,正也。能以眾正,可以王矣。」釋之,此以正釋貞,以王釋丈人。但在解釋困卦卦辭「貞大人吉。」時,對貞字便不作解釋,直接以「貞大人吉,以剛中也。」釋之,依文理似不以「貞」及「大人吉」之間斷句。此顯示彖傳釋貞之靈活處。

孚,彖傳多以信爲孚,對孚字不作解釋而直接引用,但常因卦辭之「孚」而引出「信」字,是彖傳以信釋孚之證。唯此信是否爲誠信之信,亦或爲驗信之信,信念之信?則當有討論的空間。

小象傳由於文句簡短,對爻辭罕有直接訓詁的情形。但從其對爻辭的引用,改造,及義理解釋中,仍可發現,彖傳以大釋元,以通釋亨,以正釋貞,以信釋孚的慣例,在小象傳中仍一體適用。例如爻辭中「元吉」二字,小象傳僅引用而未解釋。應是以「元吉」之義不言自明,並無深義。故或可以「元吉」爲「大吉」。大畜上九「何天之衢,亨。」小象傳以「何天之衢,道大行也。」釋之,當是以亨爲通之明證。另如巽卦上九爻辭有「貞凶」二字,小象則釋以「正乎凶也」,大有六五爻辭「厥孚交如」小象傳釋之爲「厥孚交如,信以發志也。」此皆以正訓貞,即以信釋孚之例。

以正釋貞,以孚釋信,是比較有爭議的解釋,在近代引發學者比較多的討論。例如高亨即主張貞應作貞問解釋,孚則多應作罰、或俘、或訓戒,或抒。〔註22〕陳鼓應主張孚應作孵,爲事物之徵兆。〔註23〕本處不擬討論此爭訟,但需指出,彖傳及小象傳的確多採以貞爲正,以孚爲信的解釋。而這樣的解釋,也的確發揮使易經脫離占筮,轉向義理的關鍵力量。此不能不說是彖傳及小象傳釋經的一大特色,並對傳統易學產生根本性的影響。

(三)志與義

"志"與"義"在卦爻辭中均不曾出現,但在彖傳及小象傳中卻常使用。其中志字於大象傳出現傳2次,彖傳出現11次,小象傳出現53次,義字於彖傳出現8次,小象傳出現14次,不見於大象傳。

志字之使用,又與爻象有關,〔註24〕大體以剛爻爲志,剛爻得位、有應、

〔註22〕參考高亨《周易古經今注》〈乾〉,頁1及〈需〉頁22~24。
〔註23〕參考陳鼓應,趙建偉:《周易注釋及研究》,頁6~8。
〔註24〕彖傳志字之使用有時無關爻象,單純爲文句字義,例如同人卦「唯君子爲能通天下之志。」

或有陰爻相承爲得志、志行、志同、或志應等。〔註25〕

　　義字之使用則無關乎爻象，不論彖傳或小象傳 "義" 皆作 "宜"，或作 "理"，可理解爲適當，或適當之理，但未必涉及人之道德選擇。

　　傳統易學有將彖傳或小象傳文句做道德解釋的傾向，將彖傳或小象傳之義釋爲仁義之義。加之釋正爲正直，釋信爲誠信等，此皆使彖傳或小象傳的解釋往更加往儒家傾斜。

三、文體結構分析

　　在文體結構方面，大象傳文句最具規則性，彖傳文句有如一篇篇小論文。小象傳文句則簡短扼要，先引爻辭，後釋其義，文體亦十分整齊。唯進一步考查三傳行文特色，可分下列三點分析之：

（一）斷句方式

　　大象傳斷句，除了以前句，卦名，後句的格式之外，全憑文義，由讀者自行句讀，並無其他的參考。小象傳則固定以引爻辭並釋其義爲一段落，段落必以虛字「也」斷句，除了比卦六三「不亦傷乎。」以「乎」斷句，是爲唯一的例外。

　　彖傳亦常以「也」斷句或收尾，但非必定如此。其中固然有二十八個卦完全以也斷句，但亦有乾，坤，大有，豫，隨，損，益，革，巽等共八個卦，完全不用「也」來斷句。其餘各卦，有部分文句以「也」斷句者，但亦有用「矣」或「哉」等虛字來斷句或結尾者。

　　綜合以上，彖傳或小象傳慣用也、乎、矣、哉等虛字來斷句或結尾，大象傳則完全不用。

（二）是否用韻

　　用韻指將文句字尾使用相同或相近的韻母，使之便於詠誦及記憶。由於《周易》經傳的著作年代久遠，現代已難忠實呈現成書當時的正確讀音，也不宜用現代的讀音來判斷《周易》經傳的用韻問題，而必須仰賴專門研究漢字讀音及演變的音韻學。依音韻學研究，漢字讀音大體上有三次大的轉變，隋唐之前爲上古音，唐宋時期爲中古音，明清至今爲近代音。〔註26〕《周易》

〔註25〕參考第三章第三節之一〈彖傳字詞使用慣例〉，及第五章第二節之二〈小象傳卦畫解釋〉。

〔註26〕參考唐作藩《音韻學教程》，臺北市：五南圖書，1994 年。頁 197～218。

經傳的著作年代顯然應屬上古音。依此，漢代當時的學者可能還能讀出周易經傳中的音韻，南北朝以後，這個能力就消失了。清顧炎武著《音學五書》考究上古音韻，是爲研究漢語上古音的重要著作。其中《易音》部分，便以上古音韻爲準，爲《周易》經傳之用韻作說明。依該書之研究，彖傳部分，六十四卦中，除了師、同人、隨、賁、無妄、大壯、明夷七卦外、其餘五十七卦均有用韻的跡象。〔註 27〕小象傳則六十四卦全部用韻。〔註 28〕大象傳則於《易音》中完全省略不提，此亦是爲大象傳不用韻之明證。

　　要進一步說明的是，在彖傳及小象傳討論中，所謂的用韻，係以去除「也」、「矣」「哉」等虛字後的句尾字音爲韻腳而論。而用韻方式，亦非如唐詩般，嚴格做一韻到底的規定。彖傳常是一卦之中，部分用韻，部分不用韻。例如屯卦

　　　　屯，剛柔始交而難生。動乎險中，大亨貞。雷雨之動滿盈。天造草
　　　　昧，宜建侯而不寧。

其中「剛柔始交而難生」韻母爲庚，貞、盈、寧則均押清韻。小象傳則時有用二韻，例如否卦

　　　　拔茅貞吉，志在君也。

　　　　大人否亨，不亂群也。

　　　　包羞，位不當也。

　　　　有命無咎，志行也。

　　　　大人之吉，位正當也。

　　　　否終則傾，何可長也。

其中君與群押文韻，當、行、當、長則押唐韻。〔註 29〕有時部分用韻，例如乾卦

　　　　潛龍勿用，陽在下也。

　　　　見龍再田，德施普也。

　　　　終日乾乾，反復道也。

<hr />

〔註 27〕清顧炎武著《易韻》收錄於《音學五書》，北京：中華書局，1982 年。頁 198
　　　　～205。

〔註 28〕同上，頁 205～217。

〔註 29〕同上，頁 207。

或躍在淵，進無咎也。

飛龍在天，大人造也。

亢龍有悔，盈不可久也。

其中道與造以皓爲韻，其他未用韻。〔註 30〕由此亦可見彖傳、小象傳雖用韻，但其用韻方式甚隨興，非一成不變。

（三）複合詞之使用

此所謂之複合詞，指多字固定連用且有固定意義的文字組合。複合詞不只是型式固定，且其意義也不完全是由所構成文字之字面意義所能組合表達。一字詞是否是複合詞，其判斷也非絕對。例如 "先王" 一詞，雖常固定連用，但其意義不出 "先" 與 "王" 二字義之結合，未必屬在此所要討論的複合詞，"君子" 一詞，若解釋爲國君之子，貴族子弟，亦非在此所要討論的複合詞，但若解釋爲品德高尚的人，則顯然就是複合辭。另如恐與懼意思相近，恐懼可視爲疊詞的變形，而非此所謂的複合詞。

文字之使用，由簡而繁，漢語依一般發展的規律，亦應先有單字詞，後有複合詞。雖然較早期的文獻如《詩經》《書經》也使用如聖人、萬民、百姓、鬼神等複合詞，但不常見。春秋戰國以後，複合實詞數量日增。〔註 31〕因此，文本中複合詞使用之比重，或多或少可以反映出成書之年代。三傳複合詞之使用，去除《易經》及《詩經》《書經》所使用者外，如下分列三傳所創發之複合詞：

(1) 彖傳：性命、萬物、天下、文明、天地等。〔註 32〕

(2) 大象傳：無。〔註 33〕

(3) 小象傳：修身，中道等。

以上可見，複合詞之使用，以彖傳最常見，小象傳則可能語多簡短，故使用較少，大象傳完全不用。

〔註 30〕同上，頁 205。

〔註 31〕參考劉承慧〈古漢語實詞的複合化〉收錄於《古今通塞：漢語的歷史與發展》，臺北市：中研院——歷史語言研究所，2003 年。頁 107～139。

〔註 32〕「天地萬物」亦出現於《書經·泰誓》，但此篇學者多視爲僞書，故未列入考慮。

〔註 33〕大象傳雖亦有「天下」「天地」二字連用，如「上天下澤」「天下雷行」「財成天地之道，輔相天地之宜」。但只是二字之字面意義，未賦新義，故不做複合詞看待。

第四節　彖象三傳之比較

以下針對彖傳、大象傳、小象傳三傳，先分對彼此比較，再將三傳做綜合比較其異同。

（一）彖傳與大象傳之比較

彖傳與大象傳之文體雖截然有異，但在對卦畫的解析及對卦名的解釋上，仍有相近可供比較處。就卦畫解解析論之，大象傳採卦象說，彖傳亦採卦象說，且取象的方式及解釋亦相同。但彖傳除了採卦象說外，另亦使用卦德說及爻象說以解析卦畫，所以在解析卦畫的風貌上，彖傳顯得豐富而多樣，相對的，大象傳純以卦象解析卦畫，故風格強烈且相當規則。

由於二傳都接受卦象說，故對同一卦畫自然可能有相同的解釋，例如泰卦下乾上坤，彖傳曰「天地交」大象亦曰「天地交」；否卦下坤上乾，彖傳曰「天地不交」大象亦曰「天地不交」；晉卦下坤上離，彖傳曰「明出地上」大象亦曰「明出地上」；明夷卦下離上坤，彖傳曰「明入地中」大象亦曰「明入地中」。其他如噬嗑卦，大象曰「雷電」，彖傳則曰「雷電合而章」；恆卦大象曰「雷風」，彖傳則曰「雷風相與」等，皆以相同方式解析卦畫而彖傳略加修飾。此外，大象傳雖未以卦德解釋卦畫，但仍以健釋乾卦，故曰「天行健」，以順釋坤卦，故曰「地勢順」。不過此乃就六畫卦而說，非就經卦而論，故仍不宜說大象傳接受卦德說。

大象傳釋卦名，彖傳釋卦名及卦辭。就此論之，二傳方法雖各異，但都對卦名提出解釋。所謂對卦名提出解釋，不是解釋其文字意義，而是以卦名為代表，解釋一卦之旨。

簡略言之，大象傳以卦畫所得之自然景象，結合卦名之字義，加之以人於此自然景象的感受，並予以綜合，以其所得之人事情境為卦旨，並以此卦旨展開對君子的啓發。彖傳則有時對卦名直接做文字訓詁，有時以卦德或卦象描述，形成短句，並以此短句解釋釋卦旨。二傳解釋卦旨的方式不同，所提出的解釋也未必相同，而且這些解釋都不是用下定義的方式明示，而是由讀者自行心領神會。以下以本研究之體會，分列彖傳及大象傳對卦旨可能解釋，並簡要說明何以如此的體會的依據。有關彖傳部分請參閱第三章第三節之四〈彖傳六十四卦卦旨分析〉大象傳部分，請參閱第四章第三節〈大象傳對卦名及卦旨之解釋及發揮〉。〔註34〕

〔註34〕為方便比較，逕以〈大象傳卦旨分析表〉中之卦名指引為大象傳卦旨。

〈彖傳／大象傳卦旨詮釋比較表〉

	卦名	彖傳卦旨	大象傳卦旨	彖傳關鍵字詞	大象傳卦圖象及感受
1	乾	本原，初始，上天	強健	大哉乾元！萬物資始，乃統天。	天體運行，強健不息
2	坤	母體，生養，大地	順承	至哉坤元，萬物資生，乃順承天。	大地順承，承擔任事
3	屯	艱困中草創	萌動	剛柔始交而難生。	雲雷相聚，大雨將作，大事將興
4	蒙	蒙稚求知	蒙稚	蒙	山泉流出，事態之初，果決行事
5	需	等待險困過去	等待	需，須也。險在前也。	天上出雲，等待結果
6	訟	訴訟	爭訟	訟	天體與河流相違相爭
7	師	統眾	畜眾	師，眾也。能以眾正，可以王矣。	水聚於地中，聚蓄民眾
8	比	比附	比附	比，輔也，下順從也。	水流聚匯，萬邦歸附
9	小畜	柔而畜	教化	柔得位而上下應之，曰小畜。	風吹於天上，教化未行
10	履	履踐	禮節	柔履剛也；履帝位而不疚。	天在上澤在下，人分尊卑
11	泰	交通	通泰	天地交，而萬物通也。	天地互通，交融和諧
12	否	不通	否塞	天地不交，而萬物不通也。	天地不通，上下相隔
13	同人	同志	類聚	唯君子爲能通天下之志。	火光共一片，聚集同類
14	大有	居大位	廣照	大有，柔得尊位，大中而上下應之，曰大有。	火照天上，明察善惡
15	謙	謙下	謙藏	謙尊而光，卑而不可踰。	山藏地中，有而不居，與人共享
16	豫	和豫	豫樂	順以動，故天地如之；聖人以順動，則刑罰清而民服。	雷出大地震奮，如行禮作樂
17	隨	隨時	竭息	天下隨時，隨時之義大矣哉。	雷作於水澤中，將休憩
18	蠱	平亂，事故	蠱惑	巽而止；天下治也；往有事也。	風爲山阻，教化不行

	卦名	彖傳卦旨	大象傳卦旨	彖傳關鍵字詞	大象傳卦圖象及感受
19	臨	監臨	監臨	臨	澤低於地，人居上而監臨下
20	觀	觀察	教化	中正以觀天下	風行地上，百姓受教化
21	噬嗑	咬合	明斷（刑罰）	頤中有物	雷電並作，明斷善惡
22	賁	文飾	文飾	觀乎天文，以察時變；觀乎人文，以化成天下。	山下有火，文明不遠
23	剝	剝變	剝塌	剝，剝也，柔變剛也。	山石附於平地，傾頹倒塌
24	復	返回	返復	復亨；剛反；反復其道；七日來復。	雷息於地中，以待春時
25	无妄	不妄行	不妄作	无妄之往，何之矣？天命不佑，行矣哉？	雷遍天下，萬物將作
26	大畜	畜賢	大積畜	尚賢；養賢也。	天爲山所圍，大格局之積畜
27	頤	頤養	口頰	觀頤，觀其所養也。	雷爲山所止，口頰應有節制
28	大過	大超過	太過	大者過也。	澤水滅木，情勢太過
29	坎	重險	不間斷	重險也；行險；天險；地險。	流水不間斷
30	離	附著	光明	離，麗也；日月麗乎天，	火光不斷，持續明察
31	咸	感應	感受	咸，感也；二氣感應以相與。	山上之澤，虛以待受
32	恆	常久	恆常	恆，久也；天地之道，恆久而不已也。	雷與風併作，亦不改變
33	遯	遁隱	遁隱		天邊之山，遠離人間
34	大壯	大壯	大壯	大者壯也；剛以動，故壯。	雷作於頂，天威大壯
35	晉	上進	進升	晉，進也。	日出地上，光明再現
36	明夷	遭難，晦暗	晦暗	以蒙大難；晦其明也。	日沒地中，晦暗不明
37	家人	家庭	家庭	父父，子子，兄兄，弟弟，夫夫，婦婦。	煙自火中出，家中炊煙之象
38	睽	相違	乖違	其志不同行	火在上澤在下，習性相異

	卦名	彖傳卦旨	大象傳卦旨	彖傳關鍵字詞	大象傳卦圖象及感受
39	蹇	難行	難行	蹇,難也,險在前也。	水積滯於山上,窒礙難行
40	解	解除	消解	天地解,而雷雨作,雷雨作,而百果草木皆甲坼。	雷雨大作,消解旱象
41	損	損下益上	減損	損,損下益上,其道上行。	山下之湖澤,日漸淤淺
42	益	損上益下	助益	益,損上益下,民說無疆。	雷與風併作,相互助益
43	夬	決斷	潰決	夬,決也,剛決柔也。健而說,決而和。	高地之澤水下注,上施惠於下
44	姤	相遇	邂逅	姤,遇也,柔遇剛也。	風在天下,遍遇萬物
45	萃	聚歛	戒備	萃,聚也;利見大人亨,聚以正也。	澤上於地,需戒備以防外溢
46	升	高升	上升	柔以時升	地中生木,樹木與時生長
47	困	困窘	困窘	困,剛掩也。險以說,困而不失其所亨。	澤無水,下漏而枯竭
48	井	井	井	巽乎水而上水,井。	木上有水,井以木器汲水而升
49	革	變革	變革	其志不相得,曰革;湯武革命。	澤中有火,必有變化
50	鼎	鼎烹	鼎器	鼎,象也。以木巽火,亨飪也。	木上有火,鼎器端正之象
51	震	雷震	天威	震驚百里,驚遠而懼邇也。	雷聲連連,天威顯赫
52	艮	停止	限制	艮,止也。時止則止;艮其止,止其所也。	山嶺重重,阻擋限制之象
53	漸	朝目的漸進	漸至	漸,之進也。	山中之木,漸進生長
54	歸妹	嫁娶	遠嫁	歸妹,天地之大義也。天地不交,而萬物不興,歸妹人之終始也。	澤上雷聲,作於久遠處
55	豐	盛大	盛大	豐,大也。	雷電皆至,雷威盛大光明
56	旅	旅外	羈旅		山上之火,需謹慎明察

	卦名	彖傳卦旨	大象傳卦旨	彖傳關鍵字詞	大象傳卦圖象及感受
57	巽	教化	教化	重巽以申命。	風吹陣陣，教化百姓之象
58	兌	和悅	欣悅	兌，說也；說以先民，民忘其勞。	水澤相連，相互滋潤學習
59	渙	水渙	水渙	乘木有功也。	風吹於水面，洪災之象
60	節	節制	節制	天地節而四時成，節以制度，不傷財，不害民。	澤水漲滿，需調節限制
61	中孚	忠信	消緩	孚乃化邦也；豚魚吉，信及豚魚也。	澤上清風，風消酷暑
62	小過	小有過越	略過	小過，小者過而亨也	山上之雷，雷威略過於常
63	既濟	已成	有序	既濟	水在火上，文明有序
64	未濟	未成	無序	未濟	火在水上，水火失序

　　比較中顯示，彖傳與大象傳對六十四卦旨之詮釋，對相同的卦畫與卦名，其所蘊之卦旨，卻未必有相同的看法，例如大有、隨、蠱、觀、噬嗑、離、萃、中孚、既濟、未濟等卦。但在不同看法中，往往仍有相通處。例如既濟與未濟二卦，彖傳以事之成與未成解釋，大象傳則以事之有序無解釋。但成與有序，不成與無序，仍可有某種連繫。

（二）彖傳與小象傳之比較

　　彖傳釋卦辭，小象傳釋爻辭，看似無相通處，其實不然。因爲卦辭結構與爻辭結構幾乎相同。都可分解爲敘事之辭及斷占之辭。例如履卦卦辭「履。履虎尾，不咥人。亨。」其中「履虎尾，不咥人。」爲敘事之辭，「亨」爲斷占之辭。

　　不但如此，卦辭與爻辭甚至有多此部分相同乃至重覆。例如屯卦卦辭及初九爻辭均有「利建侯」；履卦卦辭及齊六三爻辭均有「履虎尾」「咥人」；謙卦卦辭及九三爻辭均曰「君子有終」；震卦卦辭及初九爻辭皆有「震來虩虩」及「笑言啞啞」〔註35〕，且今本《周易》彖傳及小象傳對此之解說皆爲「震來虩虩，恐致福也。笑言啞啞，後有則也。」二者完全相同。

　　彖傳與小象傳比較，彖傳解析卦畫的方式較豐富，每則文字的字數也較

〔註35〕亦有學者如高亨，主張此爲爻辭衍入卦辭中，見高亨《周易古經今注》，頁198。

多，所表達或發揮的內容也比較豐富。小象傳則僅限於使用爻象解析卦畫，且每文句甚簡短，很難有較深刻的發揮。除此之外，二者相似乃或相同之處甚多。彖傳與小象傳用極類似的方式解析卦畫，在慣用語的使用上也相通或相同。例如中、正、當、得、應、志、義等字的使用，以及以正訓貞，以孚訓信的解釋方式等。其他如在文體上以類似的方式斷句，或句尾用韻等。此皆彖傳與小象傳類同之處。

（三）大象傳與小象傳之比較

大象傳與小象傳傳統上雖並列入《象傳》，但二傳不論就解經對象，卦畫解析方式，用字慣例等，無一相似。就文體格式而論，大象傳不以「也」斷句，不用韻，罕使用複合詞，此皆大異於小象。二傳由於差異過大，亦無從比較。

綜合上述分析與比較並製作三傳釋經比較總表如下頁。

〈三傳釋經比較總表〉

	比較項目		彖傳	大象傳	小象傳
卦畫解析及用字	卦象	乾爲天	○	○	○
		兌爲澤	○	○	—
		離爲火	○	○	—
		震爲雷	○	○	—
		巽爲風	○	○	—
		艮爲山	○	○	—
		乾爲天	○	○	—
		坤爲地	○	○	○
	卦德		○	—	—
	爻象	中	○	—	○
		正	○	—	○
		當位	○	—	○
		有應	○	—	○
		乘順（承）	○	—	○
		剛柔	○	—	○

	比較項目		彖傳	大象傳	小象傳
釋經慣用字		元爲大	○	—	○
		亨爲通	○	—	○
		貞爲正	○	—	○
		孚爲信	○	—	○
		義爲宜	○	—	○＊
		志爲剛爻	○	—	○
文體		以也斷句	○	—	○
		用韻	○	—	○
		複合辭	○	—	○

○：與此項目合。

—：未涉及此項。

＊：相似而略有差異〔註36〕

第五節　彖象三傳之成書年代討論

在對彖傳、大象傳、及小象傳的釋經方式及文體結構有所認識並比較後，可以回到再來討論這三本著作書之年代及先後問題。在傳統易學，這個問題根本不存在，因爲十翼都是孔子所著，或許有些古人不承認《繫辭傳》《文言傳》爲孔子所作，如歐陽修，有些人不承認《序卦傳》爲孔子所作，如王夫之，但少有懷疑彖傳、大象傳、及小象傳不爲孔子所作。近代易學則對此爭訟不斷，基本上可分爲兩派，一派乃主張傳統舊說，但略加修正，以爲所謂孔子所作未必定是出自孔子之手，因爲古書從思想蘊釀，口授筆錄，到分篇定名，結集成書，是在學派內部傳習過程中，經眾人之手而陸續完。所以「易傳的形成確經歷了一個相當漫長而且複雜的過程。」〔註37〕而十翼「基本上是孔子作，但裡邊有記述前人遺聞的部分，有弟子記錄的部分，也有後人竄入的部分，脫文錯簡還不計算在內。」〔註38〕另一派對孔子作十翼的傳統觀點持否定的態度，並從文獻、考古、思想、文體等各方面提出證據。

〔註36〕參考第五章第二節之三，"義"字用法之說明。
〔註37〕李學勤《周易溯源》，頁105。
〔註38〕同上，此引金景芳語。

有關《易傳》作者問題，本研究第二章第二節及第五節曾做討論，此不贅述。以下專注於彖傳、大象傳、及小象傳的成書年代及先後問題探討。但首先仍要再次強調兩點，作為以下討論的基礎：(1)本研究主張先擱置作者議題，改採開放態度。故不以十翼為孔子所作為前提來研究十翼的內容，三傳之成書年代及先後問題討論亦秉此態度。(2)假設彖傳成書大約於孔子至荀子之間，這是大家比較都能接受的說法，此假設也為三傳成書年代的討論設定一個範圍。

人類文明發展大體由簡至繁，由粗至精，由具象到抽象。所以簡單的，素樸的，具象的作品，其年代較早。反之，複雜的，精緻的，抽象的作品，其年代較晚。以下以此為判準，比較彖傳、大象傳、小象傳成書之先後，並論證大象傳成書早與彖傳，以及大象傳成書在孔子之前。

一、彖傳與大象傳成書先後

本論文第四章第一節曾論及彖傳及大象傳成書先後問題，並列舉了近代學者的一些觀點。於此提出大象傳早於彖傳的主張，並就此問題進行論證以下。

論證一：卦畫解析方式之比較

春秋易學只用卦象解釋卦畫，未見卦德及爻象諸說。大象傳亦只用卦象解析卦畫，且解析的基本方式（不包括引申解釋）與春秋易學所使用的方式極類似。彖傳解析卦畫則卦象、卦德、及爻象諸說並用。由此可見，彖傳當在春秋易學之後，在卦象說的基礎下，發展出更多樣的卦畫解爻方式。二者相較，大象傳用以卦象釋卦畫的方式遠較彖傳為單純，故其年代極有可能早於彖傳，可與春秋易學同時，甚至可更早。

論證二：思想抽象程度之比較

大象傳之卦畫轉換及卦旨賦予，完全落實在經驗的，具象的世界中，最多也僅只是具象世界的變化、想像、與感受，並無絲毫抽象的，或形而上的思考或描述。彖傳則有諸如乾元、坤元、天道、地道、人道、二氣、感應等，相當抽象的，乃至超越經驗的，形而上的觀念。事實上，卦象演變為卦德，如震為雷演變為震為動；兌為澤演變為兌為悅等，就是高度抽象思考的結果。也就是說，大象傳的思想方式及內容，相對於彖傳，是素樸且具象的。反之，彖傳則表現出更精緻更抽象的思想內容。彖傳相對於大象傳，在思想結構上及論證方式上，顯得更成熟，更細緻的事實，亦可做為大象傳早於彖傳之明證。

論證三：複合詞之使用

大象傳文句中罕見複合詞，彖傳則相對使用較多的複合詞。若依文字之使用，由簡而繁，先有單字詞，後有複合詞，複合詞之使用隨文明發展，時代演變而逐漸頻繁的理論。大象傳成書應早於彖傳。

論證四：后及先王之使用

《大象傳》中有三次以 "后" 稱呼君主。分別爲泰卦之「后以財成天地之道，輔相天地之宜」；復卦之「商旅不行，后不省方」；及姤卦之「后以施命誥四方」。三次使用的場合，其對象分別爲 "天地"，"方（邦）"，"四方"。故知 "后" 之身分，相當於 "王" 或 "天子"。

孔穎達《周易正義》於泰卦注曰「后，君也。」「此卦言 "后" 者，以不兼公卿大夫，故不云君子也。兼通諸侯，故不得直言先王，欲見天子諸侯，俱是南面之君，故特言 "后" 也。」此以 "后" 爲 "君"，並認爲后爲諸侯，爲一國之君，而非天子。然而，既然諸侯，應以保其國之社稷爲主，何以曰 "輔相天地"、"省方"、"誥四方"？孔氏之說於此大有疑點。廖名春同意 "后" 爲 "君" 的說法，但主張 "后" 即 "王" 之古稱，其議論如下：

> 稱君爲后來源頗早，后係母社會之酋長，乃一族之始祖母，以其有繁育子孫之功，故以毓尊重之，後世承此尊號亦稱君長爲毓，典籍皆作后。甲骨文中，殷之先公先王皆稱爲毓（后）。所謂 "后祖乙"，"后祖丁" 皆商王之謂。……《復‧大象》之 "后" 與 "先王" 並稱，顯屬古義，與甲骨文稱先王先公爲后同。這種用法，後世以漸被遺忘。〔註39〕

二者相較，以 "后" 爲 "王" 之說，似較符合大象傳 "后" 字的用法。故大象傳成書時代，當在 "后" 與 "王" 通用之時。此亦說明大象傳淵源之古遠。

此外，大象傳亦多用「先王」以尊稱王室先祖。此二字亦常見於《書經》，爲王公貴族的人格典範。相對的，《書經》未見「聖人」二字，〔註40〕此亦可見以 "聖人" 爲人格典範當晚於 "先王"。相較之下，彖傳不用 "后" 及 "先王"，並以 "聖人" 而非 "先王" 爲人格典範，此亦可爲大象傳早於彖傳之例證。

〔註39〕見廖名春《周易經傳與易學史新論》，頁104。

〔註40〕《詩經》於〈巧言〉〈桑柔〉二篇中，亦見「聖人」二字，但宜理解爲聰明睿智之士。而非人格典範。

論證五：有關大象傳晚於彖傳諸說之反駁

　　學者亦多有主張彖傳早於大象傳者，如李鏡池、高亨、黃沛榮等。其理由大概不出兩點：(1)大象傳因彖傳已解釋卦辭，所以大象傳不解卦辭。以證大象傳晚於彖傳。〔註41〕(2)大象傳有些文句與彖傳相同，乃抄襲彖傳。〔註42〕

　　第一點甚不合一般常理，即使以"默證"爲判準，也只能說大象傳不知有卦辭，或不認爲卦辭需要解釋。但不宜因爲不解釋卦辭，就斷言大象傳認爲彖傳已完美解釋卦辭，故不需再多言。

　　第二點的問題在證據不充分，結論流於主觀。甲、乙二文獻若出現相同文句，可能有四種情況(1)甲承襲乙。(2)乙承襲甲。(3)甲乙共同承襲更早的觀念。(4)巧合。今大象傳與彖傳有文句相同之處固然是事實，然而是屬上述四可能情況的那一種，仍須分析並提供客觀之證據，不宜主觀認定。本研究主張，大象傳與彖傳有部分文句相同，最大原因乃在使用相同的方式以卦象解析卦畫之故，屬上例第三類情況。只能證明大象傳與彖傳共同承襲一更早的觀念，極可能來自春秋易學，或與春秋易學同源。

二、大象傳成書在孔子之前的可能性

　　傳統「人更三聖」之說，爲《易傳》的成書時間設定了一個上限，在這個限定之下，大象傳只能是孔子或孔子門人所著，不可能早於孔子。但若先擱置此前題，是否可從文獻中找到支持大象傳先於孔子的證據？以下提出相關論證。

論證一：易象及大象傳

　　《左傳·昭公二年》記載「二年，春，晉侯使韓宣子來聘，且告爲政，而來見，禮也。觀書於大史氏，見易象與魯春秋，曰：周禮盡在魯矣。吾乃今知周公之德，與周之所以王也。」這段記載，引起有關《易象》與《大象傳》之關係討論。

　　韓宣子奉晉侯之命，出使魯國。在魯大史處參觀魯國藏書。「魯春秋」即魯史。晉卿韓起不曾見過魯國之歷史記錄，故而發出贊嘆，是可以理解的。然而「易象」爲何？亦讓韓宣子贊嘆？

　　既云觀書，「易象」當爲書無疑。《易經》當時列國俱有，《左傳》亦多

〔註41〕相關說明參考第四章第一節〈大象傳之成書及特色〉。
〔註42〕相關說明參考第四章第一節〈大象傳之成書及特色〉。

晉國占筮之例，韓起當不至於魯大史處始觀之而贊嘆。且贊嘆的內容爲「今知周公之德，與周之所以王也。」此嘆與 "周公"，"德"，及 "王" 大有關係。

李學勤主張「在《易傳》成書之前，已存在有類似的講卦象的書籍，供筮者習用。這種書是若干世代筮人知識的綜合，對《易》有所闡發，是後來《易傳》的基礎。」，「韓起讀到《易象》、《魯春秋》二書，便想到周朝的建立和周公的功業。《周易》與文王有關，左傳這段記載是一條很重要的證據。」〔註43〕

廖名春先生則明白主張《易象》即《大象傳》，他的解釋是：

第一是名稱一致，司馬遷稱 "孔子晚而喜《易》，序彖象說卦文言"，此象亦可稱爲《易象》，它與左傳所載之《易象》名同，絕非偶然。第二是內容有關。所謂 "周公之德"，"周公之所以王"，就是敬德保民，謹慎戒懼的思想，認爲 "天命靡常" ……這些思想在《大象傳》中盈篇累牘，如 "君子以反身修德"，"君子以恐懼修身"，"君子以思患而預防之"，"君子以慎言語，節飲食" 等等。〔註44〕

林義正先生亦認爲《易象》是《大象傳》的前身。其說如下：

通行本的〈大象傳〉符合《左傳‧昭公二年》韓宣子觀書於魯太史氏所見之《易象》，它是魯太史顯揚「周公之德與周之所以王」的著作，通行本的〈大象傳〉完全是在八經卦取象的基礎上，指出君子、先王、后、大人等領導階層如何觀象修德，觀象行事的王室法典，當是孔子以前的作品。〔註45〕

然而亦有持反對意見者，如高亨認爲《易象》爲周禮之書。而《象傳》兼有儒法兩家思想，大象傳中並無 "周禮" 字樣，故其實質不同。況且魯昭公二年，孔子僅十二歲，此時儒法兩家思想尚未形成，不可能有反映儒法思想的《象傳》〔註46〕。

高亨之說有些疑點。爲何《象傳》無 "周禮" 二字就不是《易象》？以及爲何認定《象傳》必是在儒法兩家思想形成之後而作？由於本論文不認爲大

〔註43〕見李學勤《周易經傳溯源》，頁 62，63。
〔註44〕見廖名春《周易經傳與易學史新論》，頁 105。
〔註45〕見林義正《《周易》、《春秋》的詮釋原理與應用》，頁 124。
〔註46〕參見高亨《周易大傳今注》，頁 7，8。高亨於此，並不區分大小象傳，故合稱爲《象傳》。

象傳有法家思想〔註47〕，故對高享之說存疑。

綜合以上，可知《易象》即大象傳或大象傳之前身，實爲一合理之推測。如此，則大象傳可能早於孔子。

論證二、有關「思不出其位」

大象傳艮卦後句曰「君子以思不出其位。」對照《論語‧憲問》「子曰：不在其位，不謀其政。曾子曰：君子思不出其位。」。此二語內容近似而出處不同，孰爲先後，屢有爭議。今試就語意與言說之背景分析如下：

論語此段爲孔子及曾子就同一概念的發言。孔子與曾子，不論就人倫關係，學術地位，及社會身份而言，自當是孔子爲尊而曾子爲卑。相同的一個概念，孔子（尊者）發言後，罕有曾子（卑者）就同一議題再發言之理。除非，曾子要引經典來印證或附合，而且這個印證的經典，也應是孔子所接受的。儒家文獻充滿了這樣的例子。例如《禮記‧緇衣》，通篇每章前段爲子曰，後段必引《詩經》或《書經》印證，甚或亦有引《易經》印證者。〔註48〕

以此觀之，曾子於「子曰」之後，引大象傳語印證之，似爲合理。反之若此爲孔子說「不在其位，不謀其政」之後，曾子再發之議論。且日後孔子本人或其門人撰大象傳艮卦時，不引孔子之言所說「君子以不在其位，不謀其政」，反引曾子語「君子以思不出其位。」，似有崇曾子而貶孔子之嫌，大不符孔子與曾子應處之地位。

循此思路當知大象傳之語在前爲宜。也就是說，大象傳應成書於曾子之前。此亦可作爲孔子及其門人讀過大象傳，且接受大象傳之旁證。

論證三、仁字之使用

本論文第四章第四節曾分析大象傳思想中，其坤、師、謙、剝、無妄、解、夬、中孚等卦之後句，內蘊有寬厚，仁愛，尊重生命等，屬於 "仁" 的價值意識。唯不可解者，在《大象傳》中並未使用 "仁" 字。若大象傳有此意識卻不予明說 "仁"，除非另有禁忌，否則極有可能成書之時，仁概念尚爲被正式提出，仁字尚未被普遍使用。

仁概念之提出爲孔子之重要創見，此論應無異議。孔子之前的文獻如《詩

〔註47〕 參見本研究第七章相關討論。
〔註48〕 《禮記‧緇衣》第二十五章，「子曰：南人有言曰『人而無恒，不可以爲卜筮。』古之遺言與？龜筮猶不能知也，而況於人乎？……《易》曰『不恒其德，或承之羞。恒其德偵，婦人吉，夫子凶。』」

經》及《書經》等，均罕言 "仁"。詩經中僅見二次，分別爲「巷無居人。豈無居人、不如叔也、洵美且仁。」（鄭風・叔于田）及「盧令令、其人美且仁。」（齊風・盧令）書經部份則五見，分別爲「克寬克仁，彰信兆民」（商書・仲虺之誥）；「民罔常懷，懷于有仁」（商書・太甲下）；「雖有周親，不如仁人」（周書・泰誓）；「予小子既獲仁人，敢祗承上帝，以遏亂略」（周書・武成）；及「予仁若考能，多材多藝，能事鬼神」（周書・金縢）。

　　《詩經》部份，觀其意旨，仁字之使用，二次均爲讚美男子的形容辭。《書經》部份如「克寬克仁」似有道德意涵。但《書經》多僞，古人如惠棟便直言「棟案：言仁、言性、言誠，皆見僞《尙書》，其不可據也明矣。」〔註49〕〈太甲〉、〈仲虺之誥〉、〈泰誓〉、〈武成〉四篇均列僞古文尙書二十五篇中，尤爲疑中之疑。〈金縢〉篇之「予仁若考能」之仁，亦與孔子之 "仁" 概念無關，可能爲衍文，或佞之假借，爲自謙之詞。〔註50〕

　　以 "仁" 字來談論德行，應自孔子始。大象傳思想中蘊有 "仁" 的價值意識，其所以未使用 "仁" 字描述此意識，最有可能的原因當在大象傳成書時，仁字尙未被用來描述德行。此足以可證大象傳成書於孔子之前。

　　綜合以上三論，可知只要擱置傳統「人更三聖」的信念，大象傳成書於孔子之前不失爲一個合理的說法。但此說亦須面對另一挑戰，若大象傳思想屬性爲儒家，則不可能早於孔子。此疑點亦將於第七章再做進一步討論。

三、彖傳與小象傳成書先後

　　有關彖傳與小象傳成書之先後順序問題，就文本而論，僅知小象傳與彖傳在爻象解析上，採極類似的方式解讀卦畫，亦使用類似的術語及慣用字詞以解釋卦辭或爻辭。但並無更具體的證據可論斷二著作之先後。

　　唯若就先有本然後有末，先有卦辭然後有爻辭的理路。先有彖傳之爻象理論及用字方式，然後擴充至小象傳以類似方式釋爻辭；與先有小象傳創發爻象理論及用字方式釋爻辭，然後彖傳再歸納出相關規則以釋卦辭，二者相較，似以前者較易爲常識所接受。

〔註49〕 見惠棟《古文尙書考》，釋〈湯誥〉「若有恒性」。收錄於《皇清經解》（《學海堂經解》），卷三百五十二，頁八。

〔註50〕 參考鍾云瑞〈《尙書・金縢》篇 "予仁若考" 解詁〉，青島農業大學學報（社會科學版），2015 年第 27 卷第三期，頁 85～88。

第七章　彖象三傳哲學思想內容比較

第一節　哲學思想討論之立場說明

　　有關《彖傳》《大象傳》及《小象傳》（以下簡稱三傳）的哲學思想討論，首先得承認三傳是解釋《易經》之作，然後才是藉著解經發揮自身的思想。而不是爲了發揮思想而依附在易經解釋上的哲學論述。《易經》本身結構特殊，零碎散漫，且無明確的中心思想。彖傳及大象傳文本，在易經六十四卦的固定結構下，分割爲六十四則；小象傳文本則依三百八十四爻，分散爲三百八十六則。三傳既以釋經而非爲闡述思想爲主要目的，又爲易經結構所限，文體割裂零碎，無法在自身思想的發揮上暢所欲言，欲指出三傳中之哲學思想內容，其實有一定的困難度。以下先澄清本章相關討論的一些概念區分及重要觀點。

（一）哲學思想

　　本處所謂哲學思想，指三傳之思想當中，與哲學思辯相關的主張或闡述。至於其他如政治思想、社會思想、乃至易學思想等，皆非本章所欲討論之對象。

　　然就哲學思想論之，亦可以有兩方面的意義。(1)三傳作者本身有何哲學主張，並以此爲背景來解釋易經？或說三傳釋經的前見（fore-sight）中，有那些哲學思想成分？(2)三傳藉著解釋易經，發揮了那些自家的哲學思想？此二者發生之邏輯順序上，當然以前者在前，而後者在後，二者爲二事，不宜合併討論。但就作者觀點，(1)與(2)都是作者的思想觀點，理當相同，不能彼此矛盾。

（二）思想發揮

所謂思想發揮指三傳在解釋易經之外，所做額外的，有意識的發揮。如前所述，三傳必持有某些思想爲前見，基於這樣的前見去理解並解釋易經。但在解釋的過程中，難免爲在解釋之餘，有所推論、引申、聯想、或贊嘆等發揮，這些發揮，固然是基於經文的解釋，但往往超出單純的說明，且意有所指，是爲經由解釋所做的思想發揮。

在象傳，這些發揮往往落在卦畫分析，卦辭引用，卦辭訓詁及文句解釋之外，與卦辭文義無直接關連的，推論、引申、聯想、或贊嘆。思想發揮通常落在結尾，但亦有可能在兩段卦辭解釋之中，卦辭解釋及思想發揮之間有時並沒有明顯的界線。

在大象傳，思想發揮主要呈現在後句。大象傳前句及卦名之作用在釋經（卦旨）。思想發揮則落在後句。故從後句中可歸納出思想發揮之要旨，此外，卦旨與後句的關係亦有可能反映出某些思想。

在小象傳，因文句過於簡短，其文體較難有具體思想發揮。只能從其引爻辭及釋爻義的關係中，以歸納的方式整理其可能要闡述的思想。

（三）預設立場

由於三傳所發揮的哲學思想，並非直接作論述，而是藉由解釋易經的過程中帶出。所以要在三傳文本中，探究那些文句是基於釋經的需要，那些是有意識的思想發揮，此的確有許多模糊不清或模稜兩可之處。也因爲這些模糊處，學者在進行象傳及大象傳乃至小象傳的哲學思想討論時，常見有下列二傾向(1)以既定的學派觀點討論三傳思想。(2)以孤證論斷三傳思想的某些特色。但如此往往形成一些分析上的盲點，太早介入學派色彩可能導致其他非此學派的思想被排除在外，或在理解上的過度傾斜乃至於曲解。以孤證論斷思想特色，亦有可能過度重視某單一語詞，將釋經過程中的偶然遣詞或舉例，視爲必須具備之核心思想，並加以旁徵博引以渲染擴大。如此雖可作自身創造性的發揮，但亦掩蓋了原作者的意圖。

爲了避免上述二傾向所帶來的缺失，本文主張三傳哲學思想之研究，不應預設學派立場，也不欲以文本中的一句話或一個語詞做擴大解釋，以創造發揮新說。相反地，應儘可能地一切回歸文本，儘量使用分析及統計的精神，從字辭出現的頻率及規則中，讓文本自行顯現論題及思想特色，並充分舉證，歸納出可能蘊含之思想。待掌握到思想的重要內容之後，可以再回頭來討論

這些思想與學派思想的可能關係。

　　以下將思想內容分成三類，以便逐項分析及比較。第一類，針對三傳釋經前見所可能內蘊之思想，三傳各以其自身之前見來釋經。第二類，以中西哲學範疇的觀點，從三傳文本中，梳理對指定哲學論題的相關發言，並做比較。第三類，直接自三傳文本中，歸納出其所重視的哲學思想或觀點。

第二節　釋經之前見討論

　　三傳解釋易經卦畫及卦爻辭，不會是從一張白板開始，必是持抱著某種觀點，某種成見，某些思想去解釋易經，可綜稱之爲釋經前見。這些前見當中，易學卦畫解析的部分，已於第六章第二節〈卦畫的解讀〉進行了相當的討論。以下就解經文字的部分，進一步分析如下。

　　彖傳在解經的過程中，選用了許多字詞，例如剛、柔、中、正、信、志等，這些字詞及其使用方式，均不見於春秋易學，可能爲彖傳所創發。從這些字詞的引用中，或可略窺彖傳釋經的哲學思想或立場。

　　例如以剛、柔而非陰、陽，來解釋經卦及爻的兩種性質，顯示了彖傳重視剛、柔二字所代表的意義遠勝於陰、陽二字所代表意義。或說，彖傳作者認爲，剛、柔二字更適合說明卦辭所蘊含的義理。〔註1〕中、正等字亦然，以二、五爻爲中，猶可說是此居經卦之中，然何以得位爲正？又何以中正二字常連用，而不說中得位？何以剛中二字常連用，而不曾說柔中？又爲何以正釋貞？以剛爻爲志？綜合以上疑問，或許可得到這樣回答：因爲這些字詞在人事上都有相對應的意義。彖傳相信易經卦畫可用以象徵人間事理，想要從更多人事甚或人倫道德角度去解釋易經，當然也就相對的減低易經在藏往知來，幽贊神明那一部分的訴求。

　　大象傳以六十四卦之卦畫，象徵六十四幅自然景象，並以此啓發君子的言行準則。值得注意的是，這其中前句與後句的關係，不是基於邏輯推演，而是基於對情境的感受。這亦反映了大象傳作者的一個信念，人面對自然情境所得到的感受是相同的，至少是相通的。此外，所有對易經卦畫及卦名的感受及啓發都落在人身上，無一不與人事相關，完全不視易經與天道或占筮有任何關連。

〔註1〕有關剛、柔思想的內容，將於後細論。

　　小象傳大體與彖傳使用相同的字詞，如剛、柔、中、正、信、志等，以解釋易經爻辭，就此字詞的選擇及使用言之，小象傳釋經應是與彖傳採相同的哲學思想或立場。

　　綜合以上，三傳皆以《易經》象徵人間事理，視《易經》爲義理之書，而無關占筮。

第三節　特定哲學範疇之思想比較

　　在中西哲學討論中，可將眾多的哲學問題予以分類，或可稱之爲哲學範疇，故在西方有形而上學，知識論，倫理學等，在中國有諸如天，道，理，氣，性，命等範疇。哲學問題或討論之所以形成一哲學範疇，總因這類的問題是古今許多哲學家共同關注的，或參與論辯的。以下在這些重要的，具終極性的，常被討論的哲學範疇中，挑選出三傳文本中，尤其是彖傳，或多或少有論述或提及的議題，包括形而上學、天與天道、理想人格、天人關係、宗教鬼神等。此相關議題分別於第三、四、五章已有論述，以下僅作重點摘要及比較。

一、形而上學

　　形而上學包括本體論（Ontology）及宇宙論（Cosmology）。本體論在討論天地萬物之本源問題，宇宙論則討論宇宙之生成及結構，包括宇宙間天地萬物之關係。有關此方面的思想，彖傳提出了 "乾元" 與 "坤元" 的概念。並以乾元及坤元爲萬物創生的依據。〔註2〕以乾元爲萬物本原，一切生命的種子，坤元爲大地之母，爲一切生命成長的必要條件。彖傳乾、坤二元本體論，主要是針對生命世界。對非生命物則籠統以天地歸屬之，以此回到更原始的乾天坤地的論述，天生而地養，天地之功能在配合生命的繁衍延續，生存發展。彖傳這種生命的二元論，其實並非嚴格的邏輯論證，但符合經驗中的觀察與歸納。

　　彖傳的宇宙論，比較是有機的宇宙論，視宇宙爲生命有機體的集合。乾不能生坤，坤不能生乾，乾坤相配合乃生成宇宙。彖傳並未直言宇宙，但常 "天" "地" 二字連用，"天地" 意義當同 "宇宙"。彖傳中提及天地者不外乎兩種立

〔註2〕參考第三章第四節之二〈彖傳對重要哲學論題的立場〉。

場，一是將天地視同自然界的全體或一部分，例如恆卦「天地之道，恆久而不已也。」，解卦「天地解而雷雨作」；另一則朝向生命的世界，為有機的宇宙。例如泰卦「天地交而萬物通也」，咸卦「天地感而萬物化生」，家人卦「男女正，天地之大義也。」，歸妹卦「歸妹，天地之大義也。天地不交，而萬物不興。」皆在強調陰陽雌雄感應交合而化生宇宙之大道理。此足以證明，彖傳所關心的宇宙，除了對自然界之觀察所得外，更重視宇宙生命的創生與發展規律。

　　大象傳本身並無明顯的形而上學論述，一切論述均落實在現象界所構成的經驗世界，最多僅指是經驗加上想像。唯大象傳泰卦「后以財成天地之道，輔相天地之宜，以左右民。」以成天地之道，輔天地之宜為統治者的理想。然此「天地」二字應僅指人所能觀察、感受到的宇宙，並無玄學冥想的成分，當然也不具形而上學的概念。

　　小象傳文句簡短，無力對形而上學有所論述，文句中也少有可以做形而上學解釋的字詞。唯小象傳以得 "中" 為吉，"中" 能降福事物，有使一切事物往好的方向發展的神秘力量，若從存有學的角度敘述，中之為物，能盡他物之道，使萬物亨通。此 "中" 僅存在於二、五爻。二、五爻居中，居中則得中，得中則得利。

　　綜合以上，在形上學方面，彖傳提出乾元坤元之有機二元論；小象傳則以 "中" 為形而上之存有物，能使一切事物為吉。大象傳則無形上學論述。

二、天與天道

　　中國文字中，"天" 字之使用，可以指天體、天地等自然之天，或指超越經驗的，形而上的天。先秦文獻中，天概念有統治（主宰），啓示，審判，造生，與載行五種不同側面〔註3〕，其中啓示與審判針對人類，造生與載行關係到自然界。天的主宰意義則至今仍為各種宗教信仰的關鍵因素。

　　易學之卦象說，以乾為天。因此，彖傳及大象傳中，只要涉及乾之卦象，大體均不離天字，並涉及天概念，但這類的天概念，一般均指自然之天。"天" 字亦常天地、天下等二字連用。天地連用就如其字面意思，當指天與地所構成的自然界，包括物質世界及生命世界。依先秦文獻之慣例，天下則指人間，即人類的世界。不論 "天地" 之天或 "天下" 之天，此天均指人於經驗中所能

─────────────────

〔註3〕參考傅佩榮《儒道天論發微》，頁31。

理解或體會的天，不帶超越意義。

象傳中，天字之使用，除了前述卦象之天，及天地、天下等自然意義之天外，另有天道、天命等法。如謙卦「天道下濟而光明，地道卑而上行。天道虧盈而益謙，地道變盈而流謙。」，臨卦言「剛中而應，大亨以正，天之道也」，恆卦言「天地之道，恆久而不已也。」皆提及天道。然此天道的內容為何？其中「下濟而光明」指日光下照而濟物，「虧盈而益謙」指日月寒暑之虧盈輪替，「恆久而不已」指日月運行恆久不已，此仍不脫自然界運作規則之義。以天道強調自然天運作的規律性。

唯臨卦以「剛中而應，大亨以正」為「天之道」，此天很難視之為自然之天，可以是六合之外的，有形而上意義的天，泛指一切有形無形有名無名可知不可知之物所構成的整體，而非僅限於自然界。如此，則天道所蘊之意將擴為宇宙一切運作的總規律。以此，象傳似乎認宇宙萬物之運作，是有規則的，而且此規則是可以被發現，被理解的。即使是有超越經驗所及之部分，那個超越部分的天仍依照某種規則在運作，只是運作的規則難以自經驗中掌握而已，但仍是可說的。象傳以「剛中而應，大亨以正」為天道，不妨視為象傳天道觀之一部分。此亦說明象傳之天道主要指自然界的規則，唯在臨卦中似乎也對六合之外的天道作描述。

與天道相對的是象傳中亦提及「天命」，例如无妄卦「天命不佑，行矣哉？」萃卦「利有攸往，順天命也。」天命二字難免使人想到天之意志，人應順天之命，以及天命可佑可不佑等，此皆涉及天之意志。如此之天，為主宰義之天。天命顯然與天道有區分，此亦可見象傳雖以天道論為主，但仍有古老天命論的痕跡。

大象傳前句之天皆為自然之天無疑，其後句中，亦有論及天或與天相關者，例如泰卦之「后以財成天地之道輔相天地之宜以左右民。」大有卦之「君子以竭惡揚善順天休命。」此外，震卦之「君子以恐懼修省。」雖未明言天，但以雷震為天威，亦於天概念有關。

其中泰卦「天地之道」與「天地之宜」顯示統治者應順天時地利以行政事，其重點仍在人間，論述的重點不在天，而在人與天的關係。大有卦「遏惡揚善」與「順天休命」並論，顯然認為「天」是「遏惡揚善」的，故「遏惡揚善」是君子順天之使命。以此觀之，大象傳乃以「天」為道德的最終依據。大象傳亦將「恐懼」與「修省」並論，而「恐懼」又來自「洊雷」。古人

視雷爲天威，故而「修省」的動力根源，還來自對天的敬畏。綜合以上，大象傳一方面天地合稱，以天爲載行者；另一方面以天具賞罰意志，人之行善與修省，乃至治理百姓，都應該順從此上天之意志。以此，大象傳之天，除了是自然之天外，亦具有宗教性格，爲最高之統治者及終極審判者。

小象傳雖亦以天釋爻辭，但語句簡短，語意含混，不易深究。唯姤卦九五「有隕自天，志不舍命也。」似有天命思想。其餘或可作自然之天，如泰卦六三「天地際也。」或以天子爲天，如師卦九二「承天寵也。」

綜合以上，三傳之天，皆以自然之天爲主，但亦皆夾有主宰義之天，但只有象傳之天可能有形而上的成分，也因此而有超越自然之上的天道思想，但證據略嫌薄弱，僅臨卦一例。

三、人與聖人

有關人是什麼，以及人性問題等，關係全體人類的具體說明，除了人文思想外，[註4] 在三傳中並不多見。象傳中謙卦有「人道惡盈而好謙」；革卦巽卦有「順乎天而應乎人」，大約僅此而已。但象傳多次論及聖人，聖人常被用以表現理想人格的最高境界，象傳分別於豫、觀、頤、咸、恆、鼎六卦中論及聖人。象傳之聖人具下列二特點：(1)聖人必與天或天地並列，以暗示聖人之作爲均合天道。(2)聖人作爲必與治民、養民、教化等統治有關。此顯示，象傳之聖人，爲感悟天道並效法天道的統治者。[註5] 象傳之聖人觀，當是以效法天道以治理萬民的統治者爲聖人，此不類《孟子》之聖人，在性質上或許更接近《老子》之聖人。

大象傳不見聖人，但以先王爲人格典範。先王與聖人在性質有異有同，先王的概念比較明確，指天子（王）的先祖，或更嚴格得說，先祖之中，其功業或德行被後世子孫（君子）所傳頌效法者。聖人的概念則於文獻上屢有所演變，《詩經》中「聖人」二見，一在〈小雅・巧言〉「奕奕寢廟、君子作之。秩秩大猷、聖人莫之。」一在〈大雅・桑柔〉「維此聖人、瞻言百里。維彼愚人、覆狂以喜。」後者聖人與愚人對舉，顯然以聰明睿智爲聖。前者聖人與君子對舉，君子監造宮室宗廟，聖人謀畫國政大計。此處之君子及聖人必屬統治階層，而且聖人謀畫，君子執行，可知此聖人爲位居君子之上，且

〔註4〕三傳之人文思想發揮，另見本章第四節之二〈人文思想〉。
〔註5〕參考第三章第四節之二〈象傳對重要哲學論題的立場〉。

智慧過人者。以此觀之，聖人與先王或有相通處。

《書經》中不見聖人，唯〈洪範〉論及「五事」時有「思曰睿…睿作聖。」將 "思"、"睿"、"聖" 連結，即以思慮睿智者爲聖。

《論語》中「聖人」三見〔註6〕，且多處聖與仁並舉，例如子貢問仁，孔子答「何事於仁，必也聖乎！堯舜其猶病諸！」（雍也）此可見孔子已將聖人視爲仁之至者，但乃以堯、舜等聖王爲例。其後子夏有「有始有卒者，其惟聖人乎！」之說，完全以德論聖人，而不計其位。《孟子》列舉的聖人如伊尹、伯夷、柳下惠、孔子等〔註7〕則無一俱聖王的身分。自此，聖人之名號僅論德而不論位確定，聖人與先王的概念從而分道揚鑣。

聖人亦常與君子並列，且在位階上聖人恆高於君子。如前所引《詩經·小雅·巧言》，另如《論語》「聖人，吾不得而見之矣；得見君子者，斯可矣。」（述而）。此亦可有兩方面的解釋，就位言之，聖人爲王或國君，君子則爲君王的後代子孫。就此觀點，聖人與君子的關係，其實就是先王與君子的觀係。另一方面，在《論語》之後，聖人與君子漸往道德方向傾斜，聖人與君子均是有德者，聖人在德行及能力上更是君子所效法的對向，是爲人格最高典範。

就人格最高典範論之，大象傳之先王，是爲君子的人格典範，亦即爲統治階層的典範，故有些言行事跡可能非一般民眾所能學習、效法、乃至觸碰。基於此項了解，大象傳論及先王及后者，共9卦〔註8〕10處〔註9〕，其中多爲對先王開國及統治的推崇，但亦有涉及思想者，比較值得注意的是對敬天法祖及教化的重視。例如豫卦之「先王以作樂崇德，殷薦之上帝，以配祖考。」姤卦之「后以施命誥四方。」渙卦之「先王以享于帝立廟。」等。

綜言之，象傳以聖人爲人格典範，聖人是統治者，也是德行與能力的最高表率。大象傳以先王爲人格典範，同樣是統治者，先王則有較濃厚的祖先崇拜及政權維繫意味。小象傳則對聖人或先王皆無著墨。

〔註6〕包括：「聖人，吾不得而見之矣；得見君子者，斯可矣。」（述而）「君子有三畏：畏天命，畏大人，畏聖人之言。」（季氏）及「有始有卒者，其惟聖人乎！」（子張）。

〔註7〕《孟子·萬章下》「伯夷，聖之清者也；伊尹，聖之任者也；柳下惠，聖之和者也；孔子，聖之時者也。」

〔註8〕計有：比、泰、豫、觀、噬嗑、復、无妄、姤、渙共九卦。

〔註9〕復卦同時提及先王及后。

四、天人關係

天人關係一直是中國哲學中的重要論題，有關三傳中之天概念與人概念的討論，已略述於前，以下針對三傳之天人關係思想，進行整理與比較。

彖傳對天人關係有豐富的發揮，首先，彖傳之天概念雖不排斥形而上的天以及最終主宰義的天，但是以自然之天為主，天或天地幾可以等同於自然界。尤其重要的是，彖傳有比較濃厚的天道思想，認為自然界，乃至超越界，都依一定的規則，一定的道理，持續運作。在天道的前提之下，人就是自然的一部分。所以說，彖傳的天人關係主張，就是天人同理，人道本於天道。也因為如此，彖傳每每天人並列，天地人並列，或天地鬼神及人並列，其目的皆在發揮人道本於天道的思想。所以人與人相處，人與物相處，皆應順天道〔註10〕，法天道〔註11〕。

須注意的是，彖傳中順天、法天的主體，多針對統治者言之。也就是說，順天、法天的作為，仍需相當的智慧以悟天道，以及相當的地位以行其事。但仍有泰、謙、睽、豐四卦之天人關係，可以一般庶眾為對象來作解釋。〔註12〕

大象傳之天概念亦是以自然天為主，六十四卦的前、後句關係，基本上就是人從自然界的觀察中，所得的啟發。這與彖傳的人法天的天人關係並不相類。以乾卦、坤卦、震卦、巽卦、坎卦、離卦、艮卦、兌卦為例，分別代表天、地、雷、風、水、火、山、澤八種自然現象。大象傳從天體運行中學習到自強不習；從大地承載中學習到厚德載物；從雷威震攝的驚懼中自我反省；從陣陣微風中感悟出風俗教化的重要。從潺潺流水中學習到進德修業不可間斷；從火光接續中感悟到統治者應明察四方；從重重大山中學習到人應穩重守分；從水澤相連中體會到朋友間應相互滋長學問。以此可見，說大象傳的天人關係，不如說大自然與人的關係，人能從大自然中體悟出一些道理。

另若單就大象傳後句之發揮中，亦有順天，法天，乃至助天的思想。例如泰卦「后以財成天地之道，輔相天地之宜，以左右民。」大有卦「君子以遏惡揚善，順天休命。」无妄卦「先王以茂對時，育萬物。」

〔註10〕例如革卦及兌卦皆說「順乎天而應乎人。」
〔註11〕例如節卦「天地節，而四時成。節以制度，不傷財，不害民。」更多順天，法天的例證請參第三章第四節之三〈彖傳自身思想發揮之特色〉。
〔註12〕參考第三章第四節之三（一）〈天人思想〉。

綜言之，彖傳在天人關係上，強調人應順天道，法天道。大象傳則以天地為大自然，強調人可以自大自然的現象中，體悟出人事之理。小象傳在天及天道上並不見發揮，相對在天人關係上亦不見著墨。

五、宗教鬼神

鬼神概念多與宗教信仰有關。宗教又離不開社會，以此觀之，鬼神觀必受其成書當時社會之鬼神觀的影響。若三傳成書時代相差不甚遠，其宗教鬼神的觀念亦應近似。

彖傳直接論及鬼神者僅謙、豐二卦，另有觀卦言及神道。謙卦及豐卦皆將鬼神與天（地）、人並列。此以天地、鬼神、及人間為三類不同的存在範疇，天地總括自然界，鬼神代表超越經驗界而存在之物，人則在其中。謙卦「鬼神害盈而福謙」明確交待鬼神擁有給人降禍與賜福的力量。另觀卦有「聖人以神道設教，而天下服矣。」以「神道設教」將鬼神、聖人、與庶眾連繫起來。人神關係是宗教信仰的關鍵，「神道」二字顯然有其宗教意義。

大象傳中雖無論及鬼神之文句。但豫卦「殷薦之上帝，以配祖考。」及渙卦「先王以享于帝立廟。」均論及祭祀，其對象為鬼神，但此只是當時禮樂制度及宗教信仰的描述，並不涉及鬼神概念及人神關係的討論。唯彖傳及大象傳，甚至小象傳中，均帶有天命、天佑、天志、上天竭惡揚善等思想，以天為終極主宰者及審判者。三傳於其中雖無較深刻的論述，這不能不說是三傳成書時，受當時代社會所共有的宗教思想所影響。

第四節　思想發揮的特色及比較

三傳中除了以上所整理的一些哲學思辨相關論題之外，還有一些於藉著解釋易經時所特別重視或發揮的思想。包括法天、剛柔、人文、明時、尊卑、窮通等思想，除法天思想已於前節論述外，其餘分敘於後。

一、剛柔思想〔註13〕

彖傳釋經，以剛、柔來描述卦及爻的兩種對立的性質，將卦畫解析並區

〔註13〕參考第三章第二節之二〈經卦卦德解析〉及第四節之三〈彖傳自身思想發揮之特色〉。

分爲剛卦、柔卦，及剛爻、柔爻。此可謂易學上的創舉，在此之前，找不到以剛柔解釋周易的例證。象傳選用剛柔二字來代表卦與爻的兩種性質，本身就帶有相當程度的哲學意義。也因爲選用剛與柔來解釋經卦與爻的兩的種對立性質，在卦畫的解釋上，就產生以剛與柔來解釋卦辭的效果。

剛、柔可視爲兩種行爲處事的態度或風格，剛爲剛直，剛強，意志堅強；柔爲柔順，柔弱，配合行事。古代社會的階級意識較強，統治者、在上位者、貴族，基本上被要求剛直堅強，能貫澈意志。相對的，被統治者、在下位者、庶眾，則被要求需配合上位者，順從行事。若從階級意識上言之，君子爲貴族階級，宜具剛德，小人爲平民階級，宜具柔德。剛與柔比較是不同身分地位的兩種人所應具備的兩種不同的德行。

以剛、柔爲卦爻德的說法，除象傳及小象傳外，亦見於《繫辭傳》、《文言傳》、〈說卦傳〉等，但這些《易傳》篇章已加入陰陽之說，例如《繫辭傳》一方面強調「剛柔相摩」，「剛柔相推」，一方面又說「一陰一陽之謂道」；《說卦傳》「立天之道曰陰與陽，立地之道曰柔與剛，立人之道曰仁與義。」以剛柔與陰陽二說並列並存。至漢、魏時，或許是受到陰陽家的影響，陰陽說逐漸取代剛柔說。到王弼易學時，剛柔二字己變爲易學術語使用，不再帶有人事上的象徵意義。並另以陰陽代替剛柔，以陽爲尊而陰爲卑。〔註14〕

但就文義而論，"陽" 之字義大異於 "剛"，"陰" 之字義亦大異於 "柔"。陽有陽光，明亮之意，陰則爲陰冷，黑暗。昔以剛爲君子，柔爲小人，君子定志、小人順之，君子與小人有階級服從上的差別。今以陽爲君子，陰爲小人，則君子、小人之區別，由階級上的差別，轉爲道德上的差別，此間之轉變不可謂之不大。魏晉以降，多以道德義理解說易經，將卦爻的性質區分從剛柔轉變爲陰陽是爲關鍵因素之一。然而這已經不是象傳思想，也不是小象傳的思想。

小象傳亦以剛柔解析爻象，唯作爻象專用語的使用較多，較不見義理發揮。睽卦六三「無初有終，遇剛也。」以剛強釋爻辭之所以「無初有終」，可以算是義理發揮之一例。大象傳則完全無易學上的剛柔概念，也不使用剛、柔二字，更不見陰、陽二字。

〔註14〕王弼〈周易略例・辨位〉「位有尊卑，爻有陰陽。尊者，陽之所處；卑者，陰之所履也。故以尊爲陽位，卑爲陰位。」

二、人文思想

人文思想，或可稱之人本思想，"人本"二字強調以人爲本，以別於以神爲本或以物爲本，並強調人的價值，能力，及責任。"人文"二字則在強調文化修飾以超越人的動物本能，並彰顯人性及人的價值，追求合於人性的社會秩序與文明發展。人文與人本，二者都是對人關懷、重視與期許，可以說是雖二而一。

彖傳於賁卦「文明以止，人文也。」明確地使用了「人文」二字。在此之前，先秦古籍中未見「人文」二字連用之例。此「人文」洽可理解爲人類之文明修飾，使脫離以動物本能生活的野蠻狀態，並彰顯出人之所以爲人價值。

大象傳雖未使用人文一詞，但整個大象傳，都在談人在接觸自然現象時自身的體悟及自我提升，其人文思想的充斥，貫串全書。大象傳解釋易經，非但不談卜筮鬼神，也不談任何神秘的，不可知的，超經驗的事物。其關懷之重點，完全落在人事上。

除此之外，彖傳及大象傳並多次主張人對萬物的關懷及責任，例如彖傳於咸卦、恆卦、及萃卦，三次論及「天地萬物之情可見矣」，大象傳於坤卦更直言「君子以厚德載物。」泰卦及无妄卦亦以先后先王「財成天地之道，輔相天地之宜。」「茂對時，育萬物。」爲榜樣。人應關心天地萬物之情狀，並輔佐天地，依天時以養育萬物。此對人類的使命及責任的要求，不言而喻。

人文思想不離教育，彖傳在人文思想上也提出了人文化成的觀念，於賁卦、離卦、及恆卦，三次論及「化成天下」〔註15〕，即對天下百姓施以禮樂教化，使之脫離野蠻而進入文明。大象傳亦屢屢提及教化，或爲自身的學習進步，例如小畜卦「君子以懿文德。」或爲對庶眾的教導開化，例如蠱卦「君子以振民育德。」巽卦「君子以申命行事。」

以上皆說明彖傳及大象傳以人爲本，注重現世人生價值，關心自身及全體人類之文明進步的人文思想及價值觀。

三、明時思想

"明時"可以說是彖傳重要的思想發揮，彖傳於 64 卦中有 11 卦以「時大矣哉」，「時用大矣哉」，與「時義大矣哉」等方式贊頌掌握時用時機之重要，

〔註15〕其中恆卦之文句爲「天下化成」，雖有小異，意思相同。

〔註 16〕是爲反覆強調之最重者。明時須要智慧，智慧又與聖人有關，聖人聰明睿智，可見天地萬物之情，故可視時之宜，作出正確的判斷。孟子贊頌孔子爲「聖之時者也。」即在贊頌此因時之宜，做出正確選擇的能力。

大象傳雖未如象傳般的強調「時」，「時用」，與「時義」的重要，但亦不乏君子宜明時的論述。例如訟卦「君子以作事謀始。」无妄卦「先王以茂對時，育萬物。」革卦「君子以治歷明時。」等。小象卦亦然，例如坤卦六三「含章可貞，以時發也。」即濟九五「東鄰殺牛，不如西鄰之時也。」都在強調明時的重要。

四、尊卑思想

小象傳釋爻，以剛爻爲尊爲志；柔爻爲卑爲順。剛爻得位或有應是爲尊而得志，爲吉；柔爻在剛爻之下爲卑而順尊，爲吉。〔註 17〕凡此種種，都在顯示小象傳有強烈的尊卑思想，尊者得志，卑者順尊，上宜命下，卑宜順尊。尊卑思想又與禮有關，「禮者，所以定親疏，決嫌疑，別同異，明是非也。」（禮記・曲禮上），別同異不離尊卑之分，唯小象傳特別重視尊與卑之間的命令與服從關係。

象傳也有上下尊卑之思想，唯重點略有不同。象傳之“順”主要在順天，人類世界以下順上的思想僅出現於比卦「比，輔也。下順從也。…不寧方來，上下應也。…」且係用以釋卦辭，非純爲自身思想發揮。但象傳多強調上下尊卑的互通互動，及上位者善待下位者等思想。例如泰卦之「則是天地交而萬物通也，上下交而其志同也。」益卦之「損上益下，民說無疆。」及兌卦之「說以先民，民忘其勞。說以犯難，民忘其死。」等。

大象傳亦有履卦「君子以辨上下，安民志。」及大壯卦「君子以非禮勿履。」等，雖論及上下尊卑，但並無較深刻的思想發揮。

五、窮變思想

窮〔註 18〕變思想強調宇宙間事物窮則變，變則通，通則久，久則窮的道理。此於小象傳中屢見發揮，主要應在上爻的解釋上。其實爻辭本身就蘊有此類思想，例如乾卦上九爻辭曰「亢龍有悔」；泰卦上六爻辭曰「城復于隍」

〔註16〕參考第三章第四節之三〈象傳自身思想發揮之特色〉。
〔註17〕參考第五章第三節之三〈小象傳自身思想的發揮〉。
〔註18〕此窮爲窮盡之窮，非貧窮之窮。

皆在言物極則反，盛極則衰的律則。唯小象對此作更大的發揮，視上爻為現狀的終點，變化將發生的始點。不論好事，壞事，都適用此窮則變的規律，盈固不可久，虧亦不可久。

象傳也有類似思想，例如象傳剝卦曰「君子尚消息盈虛，天行也。」恆卦曰「天地之道，恆久而不已也。利有攸往，終則有始也。」皆在強調「消息盈虛」「終則有始」等窮極則變之理，乃天道的一部分。

綜論之，易經爻辭其實就有物極則反，盛極則衰的思想。小象傳及象傳就此作更大的發揮，大象傳對此則未見此方面之論述。

第五節　學派性質討論

一、學派屬性的判準

不論儒家，道家，墨家，法家都要面對修身、處世、及政事等問題。但因價值意識的差別，而有不同的思想。至於儒、道、墨、法家思想之特色，本論文以《史記・太史公自序》所述六家之旨為本，兼參考今人之說，整理儒、道、墨、法四家原始之要旨如下：

1. 儒家：

儒家尊崇周公，以六藝為法，重視人倫教化，強調禮治。並以仁、義為內在的要求。對人間事務採積極關懷的態度。

2. 道家：

道家尊崇自然，以虛無為本，重視全生避禍。主張以柔弱應對變化，並以虛靜知足為內在的要求。對人間事務採消極不干涉的態度。

3. 墨家：

墨家具平民思想，以兼愛非攻為善，重事功而輕文藝。對人性內在無特殊主張，將人間善惡的制裁託付宗教，上帝鬼神能賞善罰暴。

4. 法家：

法家尊崇法治之術，不分貴賤，一斷於法。嚴苛少恩，不講情份。不重視內在的要求，視人為手段。對人間事務採實事求是，只問結果不計手段的態度。

此外，就天論方面，自遠古以來，天除了是自然之天外，也有宗教上的

意義，天爲天帝，爲最高的統治者及最終的審判者，主宰者。先秦孔孟儒家重視天命，天命原指天帝對人間君王的指定，孔子「五十而知天命」，將天命從統治者移向個人，每個人都有自己的天命：上天賦予的使命。此天命之天有主宰義，天爲有意志的最高統治者。唯儒家之荀子主張「天行有常，不爲堯存，不爲桀亡。」（荀子・天論）此天不同孔孟之天，而爲自然之天，或形而上之天，只是存在並依既定的規則運作，與人的道德行爲無關。先秦道家之天則傾向自然之天，主張「天法道」（老子・二十五章）道家之天與 "道" 接近，可說類似荀子之天。墨家的天則兼具宗教性及工具性。

在人論方面，儒家重視禮及仁，孔子攝禮歸仁，以仁爲禮的內化。尤其強調眞誠與自覺，面對善與不善、誠與不誠，人仍有選擇。爲善若出自外在的規定，如禮法的規定，或天道的規定，則爲善與行仁仍有差別，仍不是純粹的孔孟儒家。道家則視人與天地萬物都爲道所生，本質上並無不同，唯人能離道亦能悟道，其關鍵因素在 "明"，要有智慧，才能對 "道" 有正確的認識，才有可能悟道。法家則視人爲工具，對人的內在價值及人與萬物的關係並無深刻的討論。

二、思想中的學派屬性比較

茲依上述之學派判準及討論，分析三傳思想之學派屬性成分如下：

（一）三傳思想之儒家成分

1.彖傳部分

彖傳之天偏向天道並強調人道應法天道。此將道德之根源歸諸天道，而非來自人性的內在的要求。因而離孟子心性論較遠，具有天道論色彩，此或許接近荀子，漢儒，乃至宋儒，但非孔、孟之儒。

彖傳人文化成的思想，是典型的儒家思想與抱負，此無庸置疑。此外，彖傳貴剛抑柔的思想傾向，亦明顯的與儒家主張剛直眞誠的人生態度相符，而不類道家以柔克剛，以柔順應物的處世哲理。至於鬼神觀應只是如實反映當時的宗教信仰，並無特別的論述，唯將宗教祭祀與教化連結而有「神道設教」之說，此接近儒家的傳統。

2.大象傳部分

大象傳單純以後句格言之內容來看，其儒家思想成份的確十分濃厚，對

於儒家所關心的仁及禮樂教化等，多有著墨。尤其有關仁慈、守禮、進取、教化、剛毅、眞誠等價值觀。除此之外，乾卦之「自強不息」；坎卦之「常德行」；蹇卦之「反身修德」；升卦之「積小以高大」，亦充分顯示儒家積極進取的面向。

我們可以說，《大象傳》的六十四條格言，除少數幾則可商権外，幾乎都與儒家思想契合。然而於此仍須特別強調，此處所謂大象傳思想與儒家思想契合，未必就是說大象傳思想來自儒家，此中仍有差別。

3.小象傳部分

小象傳重尊卑之分，可以視爲重禮教之思想表現，亦可視爲小象傳中的儒學思想成份。另在復卦初九提及「修身」，六二提及「下仁」，以儒家思想解釋的意味濃厚。修身是儒學功夫必論之重要概念，從《論語》《孟子》到《大學》《中庸》可說儒家經典無不重視修身。復卦六二「休復之吉，以下仁也」之「仁」，是爲三傳中，唯一見 "仁" 字之處，意義重大。可惜文句過於簡短，難窺其義。

（二）三傳思想之道家成分

1. 彖傳部分

彖傳的天概念，除了自然界的天地概念之外，最重要的是強調天道的存在，並且暗示天道是可以被認識的，有較強的天道論成分。比較類似《老子》自然之天，而與孔、孟有主宰意味的天相距較遠。

在天道論的前題下，彖傳之聖人乃指能體悟並效法天道以治理萬民的統治者，此聖人亦接近老子之聖人，而非孔、孟之聖人。

其天人關係之論述亦與其天道論及聖人觀一致，強調人道應法天道。而人之所以法天的方式，乃是經由人對天地萬物的觀察與理解，即所謂「天地萬物之情可見矣」，而非儒家所主張的「天命之性」。此或許更接近所謂「人法地，地法天，天法道」（老子·二十五章）的思想。以上諸論皆反映彖傳思想中較偏向先秦道家而不類孔、孟之成分。

2. 大象傳部分

大象傳是否有道家思想成份，亦是久爲爭議的問題。若以崇尚清靜無爲，重視全生避禍，主張以柔弱應對變化的處世態度，來判斷道家傾向，則需卦的「飲食宴樂」；隨卦的「嚮晦入宴息」；及咸卦的「以虛受人」等，確實使

人有與老莊思想暗合之感，但亦不違儒家精神。唯明夷卦之「用晦而明」及否卦之「儉德辟難」，若依其文理脈絡，除非強作解釋，否則明顯與儒家精神不合，而有道家傾向。茲分述如下：

　　否　：天地不交，否；君子以儉德辟難，不可榮以祿。

　　明夷：明入地中，明夷；君子以莅眾，用晦而明。

　　否卦，天地不交，是為天地人倫有失常道之時，或因天災，或為人禍。此時「不可榮以祿」固可以是自保，亦可以說是氣節。但於天地不交之時，何以不奮起卻避難？避難又何以須儉德？儉德，《易程傳》注曰「減損之德」，朱熹《周易本義》注曰「收歛其德」。不論如何去解釋「儉德辟難」，與其說是「知其不可而為之」（論語・憲問）的儒家，實不如說是「寧其生而曳尾於塗中乎」（莊子・秋水）的道家。

　　明夷卦，明入地中，乃晦暗不明之象。大象傳以明夷莅眾，用晦而明。王弼以道家立場，注曰「藏明於內，乃得明也。」〔註19〕；程頤以儒家立場，注曰「不極其明察用晦，然後能容物和眾。」〔註20〕，似皆可通。然細究「用晦而明」之語意，"用晦" 乃是手段，"明" 才是目的。且 "晦" 與 "明" 對立。以 "晦" 莅眾可以得 "明"，頗合道家「反者道之動；弱者道之用。」（老子・四十章）；「以智治國，國之賊；不以智治國，國之福。」（老子・六十五章）的思維。

　　反觀程頤的解釋，"用晦" 固然是手段，目的卻變成了 "和眾"。而且，原文意中，"晦" 與 "明" 的對立，以及 "晦" 中求 "明" 的要求都不見了。事實上，在大象傳中，"明" 是很重要的價值。噬嗑卦的「明罰敕法」，賁卦的「明庶政」，革卦的「治歷明時」，旅卦的「明慎用刑」，未濟卦的「慎辨物」等，都在說 "明"。程頤以儒家的立場解釋，反而把 "明" 說成了 "不能和眾"。二者相較，王弼的說法似乎更為融貫。

　　經以上探討可知，大象傳雖然蘊含儒家思想，但不宜因此就主張大象傳

〔註19〕見王弼《周易注》〈明夷・象曰〉注「莅眾顯明，蔽偽百姓者也。故以蒙養正，以明夷莅眾。藏明於內，乃得明也。顯明於外，巧所辟也。」。此注多引《老子》十八章「智慧出，有大偽」；四十九章「百姓皆注其耳目，聖人皆孩之。」及六十五章「民之難治，以其智多。」之概念。

〔註20〕見程頤《易程傳》〈明夷・象曰〉注「用明之過則易於察，太察即盡事而無含弘之度。故君子觀明入地中之象，於莅眾也，不極其明察用晦，然後能容物和眾。」「易於察」亦有文本（如《四庫全書》）作「傷於察」。

排斥道家思想，或視道家思想爲禁忌。我們應當承認，在某些地方，道家思想的確較儒家思想更適合解釋大象傳。

3. 小象傳部分

小象傳釋爻，亦不乏道家思想的例子。例如 "窮則變" 的思想，與《老子》「反者道之動」思想如出一轍。所謂「大曰逝，逝曰遠，遠曰反。」（老子·第二十五章），從空間到時間，宇宙的道理就是窮極必反。另如坤卦六二「不習無不利，地道光也。」以地道的廣大彰顯，釋「不習無不利」，王弼注此「任其自然，而物自生。不假修營而功自成，故不習焉。」以道家精神詮釋之，頗有幾分道理。

（三）三傳思想之墨家成分

有關《周易》與墨家之關係，古今學者較少討論，《墨子》全書亦不見引《周易》經傳。墨子重視天之意志，天及鬼神皆有賞善罰惡功能，用之可導正社會秩序。故有所謂「天欲義而惡不義也。」（天志）「今若使天下之人，偕若信鬼神之能賞賢而罰暴也，則夫天下豈亂哉。」（明鬼）。此似與象傳謙卦的「鬼神害盈而福謙」及大象傳大有卦的「遏惡揚善」有相通處，但這樣以天爲至高權威之上帝，並設諸神，其地位權力次於上帝等，正是中國一般平民之宗教的信仰，蓋爲古代之已然者，並不是墨子所特有的天論或宗教觀。而且墨子賴此以爲建立社會秩序的最後手段，有將天志及鬼神工具化的傾向，與象傳及大象傳的純粹宗教信仰不類，不宜因此而謂象傳或大象傳有墨家思想。

更關鍵的是，三傳多言政事或尊卑等，明顯地是站在統治階層立場看人間事物，墨子則相反，其兼愛、非攻、節用、節葬等，皆是在平民庶眾的角度看待人事，馮友蘭論墨子「墨子之學說，蓋就平民之觀點，以主張周制之反面者也。」〔註21〕此亦可說明墨子思想與三傳之思想之基本立場有異。

（四）三傳思想之法家成分

有些學者，如高享、陳鼓應等，認爲大象傳有法家思想。陳氏並列出《大象傳》噬嗑、賁、解、豐、旅、中孚等六卦之後句中有法家思想成分。

但法家著作所關注之焦點多在富國強兵之策，唯此所列之六條均與司法刑罰有關而不涉及統治及民政。此亦可知，在統治及民政的領域上，法

〔註21〕馮友蘭《中國哲學史》上冊，台北：台灣商務，1993 年。頁 110。

家思想是被排除在大象傳外的。然僅就司法觀點而言，噬嗑卦之「明罰敕法」，賁卦之「明庶政，無敢折獄」，豐卦之「折獄致刑」，旅卦之「明慎用刑，而不留獄」；重點都在強調 "明斷"。法家固然在司法上要求明斷，但明斷應是審問用刑的普遍要求，而不宜說只有法家才要求明斷，或要求明斷者必是法家。

更重要的是，一般對法家的評論是 "不論情份，嚴苛少恩"。但大象傳中如解卦之「赦過宥罪」；中孚卦之「議獄緩死」，充份顯露了仁慈寬厚的思想，這與法家的嚴苛少恩是背道而馳的。所以大象傳中唯一有可能出現法家思想的刑罰司法部份，與其說是法家的，不如說是儒家的。大象傳其實不存在有法家思想的影子。

事實上，刑罰在上古時期便已存在，《尚書》〈舜典〉篇設有五刑、鞭刑、銅刑等。〔註22〕〈呂刑〉篇亦有「呂命，穆王訓夏贖刑，作呂刑。」的記載。是為當時的司法程序和刑罰原則的文獻。所以司法與刑罰絕非法家所獨有。同理，彖傳豫卦「聖人以順動，則刑罰清而民服。」及小象傳蒙卦初六「利用刑人，以正法也。」雖提及刑罰及刑法，未必就與法家思想有關。

綜合以上，可知三傳思想的確都帶有濃厚的儒家思想成份，可以說與儒家思想最為相契。道家思想方面，彖傳的天論及天道觀，聖人觀等，皆有道家思想的影子。大象傳有些卦的前句與後句關係，若以道家思想解釋，在情境融合上會比較順暢合理。小象傳亦有些文句與道家思想甚相契合。也就是說，三傳多多少少也帶有一些道家思想的成分。除此之外，三傳完全不帶有墨家及法家思想。但是，我們是否就可以因此斷言三傳為儒家之作呢？以下做進一步討。

三、三傳為儒家之作的疑點

三傳思想內容與儒家思想最相契，屬儒家著作，此似無疑問。唯若依此主張，有關三傳的解讀亦不應與儒家學說相衝突。但就樣亦產生兩個問題(1)儒家是指那個儒家？孔子之後，儒家思想亦有所演變，此指孟子之儒家？或荀子之儒家？或董仲舒之儒家？但不論是那一種儒家，最終仍是以孔子思想為儒家之判準。故所謂儒家思想不妨逕稱孔子思想，較為貼切。(2)是否不以儒家思想來解讀三傳就是錯的？如《四庫全書提要》所說：

〔註22〕《尚書・舜典》「流宥五刑，鞭作官刑，扑作教刑，金作贖刑。」

使易不雜於術數者。弼與康伯深爲有功。祖尚虛無。使易竟入於老
莊者。弼與康伯亦不能無過。瑕瑜不掩。是其定評。諸儒偏好偏惡。
皆門戶之見不足據也。(《周易註》十卷提要)

何以使易入老莊便「不能無過」?這樣的觀點,是否會使三傳乃至周易
古經的解釋受到不必要的思想箝制,乃至陷入僵化?這都是我們在討論三傳
思想學派屬性時的重要考量。

十翼出自孔子或儒家之手的觀念根深蒂固。始作俑者或爲《史記》,其形
成定論者應在《漢書》。《史記·孔子世家》「孔子晚而喜易,序彖繫象說卦文
言。」此雖提及序、彖、繫、象、說卦、文言等,似爲十翼之篇名,但其斷
句屢有爭議。蓋序、繫、說、文等字,亦都可作動詞用。尤其「序」字,依
字義只能是排序或寫序,並非作書。至班固撰《漢書·藝文志》,則明白表示
「文王…重易六爻,作上下篇。孔氏爲之彖、象、繫辭、文言、序卦之屬十
篇。故曰易道深矣,人更三聖,世歷三古。」,其中「爲之」明顯指作書,「十
篇」明顯指十翼,即以《易經》上下篇爲文王所作,《易傳》(十翼)爲孔子
所作。伏羲畫卦,文王繫辭,孔子作傳之說從此底定。到了唐朝孔穎達《周
易正義》於〈卷首·第六論夫子十翼〉就直接說「其彖象等十翼之辭,以爲
孔子所作,先儒更無異論。」

但眞的是無異議嗎?宋以後質疑之聲逐漸開始,自歐陽修到崔述,質疑
的範圍及強度越來越大。近代學者雖未必接受十翼爲孔子本人所作,但或可
以接受十翼是孔子及其門人所著,至少,仍承認十翼爲儒家的作品。戴璉璋
便認爲「《易傳》雖非孔子所著,可是從各篇內容上觀察,說是出於儒者之手
並無可疑。」〔註23〕此應足以代表當代易學之主流意見。所謂《易傳》出自
儒者之手,應指先有孔子之傳易,然後在儒門後學中出現這樣著作,《易傳》
乃儒者出於孔子思想來解釋周易古經的著作。

有關上述主流觀點,此處首先要澄清一個觀念,《易傳》八篇在未有充分
證據之前,不宜認定是一人所著,或一人一時之作,而應待之爲八篇獨立的
文本。就此前提,《易傳》是否爲孔子門人所著,應分篇論定,不宜一概而論
之。《繫辭傳》《文言傳》屢引孔子之言,《繫辭傳》上下篇引「子曰」24 次,
《文言傳》引「子曰」6 次,應可視爲儒家作品。《說卦傳》有「立天之道曰
陰與陽,立地之道曰柔與剛,立人之道曰仁與義。」以仁、義爲「人之道」,

〔註23〕戴璉璋《易傳之形成及其思想》頁 10。

儒家立場亦十分明顯。《序卦傳》「有天地然後有萬物，有萬物然後有男女，有男女然後有夫婦，有夫婦然後有父子，有父子然後有君臣，有君臣然後有上下，有上下然後禮義有所錯。」論及三綱及禮義。至少合於漢儒之標準。《雜卦傳》則找不到足以彰顯儒家屬性的文句。至於《彖傳》《大象傳》及《小象傳》，若說是儒家之作，亦當在文本中找出足夠的證據，而不宜說因為《繫辭傳》《文言傳》等為儒家作品，就順理成章的主張《彖傳》《大象傳》及《小象傳》亦屬儒家作品。

　　有關彖象三傳為孔門之作的說法，本論文有部分認同，亦有部分懷疑。認同的部分包括(1)承認孔子曾讀易、喜易、且傳易。(2)承認彖象三傳之中，儒學思想的成份佔很大的比重。但對於三傳出於儒家的說法，亦存有下列三點疑問：

　　(1) "仁" 是儒學的核心概念，為何三傳罕見仁字

　　孔子為儒家之創始者，繼承周文精神而賦予時代的創新。在理論演變上，試圖把外在的、強制性的禮儀規範，轉化為內在的、自覺的道德規範〔註24〕。此對社會文明秩序來源作根本轉變，勞思光以「攝禮歸仁」、「攝禮歸義」八字簡括說之。〔註25〕

　　"仁" 為孔子學說的中心，仁是義的基礎，義是仁的顯現，〔註26〕並以此開展孝、悌、忠、信等德目。我們可以說仁、義、孝、悌、忠、信等，俱是儒家特有且極力主張的概念。"禮" 固然也是，但禮的概念在儒家之前，已經廣泛受到重視，所以不能說是儒家特有的主張。

　　唯在大象傳文本之中，仁、義、孝、悌、忠、信等字出現的頻率皆為零，也就是從未被使用到。彖傳文本中亦不見仁、悌、忠等字，孝字出現一次於萃卦「王假有廟，致孝享也。」但此孝為祭祀的意思，近似「菲飲食，而致孝乎鬼神。」（論語・泰伯）之孝。義字及信字較常見，但是此義為宜，而非仁義之義；信字亦未必為誠信之信，亦可以是相信之信，信賴之信。〔註27〕

　　小象傳中，復卦六二「休復之吉，以下仁也。」是為三傳中唯一出現仁

〔註24〕 李澤厚《中國古代思想史論・孔子再評價》二版，臺北：三民書局，2012年。頁17，「把『禮』以及『儀』從外在的規範約束解說成人心的內在要求」。
〔註25〕 勞思光《新編中國哲學史》（一），頁108～118。
〔註26〕 同上，頁117。
〔註27〕 參看第三章第三節之一〈彖傳字詞使用慣例〉，其中有關 "義" 及 "孚" 字之說明。

字者，可惜文句簡短，未能深究其義，大約是對下仁慈寬厚的意思。同樣地，小象傳也不見孝、悌、忠等字。義字出現 14 次，皆可解釋爲宜爲理，或 “依理”。信字用於釋爻辭者共 5 次，多與志合用。似理解爲信念之信較妥。〔註28〕其於以上，提出三傳爲儒家作品的第一個質疑：何以三傳罕見仁字？亦未見道德意義的孝、悌、忠等思想發揮？

(2) 孔子說易是否論及卦畫解析？

《繫辭傳》《文言傳》屢以「子曰」的方式直接引用孔子在易學上的發言。帛書《易傳》亦大量以「子曰」或「孔子曰」的方式解說爻辭。其他如《呂氏春秋》《淮南子》等亦有引孔子語以說易理的記載。引孔子的話來解說易理，可以說是以最直接的方式來表達孔門對《易經》的看法，也最足以證明儒家與易經的關係。但是我們從上述諸文獻所引的孔子言論中，會發現孔子釋《易經》，全依卦爻辭演繹，或採比興的方式聯想及贊嘆，其中找不到任何以卦象、卦德、或爻象的方式，談論易卦爻辭的含意。充其量只能在釋「亢龍有悔」時有「貴而無位，高而無民。」（繫辭傳、文言傳），或釋「潛龍勿用」時有「在下爲潛，在上爲炕（亢）。」（帛書・易之義）等〔註29〕找到一些暗示，但這也是順著爻辭的解釋，而且僅出現在乾卦，無關乎剛、柔、陰、陽等爻象論述。也就是說，在可信的文獻上，〔註30〕找不到孔子以象數說易，以卦畫解釋卦爻辭的記錄。

如果說三傳來自孔子思想，孔子論易又避談卦畫及象數，那麼，我們應該如何解釋三傳以卦象、卦德、及爻象解析卦畫的事實？這是以三傳爲儒家作品的第二個質疑。

(3) 平民教育是儒學的特色，爲何三傳多就貴族立場？

周天子及諸侯國設有小學及大學以教育貴族子弟。周天子之大學稱辟雍，諸侯則稱泮宮〔註31〕，大學教育的內容爲六藝，尤其是以禮、樂、射、

〔註28〕 參看第五章第三節之三〈小象傳對爻辭之解釋〉，其中有關 “義” 及 “孚” 字之說明。

〔註29〕 《文言傳》釋乾卦九二有「子曰：龍德而正中者也。」，唯「正中」二字與《彖傳》、《小象傳》之爻象用語不類，蓋九二雖中不正。

〔註30〕 古今亦有些易學著作，在引用《易傳》文字時，直接冠以「子曰」、「夫子曰」等，這是一廂情願的作法，不爲本研究所取。

〔註31〕 劉向《說苑・脩文》「故聖王修禮文，設庠序，陳鍾鼓，天子辟雍，諸侯泮宮，所以行德化。」

御爲主。〔註32〕唯孔子始以六藝教育平民〔註33〕，所謂「自行束脩以上，吾未嘗無誨焉。」（論語・述而）。孔子教育目標，當在將一般人，而非僅限貴族子弟，教育成德行良好，有道德感的政治家或學者。儒家學派之出現，其及成員之骨幹，當在一般平民而非貴族。

但是，三傳的貴族思想成分十分濃厚。大象傳六十四則中，論及民政、教化、司法審判等爲統治階層所專屬者即高達 27 條，佔全體的 42%。象傳亦以統治者的角度談論聖人，小象傳更有強烈的上下尊卑的思想，以卑順尊爲吉。何以三傳皆從統治者的視域看世界？何以三傳沒有如《論語》「士志於道，而恥惡衣惡食者，未足與議也。」（里仁）或「三軍可奪帥也，匹夫不可奪志也。」（子罕）等以平民身份發言的文句？這是否顯示三傳所屬意的讀者對象原本就設定在貴族階層？此爲以三傳爲儒家作品的第三個質疑。

綜合以上，雖然三傳思想與儒學十分相契，似可認爲三傳係孔門之作，但又如何解釋三傳罕用仁、孝等字，三傳以卦畫解釋卦爻辭的淵源，以及三傳以貴族而非平民爲對象的立場？茲進一步探討如下。

若 A、B 二思想相契合，可能的原因有四種：(1) A 承襲 B 而發揮；(2) B 承襲 A 而發揮；(3) A、B 承襲共同來源而各自發揮；(4) 原不相干，純屬巧合。今三傳思想與孔門儒學相契，亦可依上列四原因檢別之。三傳與孔子年代相近，若說純屬巧合實難以使人信服。若說孔子因三傳而啓發儒學更顯荒誕，剩下的只有三傳承襲孔子思想而發揮，以及三傳與孔子思想有共同的來源兩個選項。但若三傳承襲孔子思想，則又面臨上述三項質疑，所以，最後接受原因三：彖象三傳與孔子承襲共同來源而各自發揮，似爲合理之判斷。就三傳與孔子之年代而論，這個共同的思想來源應非周文莫屬。也就是說，三傳，或其中之一、二傳，與孔子共同繼承周文而發揮，故其思想近似，而又略有不同。

四、三傳思想的可能源流

如果三傳爲孔子思想發揮的想法，面對上述三質疑找不到合理的答案，唯有接受 "三傳思想與孔子思想有共同來源" 一途，而這個共同的思想來源，

〔註32〕 參考楊寬《古史新探》〈我國古代大學的起源及其特點〉，頁 197～214，北京：中華書局，1965。

〔註33〕 馮友蘭《孔子在中國歷史中之地位》，燕京學報，1927（02）。「故以六藝教人，或許不始於孔子，而以六藝教一般人，使六藝民眾化，實始於孔子。」

應就是周朝賴以建國的封建宗法制度及周公制禮作樂的文化，或統稱之爲周文。

孔子思想不是憑空生出來的，在討論孔子與原始儒家時，不能忽略周公或周文對孔子的影響。陳來於《古代宗教與倫理——儒家思想的根源》導論中，對原始儒家與西周文化的傳承，做了總括性的描述：

> 孔子和早期儒家思想中所發展的那些內容，不是與西周文化及其發展方向對抗，斷裂而產生的。在孔子與早期儒家的思想和文化氣質方面，與西周文化及其走向有著一脈相承的連結關係。正如楊向奎先生所指出「沒有周公就不會有傳世的禮樂文明……以禮樂爲主的周公之道，世世相傳，春秋末期遂有孔子以仁禮爲內容的儒家思想。〔註34〕

就本質上來說，周文即周公以開國大政治家的高度，爲周朝之立國及統治建立的思想及制度。這套思想及制度，大致上包括了封建，禮制，及天命觀三個面向。在封建方面，建立了以血緣爲基礎的宗法及貴族制度。在禮制方面，以禮儀來確立人與人之間，國與國之間，以及天與人之間的尊卑關係及社會秩序。在天命觀方面，則確立了政權來自天命，而天命靡常，唯以天子之德爲考量。

孔子承繼周文，配合時代的變遷，而作了一些必要的調整改進。面對諸侯相互征伐，貴族流落民間，孔子致力於教育的平民化，在"德"與"位"之間，強調德而不強調位。面對禮制的崩壞，則提倡以仁攝禮，由普遍存在於人內部的"仁"心，重新訂定人倫規範。在天命觀方面，亦將天命的對象，由君主獨有開放到所有人，每個人都應是"天命"的對象，都有天所賜的命定及使命。

周文的實施與傳承必有賴官吏及教育，在官職上，朝庭設有冢宰、司徒、宗伯等公卿以掌六部，並由貴族依身分擔任各級官吏。在教育上則設有小學及大學以教貴族子弟。諸侯國亦有自己的官僚體系及貴族教育機構。直到孔子之前，一般平民是沒有機會受正式教育的。在這樣的制度下，可以想像得到，學問及文獻的傳承，皆是在貴族手中，尤其是官府之中。

班固《漢書·藝文志》摘錄劉歆《七略》，提出九流出於王官之說，主張

〔註34〕陳來《古代宗教與倫理——儒家思想的根源》，北京：三聯書店，1996年。頁16。

諸子之學出於官府。《漢書‧禮樂志》載「周道始缺，怨刺之詩起。王澤既竭，而詩不能作。王官失業，雅頌相錯，孔子論而定之。」以禮樂爲例，先有「王官失業」，而後有「孔子論而定之」可見在孔子之前，詩、書、禮、樂之學問盡在王官手中。胡適對諸子之學出於官府的論點不以爲然，並作〈諸子不出於王官論〉〔註35〕，唯胡適所反對的是劉歆／班固主張「道家者流，蓋出於史官」；「儒家者流，蓋出於司徒之官」；「墨家者流，蓋出於清廟之守」這類的主張，但並不否認「古代書冊司於官府，故教育之權柄於王官；非仕無所受書，非吏無所得師。」〔註36〕而是主張「古者學在王官，是一事。諸子之學是否出於王官，又是一事。」〔註37〕意即孔子之學必有所突破，而非緊守王官之學，亦未必來自司徒之官。

　　唯《周禮‧春官宗伯》明列有大卜、大祝、大史、筮人、占人等官職，《左傳》《國語》中之占筮者也都是諸侯國中的史官、卜官、或王公大臣等。可見在春秋時代，易學的傳承，仍在官府及王公貴族手中。周室即使衰微，易學傳承並未斷絕，反而更有出走傳播至諸侯國的可能。這些具有易學知識的官守，爲了將筮占之學傳授給貴族子弟而有所著述，也是相當合理的推測。而春秋易學也已經有將卦爻辭往義理方向解釋的風氣，深諳易學的史官或卜官，也必定受過相當的詩、書、禮、樂的薰陶，所以在著述中，若有如《彖傳》《大象傳》《小象傳》那樣，結合卦畫解析及義理解說的見解，也是合理的推測。

　　據此提出一個假設：彖象三傳思想源王官，而非源於孔子。這也可以說明，何以三傳罕見孔子思想中極爲重要的仁、孝等字；何以普遍使用卦畫來解釋卦爻辭；以及何以多從統治階層的觀點發言等疑點。

　　至於後世學者又爲何普遍接受三傳爲儒家之作呢？三傳思想與孔子思想同源，有共同的文化背景，都承襲周文而有所發揮，當然是最主要的因素。孔子思想對禮壞樂崩後的社會，配合時代的變遷，在承繼中做了必要的調整改進，但基本上對西周文明是贊賞的，是嚮往的。所以才會有「郁郁乎文哉！吾從周。」（論語‧八佾）及「久矣吾不復夢見周公。」（論語‧述而）之嘆。三傳對周文只是繼承並無突破，三傳的突破在以西周文明爲基調，對易經的

〔註35〕收錄於胡適《中國哲學史大綱》卷上，〈附錄〉，北京：商務印書館，1919年。
〔註36〕收錄於胡適《中國哲學史大綱》卷上，〈附錄〉，北京：商務印書館，1919年。
〔註37〕收錄於胡適《中國哲學史大綱》卷上，〈附錄〉，北京：商務印書館，1919年。

內容作全面性的義理解釋。繼承周文是三傳思想與孔子思想的共同點。此不同於道家、墨家，法家對周文持排斥乃至反對的態度。所以三傳貌似儒家之作，而不似道、墨，法家之作。

　　另一個重要的因素在歷代學者對三傳解釋的意圖，學者戴上儒家的眼鏡，努力朝著儒學的方向去解釋三傳內容，所以一切都可以解釋爲儒家思想。例如將 "義" 解釋爲忠義或仁義，將 "孚" 解釋爲信，再將 "信" 解釋爲誠信，將 "德" 解釋爲仁義道德，將 "君子" 及 "小人" 解釋爲有道德者及無道德者等。朝此方向解釋，三傳就必須是儒家之作。或問，學者若載上道家眼鏡，是否亦可以將三傳亦解釋爲道家之作呢？事實上就有學者如此解讀三傳，〔註 38〕當然，這樣解讀的困難度比較高，因爲三傳思想基本上還是承襲周文的，而道家思想對周文有相當的排斥。

〔註38〕例如陳鼓應《易傳與道家思想》，北京：新知三書店，1996 年。頁 3～59。

第八章　結　論

本論文之首要宗旨在針對《彖傳》《大象傳》及《小象傳》，探究其解釋《易經》卦畫及卦爻辭的方法、規則、文體、及慣例，並將之說清楚，講明白。在對三傳釋經體例有清楚的認識及解說的基礎下，其次才是對三傳思想做客觀剖析與比較。

為了讓上述的研究工作能有一個好的起始點，首先從二項擱置開始。欲對三篇重要的易學文獻做更客觀的討論及分析，擱置傳統易學研究的二項預設是有必要的，此二預設信念分別是(1)周易與天地準(2)周易成書人更三聖。第一項預設意味著周易的內容與天地的運作是密合的，經由易道的探索與推演，可知天道以明人事。第二項預設意味著《周易》經傳是聖人所作，是不可分割的整體，並有絕對的權威性。傳統易學對這兩點預設深信不疑，並以此為基礎進行周易經傳的解讀、探究、及發揮。如今所以要先擱置這兩項預設，簡單的說，就是為了要去除周易研究中的神秘性與絕對性，使能以更理性態度，更開擴的視野，去詮釋三傳，進而理解易經。

在擱置的同時，本研究也提出一項重要的假設：《彖傳》《大象傳》及《小象傳》為三份各自獨立的文本。所謂獨立，是指三傳各有各的著作體例及思想內容，可能有相同點，也可能有相異點，但不要混為一談。所以說，依彖傳解讀彖傳，依大象傳解讀大象傳，依小象傳解讀小象傳。突顯三傳文本的獨立性是在擱置「人更三聖」後的一種詮釋態度，當三傳是否皆為孔子所作的爭議被擱置之後，不妨一切回到文本自身，不再需要以此傳解彼傳，以免彼此夾雜糾纏。

所謂的擱置及假設，不是說要去否定或主張什麼，而是要澄清本研究的

前提是什麼。先以這樣的前提來研究三傳的著作體例及思想內容，等到對三傳的性質、體例、及思想有相當的認識之後，當然可以回頭再來看此二擱置及一假設的內容是否合理，是否正確，是否需要修正，或進一步討論。

以此前提，本文先對彖傳文本之著作體例及釋經方法進行解析，再對其思想發揮作整理。然後我們可以發現，彖傳在釋經方法上，除了繼承春秋易學以卦象釋經的傳統之外，另有許多創新。包括八經卦的卦德解釋，以及六爻的爻象解釋等。並使用剛、柔、中、正、應、位、健、順、動、巽等帶有德行意義的字詞，將卦畫依一定之規則轉換爲短句，用以說明卦旨，解釋卦辭。

彖傳對這些轉換規則的運用，是有選擇性及目的性的，是人爲判選及創作的結果。其目的在依卦畫造短句，再以所造短句在字義上的雙關性及人事象徵意義，來解釋卦辭。這樣的解釋方式，給人一種依卦畫所顯示卦辭之意本當如此的效果。但不宜因此而認爲卦辭是卦畫依某種天道規則所生成的，此二者有很大的差別。

在思想方面，也因爲擱置「人更三聖」的信念，不預設彖傳爲孔子所作或必爲儒家思想，所以採取開放的態度，回歸文本，疏理彖傳文字中所可能蘊育的形上學、天論、聖人觀、鬼神觀、天人關係等哲學思想，以及彖傳所大力發揮的剛柔思想、明時思想、人文化成思想等。

同樣地，針對大象傳文本亦解析其體例及釋經方法，並整理其所發揮之思想。基於大象傳文體的整齊格式，及卦畫解析方法的單純統一，本研究提出了大象傳的三次轉換說，主張大象傳以卦畫及卦名爲原始材料，經三次轉換而成大象傳文句。第一次轉換依卦畫得前句，第二次轉換依前句所描繪的自然景象結合卦名以得卦旨，第三次轉換在自卦旨所呈現之人事情境中，啓發出君子之言行規範。

三次轉換說最大的目的在求大象傳前句、卦名、及後句結構的融貫且完整的解釋，以免除傳統易學因過分重視後句之道德意義以致忽略其易學脈絡的弊病，使後句格言不至於成爲六十四句鬆散的道德教條。

在思想內容上，主要以統計分析的方式，將大象傳後句內容，依其作用分爲修身、處世、及政事三大類。依其價值意識分爲明辨、仁慈、進取、守禮、教化、剛毅、敬天、節制、眞誠、謙退十大類。並以此區分大象傳之學派屬性傾向。

　　小象傳由於文句簡短，內容零碎雜亂，其釋經體例及思想價值歷來頗受學者批評。本研究一方面嘗試爲小象傳的零雜略做辯解，一方面也針對其釋經方式及思想內容進行解析。研究發現，小象傳卦畫解析方式及用語與象傳極相似，對一些卦爻辭慣用語詞的解釋也與象傳相同。但小象傳釋爻辭，有將爻及爻位擬人化的傾向，此則爲小象傳所特有。在思想方面，小象傳文句過於簡短，難以承載較深刻的思想，但從眾多簡短文句的分析與歸納中，仍可發現小象傳釋爻之背後，有重尊卑及窮則變的思想。

　　在對《彖傳》《大象傳》及《小象傳》之著作體例、釋經方法、及哲學思想有一定的程度的認識之後，乃可就三傳成書問題，三傳思想學派問題，及易經與天道問題等，提出一些新的論點並論證之。

　　有關三傳成書問題，本論文提出三點結論(1)彖傳與小象傳有關，可能出於同一人或同一學派，大象傳則在成書年代上及解經方法上，皆與彖傳及小象傳不同，其作者應不同於彖傳及小象傳。(2)大象傳應早於彖傳及小象傳。(3)大象傳成書有可能在孔子之前。

　　有關三傳之思想學派問題，本論文提出兩點結論(1)三傳之思想，大部分傾向儒家，亦含有道家思想成分，但並無墨家或法家成分。(2)三傳之思想，皆與西周之文化及社會制度相合，且明顯以統治階級的觀點著述。其學可能出於王官，與儒家有共同的源頭。

　　最後以易經本質之討論，作爲本論文之總結。對此這裡提出三個問題(1)目的問題：易經作者著書之意圖爲何？易經是占筮之書？或義理之書？(2)天道問題：天道是否存在？易經是否合於天道？(3)圖文關係問題：卦畫（圖）及卦爻辭（文）之間關係爲何？是文出於圖？或以圖釋文？

　　有關第一個問題，易經著作的原始目的應是爲了占筮。易經本是占筮之書，這是有文獻依據的，此應不容置疑。《書經》〈洪範〉已是卜筮並列，以爲決疑；〈君奭〉亦有「若卜筮，罔不是孚。」可見在當時筮與卜均是問天意以決疑惑的方法手段。《周禮》〈春官宗伯〉亦有大卜、占人、筮人等官職，占筮屬朝庭官守之一。《春秋左傳》《國語》所有占筮之例，必引易經之卦象、卦名，或卦爻辭。此可確定占筮與易經的關係。除此之外，近代考古學出土文物亦有豐富的古代占筮證據，包括文字卦或符號卦等，其文字數或符號數皆爲六，與易經一卦六爻的體制相同。更直接的證據是，出土帛書易傳〈要〉篇記載「贛曰：夫子亦信其筮乎？子曰：吾百占而七才當。」又引孔子語「易

我後其祝卜矣，我觀其德義耳也。幽贊而達乎數，明數而達乎德，又仁（守）者而義行之耳。贊而不達於數，則其爲之巫。數而不達於德，則其爲之史。」〔註1〕明顯說明孔子經常以易經占筮，但是孔子不只視易經爲占筮之書，並進一步觀易經之德義。

從義理觀點解釋易經也並非自孔子始，例如《左傳》襄公九年穆姜以「體之長」、「嘉之會」、「義之和」、「事之幹」釋卦辭「元亨利貞」。襄公二十八年，鄭大夫游吉不用占筮，直接以「欲復其願，而棄其本，復歸無所，是謂迷復，能無凶乎。」解釋復卦上六爻辭「迷復凶。」並論斷楚君有凶。此說明孔子之前，以義理說易的風氣已開。

三傳有系統的以義理解釋周易古經而不論及占筮，是爲易學史上的一大突破。自此，對易經的認識，可以有兩種不同的角度，一是視易經爲占筮之書，一是視易經爲義理之書，當然亦可二者兼具。易經被視爲義理之書的同時，仍可用以占筮決疑，只是在結果的解釋上，可能更偏向義理推論而非象數演算。

有關第二個問題，易經是否合於天道，其實關係到以易經占筮如何可能爲理性所接受。周代可謂中國人文覺醒的時代，尤其春秋戰國，百家爭鳴，宗教的影響逐漸勢微。人文及理性的抬頭，促使人們提出“爲什麼”的追求，凡事要求合理的解釋。之所以須視易經爲義理之書，很有可能就是基於理性的要求。然而，若以易經爲占筮之書，是否同樣的也要被理性所要求，要回答“爲什麼”？爲什麼得此卦此爻爲吉，得彼卦彼爻又爲凶？爲什麼經由一定步驟的籌策運算就會陷入對應卦爻辭所示的情境？凡此類問題，最可能的解答應該就是訴諸六合之外的天道，因爲易經說明易道，藉易道又可通天道。也就是說，因爲易經的卦畫及卦爻辭暗合天道，大自然與人世間的一切又必依天道運作，所以藉由易經占筮可知事物發展的吉凶。如果易經無關天道，那麼以易經占筮只能付諸信仰，而且是盲目的信仰。

那麼，易經是否暗藏有天道呢？被本文所擱置的信念——「易與天地準」，現在可以再提出來檢視。關於天道是否存在，以及《易經》是否暗藏有天道等問題，有鑑於人對宇宙的認識有限，對此問題仍應保留開放的態度。主張易經無涉天道者，可以從義理的角度解釋易經，或從時代變遷的角度看易經性質的演變。主張易經涉及天道者，可以從易經卦畫及卦爻辭去論述易

〔註 1〕王化平《帛書《易傳》研究》，成都：巴蜀書社，2007 年。頁 142。

經，所謂探賾索隱，以窺天道。尤其是探究易經卦畫與天道的關係。近人薛學潛主張易經方陣可通物質波量子力學及相對論，〔註2〕劉子華以易經卦畫結合五行及宋人之圖書之學，以推算太陽系第十顆行星的存在，並預測其運行週期〔註3〕等，都是以《易經》藏有天道為基礎所作的研究成果。

天道的存在，在占筮行為上，應該有更深刻的意義。占筮的原始目的是為了決疑，〔註4〕當人有大疑惑，用盡一切手段仍無法做出選擇時，以占筮求天意不失為一個可行的方法。理性的作用及能力其實是有限度的，占筮為理性所不達處找到一條出路，而且象數或義理的推演或解釋又不失理性。西方心理學家榮格（Carl Gustav Jung）以「共時性（Synchronicity）」「有意義的巧合」〔註5〕等來解釋占筮行為中，占筮結果與占問者心境之間的巧合。此類巧合的背後，應該還是對天道存在的信念。

若易經藏有天道，那麼卦畫與卦爻辭的關係，也就是關於易經性質的第三個問題──圖文關係問題，就更為關鍵。

卦畫相對於卦爻辭，既無文字的束縛，有廣大的解釋空間，又有多樣的象徵意義及變化方式，而且還有可以說的規則安排，所以其中藏有天道的想法是可以被期望的，也是有可能的。但是易經中具體論斷吉凶以及敘述時空情境的是卦爻辭，那麼，卦畫與卦爻辭的關係為何？

就卦爻辭作者之角度觀之，此中有兩種可能答案：(1)作者或依自己的人生體驗，或歷次的占筮記錄，撰寫編輯卦爻辭並繫於卦畫之後，此卦爻辭為作者的創作。(2)作者從卦畫中領悟天道及易道，並依天道規則推演出各卦畫之卦爻辭。也就是說，文出於圖，卦爻辭是作者推演卦畫的必然結果。

若從占筮的角度，應該會期望後者，以卦爻辭為卦畫依天道推演而出的必然結果。故誰能說清礎卦畫推演出卦爻辭的規則，誰就能掌握天道，並以天道推演人間之吉凶禍福。此推演規則異常重要，因為此足以證實易經藏有天道密碼，而掌握此天道密碼，不但能合理解釋卦爻辭之所以如此安排，也可以擴大卦畫的解釋空間，掌握卦爻辭之外的種種現象或變化，以前知事物的未來發展。

〔註2〕參考蔡尚慧《十家論易》，上海：上海人民出社，2006 年。頁 429～461。
〔註3〕同上，頁 463～504。
〔註4〕《書經‧洪範》「汝則有大疑，謀及乃心，謀及卿士，謀及庶人，謀及卜筮。」
〔註5〕榮格著，楊儒賓譯：《東洋冥想的心理學—從易經到禪》，臺北市：商鼎文化，1993 年。頁 217～266。

　　但對視《易經》為義理之書者而言，要求 "文出於圖" 的意義何在？由於義理之承載必有賴於文字，強調卦爻辭出於卦畫似乎多此一舉。但若因義理而企求卦畫推演卦爻辭的規則，亦仍具有下列兩點意義：(1)可增加卦爻辭本身的權威性，卦爻辭所說的義理可直通天道，此其一。(2)可將卦爻辭之義理依某些規則旁通解釋，以擴大義理解說之彈性，此其二。故有時仍為以義理釋《易經》者所樂用。唯若因過於重視 "文出於圖" 的要求，而使義理解釋陷於虛浮無根，甚或顧此失彼，則亦是捨本逐末，得不償失。

　　回頭再來檢視彖象三傳釋經對《易經》性質所持的觀點，可以總結如下：(1)三傳皆以義理釋經，視易經為義理之書，未見有論及占筮者。(2)三傳皆以大自然之運作為天地運行之道，多以易經論人道，鮮少論及六合之外的天道，是未見有以易經窺天道的企圖。(3)三傳釋經，多以卦畫解釋卦爻辭，例如大象傳以卦象釋卦名，彖傳以卦象、卦、及爻象釋卦辭等，但此解類解釋多為象徵、隱喻、或啟發等，並未見以卦畫直接說卦爻辭文字之來歷者。

　　傳統易學及近代易學的演變，對易經的詮釋，基本上也基於對《易經》性質所持的觀點而有所差異。若重視《易經》之占筮功能，則亦應重視《易經》所可能暗藏的天道，並關心卦爻辭與卦畫之間的推演關係。若重視《易經》之義理功能，則以卦爻辭為主，《易經》與天道的關係以及卦爻辭與卦畫的關係為輔助，為次要，可談論亦可拋棄。

　　《易經》的確是迷人的，既有極具規則性的數學排列組合，又有古奧難通卻又模稜兩可的文字。所言說的內容，既散漫無章，又似暗藏規律。給人無限神秘又可無限發揮的感覺。這是傳統上《易經》給我們的印象。然而若就將《周易》視為學問的觀點，則研究《易經》的終極目標，就在區分其中理性與神秘，把理性所能及者說清楚，理性所不能及者歸諸天道神秘。本論文的終極目的，也就期望在《易經》理性所能及處說清楚的工作上，能作出一些小小的貢獻。

參考文獻

一、古籍文獻（依年代順序）

1. 〔周〕左丘明撰，李宗侗註譯：《春秋左傳今註今譯》，臺北：臺灣商務印書館，1993 年。

2. 〔魏〕王弼撰，樓宇烈校釋：《周易注校釋》，北京：中華書局，2012 年。

3. 〔唐〕孔穎達疏，李學勤主編：《周易正義》，臺北：臺灣古籍，2001 年。

4. 〔唐〕李鼎祚：《周易集解》，收入《四庫全書》，經部，易類。

5. 〔宋〕歐陽修：《易童子問》，收入《歐陽修全集》，北京：中華書局，2001 年。

6. 〔宋〕程頤：《易程傳》，收入楊家駱主編：《易程傳，易本義》，臺北：世界書局，1962 年。

7. 〔宋〕朱震：《漢上易集傳》，收入《四庫全書》，經部，易類。臺北：商務印書館，1983 年。

8. 〔宋〕朱熹：《周易本義》，收入楊家駱主編：《易程傳，易本義》，臺北：世界書局，1962 年。

9. 〔宋〕俞琰：《俞氏易集說》（上下冊），臺北：廣文書局，1974 年。

10. 〔清〕王之夫：《周易大象解》，收入《船山易學》，臺北：廣文書局，1976 年。

11. 〔清〕顧炎武：《音學五書〉，北京：中華書局，1982 年。

12. 〔清〕顧炎武：《日知錄》收錄於王雲五主編《萬有文庫》，臺北：商務印書館，1965 年。

13. 〔清〕毛奇齡：《春秋占筮書》，收入《四庫全書》，經部，易類。

14. 〔清〕胡煦：《周易函書》，收錄於《四庫全書》，經部，易類。

15. 〔清〕惠棟：《古文尚書考》，臺北：新文豐出版公司，1988 年。

二、近代著作（依作者筆畫順序）

1. 王化平：《帛書《易傳》研究》，成都：巴蜀書社，2007 年。
2. 王博：《易傳通論》，臺北：大展出版社，2004 年。
3. 朱伯崑：《易學哲學史》，北京：華夏出版社，1995 年。
4. 呂紹綱：《周易闡微》，臺北：韜略，2003 年。
5. 李學勤：《周易溯源》，成都：巴蜀書社，2006 年。
6. 李澤厚：《中國古代思想史論》二版，臺北：三民書局，2012 年。
7. 李鏡池：《周易探源》，北京：中華書局，1987 年。
8. 屈萬里：《先秦漢魏易例述評》，臺北：臺灣學生書局，1969 年。
9. 屈萬里：《漢石經周易殘字集證》，收錄於《屈萬里全集》第二輯，臺北：中央研究院歷史語言研究所，1961 年。
10. 林義正：《《周易》、《春秋》的詮釋原理與應用》，臺北：臺灣大學出版中心，2010 年。
11. 林義正：《孔子學說探微》，臺北：東大圖書，1987 年。
12. 林麗真：《王弼及其易學》，臺北：臺大文學院文史叢刊，1977 年。
13. 金春峰：《周易經傳梳理與郭店楚簡思想新釋》，臺北：臺灣古籍，2003 年。
14. 杭辛齋：《學易筆談》，臺北：廣文書局，1971 年。
15. 胡適《中國哲學史大綱》卷上，北京：商務印書館，1919 年。
16. 胡樸安：《周易古史觀》，上海：上海古籍出版社，2005 年。
17. 唐作藩：《音韻學教程》，臺北：五南圖書，1994 年。
18. 孫中原、吳進安、李賢中：《墨翟與《墨子》》，臺北：五南，2012 年。
19. 高亨：《周易大傳今注》，濟南：齊魯書社，2009 年。
20. 高亨：《周易古經今注》，臺北：華正書局，2008 年。
21. 高亨：《周易古經通說》，北京：中華書局，1958 年。
22. 高亨：《高亨《周易》九講》，北京：中華書局，2011 年。
23. 張朋：《春秋易學研究：以《周易》卦爻辭卦象解說方法》，上海：上海人民出版社，2011 年。
24. 張金平：《考古發現與易學溯源研究》，北京：中國社會科學出版社，2015 年。
25. 郭沂：《郭店竹簡與先秦儒家思想》，上海：上海教育出版社，2001 年。
26. 陳來：《古代宗教與倫理——儒家思想的根源》，北京：三聯書店，1996 年。

27. 陳鼓應，趙建偉：《周易注釋及研究》，臺北：臺灣商務印書館，1999 年。

28. 陳鼓應：《易傳與道家思想》，北京：新知三書店，1996 年。

29. 陳夢家：《殷虛卜辭綜述》，北京：中華書局，1988 年。

30. 傅佩榮：《解讀老子》，新北：立緒文化，2003 年。

31. 傅佩榮：《解讀論語》，新北：立緒文化，2003 年。

32. 傅佩榮：《解讀易經》，新北：立緒文化，2005 年。

33. 傅佩榮：《儒道天論發微》，臺北：聯經，2010 年。

34. 傅佩榮：《先秦儒家哲學十六講》，新北：立緒文化，2018 年。

35. 勞思光：《新編中國哲學史》，四版，臺北：三民，2010 年。

36. 曾春海：《中國近當代哲學史》，臺北：五南，2018。

37. 馮友蘭：《中國哲學史》，臺北：臺灣商務，1993 年。

38. 黃沛榮：《周易象象傳義理探微》，臺北：漢京文化，1984 年。

39. 黃沛榮：《易學乾坤》，臺北：大安出版社，1998 年。

40. 黃壽祺，張善文編：《周易研究論文集》，北京：北京師範大學，1989 年。

41. 楊勇：《世說語校箋》，臺北：正文書局，1992。

42. 楊寬：《古史新探》，北京：中華書局，1965。

43. 楊慶中：《二十世紀中國易學史》，北京：人民出版社，2002 年。

44. 楊慶中：《周易經傳研究》，北京：人商務印書館，2005 年。

45. 廖名春，康學偉，梁韋弦：《周易研究史》，長沙：湖南出版社，1991 年。

46. 廖名春：《周易經傳與易學史新論》，濟南：齊魯書社，2001 年。

47. 劉大鈞：《今、帛、竹書《周易》綜考》，上海：上海古籍，2004 年。

48. 潘德榮：《文字·詮釋·傳統：中國詮釋傳統的現代轉化》，上海：上海譯文出版社，2003 年。

49. 鄭吉雄：《易圖象與易詮釋》，臺北：喜馬拉雅基金會，2002 年。

50. 戴璉璋：《易傳之形成及其思想》，臺北：文津出版社，1989 年。

51. 嚴靈峰：《易學新論》，臺北：正中書局，1979 年。

52. 顧頡剛：《古史辨》，上海：上海古籍，1982 年（重印）。

53. Dupre 著，傅佩榮譯：《人的宗教向度》，臺北：立緒文化，2006 年。

54. Jung（榮格）著，楊儒賓譯：《東洋冥想的心理學—從易經到禪》，臺北：商鼎文化，1993 年。

55. Palmer（帕瑪）著，嚴平譯：《詮釋學》，臺北：桂冠，1992 年。

三、期刊論文（依時間順序）

1. 馮友蘭《孔子在中國歷史中之地位》，燕京學報，1927（02）。

2. 朱學瓊：〈周易象象傳例補〉，《（書目季刊》，1972 年 7 月。頁 39～48。

3. 程元敏：〈淺說周易小象傳易理〉，收錄於林尹等著《易經研究論集》（孔孟學說叢書），頁 359～364，臺北：黎明文化，1981 年。

4. 高亨：〈左傳、國語的周易通說〉，收錄於黃壽祺、張善文編《易研究論文集》第 2 輯，北京：北京師範大學，1989 年。頁 125～153。

5. 楊慶中：〈論《易經》與《易傳》思維方式的異同〉，《哲學研究》1990 年 5 月。頁 75～81。

6. 廖名春：〈現代易學通論〉，《長沙水電師院學報（社會科學版）》1991 年 8 月。頁 76～82。

7. 呂紹綱〈略說卦變〉，中國文化月刊，192 期，頁 2～17，1995.10。

8. 廖名春：〈《象傳》《大象傳》釋卦次序考〉，《周易研究》，1995 年第三期。頁 25～33。

9. 于春海、卞良君：〈易經中的君子觀〉，《周易研究》1997 年第 4 期。頁 63～66。

10. 郭沂：〈《易傳》成書與性質若干觀點平議〉，《齊魯學刊》1998 年第一期。頁 34～42。

11. 杜保瑞：〈《易傳》中的基本哲學問題〉，《周易研究》1999 年第四期。頁 14～24。

12. 陳榮華：〈詮釋學循環：史萊瑪赫、海德格和高達美〉，《臺大哲學評論》，2000 年第二十三期。頁 97～136。

13. 何澤恆〈孔子與易傳相關問題覆議〉，《臺大中文學報》，2001 年第十二期，1～56 頁。

14. 李賢中〈「辯者廿一事」論思想的單位結構及應用〉，收錄於於《輔仁學誌－人文藝術之部》第 28 期，2001 年 7 月，第 79－90 頁。

15. 張鼎國：〈「較好地」還是「不同地」理解〉，收錄於黃俊傑編《中國經典詮釋傳統（一）：通論篇》，頁 15～50，臺北：喜馬拉雅基金會，2001 年。

16. 黃沛榮《《易經》形式結構中所蘊涵之義理〉，漢學研究第 19 卷第一期，2001 年 6 月。頁 1～22。〈附錄：六十四卦占辭表〉

17. 池田知久：〈周易與原始儒學〉，《清華大學學報（哲學社會科學版）》2002 年第三期。頁 73～81。

18. 金春峰：〈恐懼修省與觀象進德－《周易·大象》成書之時代與思想特色〉，《周易研究》2002 年第 3 期。頁 58～65。

19. 楊慶中：〈論《易傳》詮經的向度〉，《哲學與文化》，2004 年 10 月。頁

57～73。

20. 趙雅博：〈從乾坤兩卦看《易經》與《易傳》關係〉，《哲學與文化》，2004年10月。頁29～55。

21. 程林〈胡煦之體卦主爻說及對卦變說及錯綜說之批判〉，周易研究，2005年第6期。頁43～50。

22. 楊慶中：《周易經傳研究》，北京：人商務印書館，2005年。頁150～187。

23. 鄭吉雄：〈從卦爻辭字義的演繹論《易傳》對《易經》的詮釋〉，《漢學研究》第24卷第一期，2006.6。頁1～33。

24. 林忠軍：〈中國早期解釋學：《易傳》解釋學的三個轉向〉，《學術月刊》2007年7月。頁40～47。

25. 周欣婷：〈論《易傳》詮釋卦爻辭之方法、效用及形式〉，《興大中文學報》，2010年12月。頁1～37。

26. 劉廷剛：〈易傳的成書年代與作者新說〉，《四川大學學報》，2011年第一期。頁17～24。

27. 鄭吉雄，傅凱瑄：〈《易傳》作者問題檢討（上）〉，《船山學刊》，2015年第三期。頁62～76。

28. 鄭吉雄，傅凱瑄：〈《易傳》作者問題檢討（下）〉，《船山學刊》，2015年第五期。頁76～87。

29. 王曉農：〈閔福德《易經》英譯與《易經》外譯的兩個系統——兼論中華古籍外譯的當代化取向〉，《燕山大學學報（哲學社會科學版）》2017年3月。頁1～6。

四、碩博士論文

1. 王永平：《先秦的卜筮與《周易》研究》，吉林大學博士論文，2007年。

2. 蘭甲云，《周易古禮研究》，湖南大學博士論文，2007年。

3. 王超英：《周易象傳義理之探析》，中興大學中文系碩士論文，2011年。

4. 王婭維，《王弼、朱熹《周易》注釋比較研究》，陝西師範大學博士論文，2012年。

5. 楊生照，《易道形而上學何能？以象爲中心的《周易》思想研究》，華東師範大學博士論文，2012年。

6. 曹行：《周易大象傳之成書、體例與思想研究》，臺灣大學哲學系碩士論文，2013年。

7. 楊虎：《左式易傳：《左傳》《國語》易學研究》，山東大學博士論文，2017年。

附　錄

附錄 A：《彖傳》對經卦的概念轉換統計

象傳將乾，坤，震，巽，坎，離，艮，兌八經卦，分別轉換為下列意義，以下依出現之頻率統計排序，並列出所依據之卦名及相關文句。這樣的整理與分類，並沒有絕對的標準。有些字詞，如剛、柔等，可以是基於經卦卦象，也可以是基於爻象，例如訟卦「剛來而得中」可指上卦乾為剛，來下卦九二。亦可指九五來九二。有些字詞如天、地等，可以是基於卦象，也看能純粹只是彖傳對卦辭及卦義的解釋與發揮，而不予計入。例如同人卦「唯君子為能通天下之志」之「天」，可以解釋因上卦為乾而說天及天下，亦可認為此句純就義理而發揮，不涉卦象，故不予計入。

　　以下分類，對於可能有爭議的部分，將盡量以註記的方式，補充說明之。

(1) 乾卦，轉換為健（7 次），剛（6 次）〔註1〕，天（4 次），剛健（3 次），陽（2 次），乾（2 次）。

　　為健：訟「險而健」，小畜「健而巽」，泰「內健而外順」，同人「文明以健」，无妄「動而健」，大畜「能止健」，夬「健而說」。

　　為剛：訟「上剛下險」，履「柔履剛」，否「內柔而外剛」，大壯「剛以動」，夬「剛決柔也」〔註2〕，姤「柔遇剛也」。

〔註1〕另有无妄「剛自外來」、大畜「剛上而尚賢」之「剛」未能確定是指乾卦，很可能指剛爻。

〔註2〕剛決柔，剛以斷柔。夬卦下乾為剛，上澤為柔，故曰剛決柔。亦可解釋為五陽爻在下為剛，上六為柔；《易程傳》「五陽決上之一陰也。」

為剛健：需「剛健而不陷」，大有「其德剛健而文明」，大畜「剛健篤實」。

為天：乾「萬物資始，乃統天」，泰「天地交」，否「天地不交」，大有「應乎天而時行」。

為陽：泰「內陽而外陰」，否「內陰而外陽」。

為乾：履「說而應乎乾」，同人「而應乎乾」。

(2) 坤卦，轉換為順（12次），地（5次）〔註3〕，陰（2次），柔（3次），柔順（1次）。

為順：坤「乃順承天」，師「行險而順」，比「下順從也」，泰「內健而外順」，豫「順以動」，臨「說而順」，觀「順而巽」，剝「順而止之」，復「動而以順行」，晉「順而麗乎大明」，萃「順以說」，升「巽而順」。

為地：坤「牝馬地類，行地無疆」，泰「天地交」，否「天地不交」，晉「明出地上」，明夷「明入地中」。

為陰：泰「內陽而外陰」，否「內陰而外陽」。

為柔：否「內柔而外剛」，剝「柔變剛也」〔註4〕，升「柔以時升」〔註5〕。

為柔順：明夷「內文明而外柔順」。

(3) 震卦，轉換為動（12次），雷（4次），剛（2次）。

為動：屯「動乎險中」，豫「順以動」，隨「動而說」，噬嗑「動而明」，復「動而以順行」，无妄「動而健」，恆「巽而動」，大壯「剛以動」，解「險以動」，益「動而巽」，歸妹「說以動」，豐「明以動」。

為雷：屯「雷雨之動滿盈」，噬嗑「雷電合而章」，恆「雷風相與」，解「天地解而雷雨作」。

為剛：噬嗑「剛柔分」，恆「剛上而柔下」。

(4) 巽卦，轉換為巽（10次），木（4次），柔（3次），風（1次），命（1次）。

為巽：小畜「健而巽」，蠱「巽而止」，觀「順而巽」，大過「巽而說行」，恆「巽而動」，益「動而巽」，升「巽而順」，井「巽乎水而上水」，

〔註3〕另有謙「地道卑而上行」，視為純就義理而發揮，不涉卦象。

〔註4〕剝卦下坤為柔，上艮為剛。自下而上解卦為彖傳之慣例，故曰柔變剛。傳統多以下五陰爻長而變上九之剛。《周易正義》「是陰長解剝於陽也。」

〔註5〕升卦下巽為柔，上坤亦為柔，故曰柔以時升，《易程傳》「柔升，謂坤上行也。」但亦有以六五為柔升，《周易正義》「六五以陰柔之質，超升貴位，若不得時，則不能升耳。」

漸「止而巽」，中孚「說而巽」。

為木：益「木道乃行」，鼎「以木巽火」，渙「乘木有功也」，中孚「乘木
　　　舟虛也」。

為柔：蠱「剛上而柔下」，恆「剛上而柔下」，姤「柔遇剛也」。

為風：恆「雷風相與」。

為命：巽「重巽以申命」。

(5) 坎卦，轉換為險（11 次），雨（2 次），水（2 次），剛（2 次），陷（1 次），
　　淵（1 次）。

為險：屯「動乎險中」，蒙「山下有險」「險而止」，需「險在前也」，訟
　　　「險而健」，師「行險而順」，坎「重險也」，蹇「見險而能止」，解
　　　「險以動」，困「險以說」，節「說以行險」。

為雨：屯「雷雨之動滿盈」，解「天地解而雷雨作」。

為水：坎「水流而不盈」，井「巽乎水而上水」。

為剛：困「剛揜也」〔註6〕，節「剛柔分而剛得中」〔註7〕。

為陷：需「剛健而不陷」。

為淵：訟「入於淵也」。

(6) 離卦，轉換為文明（5 次），明（5 次），麗乎明（3 次），火（3 次），女（2
　　次），柔（2 次），電（1 次）。

為文明：同人「文明以健」，大有「其德剛健而文明」，賁「文明以止」，
　　　　明夷「內文明而外柔順」，革「文明以說」

為明：噬嗑「動而明」，離「重明以麗乎正」，晉「明出地上」，明夷「明
　　　入地中」，豐「明以動」。

為麗乎明：晉「順而麗乎大明」，睽「說而麗乎明」，旅「止而麗乎明」。

為火：睽「火動而上，澤動而下」，革「水火相息」，鼎「以木巽火」。

為女：睽「二女同居」，革「二女同居」。

為柔：噬嗑「剛柔分」，離「柔麗乎中正」。

為電：噬嗑「雷電合而章」。

(7) 艮卦，轉換為止（10 次），剛（3 次），山（1 次），男（1 次），篤實（1 次）。

〔註6〕困卦下坎為剛，上兌為柔，向下為揜。剛為柔所掩。故曰剛揜。亦有從爻象
　　　解釋，如九五為上六所揜，九二為六三所揜者。

〔註7〕節卦下兌為柔，上坎為剛。剛柔分為卦象，剛得中為爻象。

為止：蒙「險而止」，蠱「巽而止」，賁「文明以止」，剝「順而止之」，
　　　大畜「能止健」，咸「止而說」，蹇「見險而能止」，艮「艮其止」，
　　　漸「止而巽」，旅「止而麗乎明」。

為剛：蠱「剛上而柔下」，剝「柔變剛也」，咸「柔上而剛下」。

為山：蒙「山下有險」。

為男：咸「男下女」。

為篤實：大畜「剛健篤實」。

(8) 兌卦，轉換為說（14次），柔（4次），女（3次），澤（1次），水（1次）。

為說：履「說而應乎乾」，隨「動而說」，臨「說而順」，大過「巽而說行」，
　　　咸「止而說」，睽「說而麗乎明」，夬「健而說」，萃「順以說」，困
　　　「險以說」，革「文明以說」，歸妹「說以動」，兌「兌，說也」，節
　　　「說以行險」，中孚「說而巽」

為柔：履「柔履剛」，咸「柔上而剛下」，夬「剛決柔也」，節「剛柔分而
　　　剛得中」。

為女：咸「男下女」，睽「二女同居」，革「二女同居」。

為澤：睽「火動而上，澤動而下」。

為水：革「水火相息」。

附錄 B：《彖傳》爻象指涉表

〈彖傳爻象指涉表〉

卦名	彖傳文句	指涉	說明	指涉剛柔	指涉類別	備註
蒙	志應也	九二	九二爲志，六五有應	剛	中	以剛爻爲志
蒙	〔初筮告〕以剛中也	九二	九二剛中	剛	中	另有亨行時中，非爻象語
需	位乎天位以正中也	九五	九五正中，五爲天位	剛	中	
訟	剛來而得中	九二	九二剛中，下卦爲來	剛	中	上乾爲剛，九二爲中
訟	尙中正也	九五	九五中正	剛	中	釋利見大人
師	剛中而應	九二	九二剛中，六五有應	剛	中	釋吉又何咎。
比	以剛中也	九五	九五剛中	剛	中	釋原筮元永貞無咎
比	上下應也	九五	九五獨爻，上下有應	剛	中獨	釋不寧方來
小畜	柔得位而上下應之	六四	六四柔得位，上下皆剛	柔	獨	
小畜	剛中而志行	九五	九五剛中，在柔爻之上	剛	中	凡陽據陰上，皆曰志行。
履	剛中正	九五	九五剛中且正	剛	中	以九五爲帝位，履帝位而不咎
同人	柔得位得中而應乎乾	六二	六二柔得中，與上卦乾有應	柔	中	釋卦名同人
大有	柔得尊位大中而上下應之	六五	六五爲柔	柔	中	以五爲尊位。釋卦名大有
豫	剛應而志行	九四	九四獨爻，上下五爻有應	剛	獨	釋卦名豫
隨	剛來而下柔	上或初	上卦剛爻來下卦居柔之下	剛	它	依屈說，蠱上九來隨初九
臨	剛浸而長	初與二	初、二爻爲剛，漸往上長	剛	長	以剛浸釋大君（大人）之臨

卦名	彖傳文句	指涉	說明	指涉剛柔	指涉類別	備註
臨	剛中而應	九二	九二剛中，六五有應	剛	中	
觀	中正〔以觀天下〕	九五	九五中正	剛	中	
噬嗑	柔得中而上行雖不當位〔利用獄也〕	六五	自下卦六二上行六五，六五得中不當位	柔	中	釋利用獄
賁	柔來而文剛	六五	六五來六二以飾初、三二剛爻	柔	中	釋亨
賁	分剛上而文柔	六二	六二分初九、九三，上以文飾上卦之柔	柔	中	釋小利有攸往
剝	柔變剛	上六	五柔變一剛在上	—	獨	釋卦名剝
復	剛反	初九	初爻爲剛，自坤而返	剛	獨	釋卦名復及卦辭亨
復	剛長	初九	初爻爲剛，將向上生長	剛	獨	釋利有攸往
无妄	剛自外來而爲主於內	初九	剛自上卦（乾）來初九爲內卦之主	剛	它	釋无妄
无妄	剛中而應	九五	九五剛中，六二有應	剛	中	釋大亨以正
大畜	剛上〔而尚賢〕	上九	上九來自下卦乾	剛	它	以大正釋利貞。剛且尚賢則能止健則爲大正
習坎	以剛中也	二或五	九五九二剛中	剛	中	釋維心亨
離	柔麗乎中正	六二	六二爲柔且中正	柔	中	釋亨及畜牝牛吉
遯	剛當位而應	九五	九五當位有應	剛	中	發揮「與時行」以釋亨。
遯	浸而長也	初與二	初，二爻爲柔漸上長	柔	長	釋小利貞
家人	女正位乎內男正位乎外	二或五	二爲陰爲正，五爲剛爲正	柔	中	發揮「男女正」以釋卦名。
睽	柔進而上行得中而應乎剛	六五	柔上行至五，與九二有應	柔	中	釋小事吉

卦名	象傳文句	指涉	說明	指涉剛柔	指涉類別	備注
蹇	往得中也	九五	往上而得中	剛	中	釋利西南。未必是爻象語
蹇	當位〔貞吉〕	二或五	六二九五當位	—	中	釋貞吉。
解	乃得中也	二或五	九二六五得中	—	中	釋來復吉。未必涉爻象
益	中正有慶	二或五	六二九五中正	—	中	釋利有攸往
夬	柔乘五剛也	上六	上六獨爻乘五剛	柔	獨	釋揚於王庭
姤	剛遇中正	九五	九五中正	剛	中	以姤為遇
萃	剛中而應	九五	九五剛中，六二有應	剛	中	釋卦名。以萃為聚。
升	剛中而應	九五	九五剛中，六二有應	剛	中	釋是以大亨
困	以剛中也	二或五	九五九二剛中	剛	中	釋貞大人吉
井	乃以剛中也	二或五	九五九二剛中	剛	中	釋改邑不改井
鼎	柔進而上行	六五	柔上行至五	柔	中	
鼎	得中而應乎剛	六五	六五得中，九二有應	柔	中	釋是以元亨
漸	進得位	九五	九五進（上卦）而得位	柔	中	以漸為進。釋往有功也
漸	〔其位〕剛得中也	九五	九五剛得中位正	剛	中	發揮「可以正邦」以釋利貞。
歸妹	柔乘剛也	六五	六五乘九四	柔	中	釋无攸利
旅	柔得中乎外而順乎剛	六五	六五承上九	柔	中	釋是以小亨旅貞吉也
巽	剛巽乎中正而志行	九五	九五中正	剛	中	巽為入。入據乎中正而志行以釋卦旨
兌	剛中而柔外	二或五	九二九五剛中柔爻在外	—	中	內剛外柔。結合卦名以釋利貞
渙	剛來〔而不窮〕	九二	上卦來九二	剛	中	不窮或指下卦坎雖險而不困
渙	柔得位乎外而上同	九五	六四在外得位，上承九五	剛	中	上同指與上爻同志，以柔承剛為同

卦名	彖傳文句	指涉	說明	指涉剛柔	指涉類別	備注
節	剛得中	九五	九五剛中	剛	中	中，正，當位均指九五
節	當位〔以節〕	九五	九五當位	剛	中	配合卦名
節	中正〔以通〕	九五	九五當位中正	剛	中	釋亨
中孚	柔在內	三四	六三六四為柔在內	柔	它	內指六爻之中
中孚	剛得中	二或五	九二九五剛中	剛	中	以柔內剛中釋卦名中孚
小過	柔得中	二或五	六二六五柔爻在中	柔	中	釋小事吉
小過	剛失位而不中	九四	九四失位不中	剛	它	釋不可大事
既濟	柔得中	六二	六二柔爻在中	柔	中	釋初吉
未濟	柔得中	六五	六五柔爻在中	柔	中	釋亨

附錄 C：《大象傳》六十四則文句解讀——依三次轉換說

1 乾（下乾上乾）：天行健，（乾）；君子以自強不息。

　　此依原大象傳加一乾字，其理由見第四章第二節之說明。乾爲天，其自然圖象爲天體。乾爲強健，人觀天體而感受天體運行強健不息；由強健不息而思「君子以自強不息。」

2 坤（下坤上坤）：地勢（順），坤；君子以厚德載物。

　　此依原大象傳加一順字，其理由見第四章第二節之說明。坤爲地，其自然圖象爲大地。坤爲順承，人觀大地廣大深厚，任勞無怨。順天之時，循春夏秋冬變化之理。順人之意，依播種而生長五穀作物。由大地之承擔任事而思「君子以厚德載物。」

3 屯（下震上坎）：雲雷，屯；君子以經綸。

　　震爲雷，坎爲雲，其自然圖象爲雲雷屯聚。人觀雲雷相聚知大雨將興，萬物萌動。由大事將興而思「君子以經綸。」

4 蒙（下坎上艮）：山下出泉，蒙；君子以果行育德。

　　坎爲泉，艮爲山，泉在山下，其自然圖象爲泉水離山入河。蒙爲物之初始，山泉爲河水之源。人觀泉水離山，雖有山石阻擋，仍一心奔向河海，無所反顧。此以事態之初便堅持正途，故曰「君子以果行育德。」

5 需（下乾上坎）：雲上於天，需；君子以飲食宴樂。

　　乾爲天在下，坎爲雲在上，其自然圖象爲雲在天上。五穀作物之生長必須有水，有雲方有雨水之可能。需爲待，以等待爲指引，觀雲而待雨，等待者爲人，何時降雨在天。人之於降雨，除了等待之外，並無可介入促成之處。比諸人事，爲盡力之後，只能靜心等待，故曰「君子以飲食宴樂。」

6 訟（下坎上乾）：天與水違行，訟；君子以作事謀始。

　　坎爲水，乾爲天，其自然圖象爲日月往西水流向東，運動方向相反。訟爲爭訟，人因意見相違利害衝突而有爭訟，爲避免爭訟，應愼謀其始，使之無違無訟。故曰「君子以作事謀始。」

7 師（下坎上坤）：地中有水，師；君子以容民畜眾。

坎為水在中，坤為地在外，其自然圖象為畜水於地中。師為師眾，以師眾為指引，比諸人事，當為聚畜民眾，故曰「君子以容民畜眾。」

8 比（下坤上坎）：地上有水，比；先王以建萬國親諸侯。

坤為地在下，坎為水在上，其自然圖象為地上之水流匯聚，地上之水必相匯集並流向大湖大海處。比為比附，以比附為指引，比諸人事，是為人心所向萬邦歸附之象，故曰「先王以建萬國，親諸侯。」

9 小畜（下乾上巽）：風行天上，畜；君子以懿文德。

乾為天在下，巽為風在上，其自然圖象為天上之風。風為教化〔註8〕，天上之風高遠而未能及於人。比諸人事，當是教化未行之象〔註9〕，此時應培育教化的能力，故曰「君子以懿文德。」

10 履（下兌上乾）：上乾下澤，履；君子以辯上下定民志。

兌為澤在下，乾為天在上，其自然圖象以天為高在上之最，澤為卑在下之最。履為禮，比諸人事，禮分上下尊卑，故曰「君子以辯上下，定民志。」

11 泰（下乾上坤）：天地交，泰；后以財成天地之道輔相天地之宜以左右民。

乾為天在下，坤為地在上，其自然圖象為地在天之上，天在地之下，天與地上下位置交換。泰為通泰，以通泰為指引，比諸人事，當指人與天地交融並上下和諧，此為聖王功業，故曰「后以財成天地之道，輔相天地之宜，以左右民。」

12 否（下坤上乾）：天地不交，否；君子以儉德辟難不可榮以祿。

坤為地在下，乾為天在上，其自然圖象為天恆在上，地恆在下，上下無所交融。否為否塞，以否塞為指引，比諸人事，當指人與天地之間以及人與

〔註8〕風，《康熙字典》「《詩·關雎序》風之始也。《箋》風是諸侯政教也。」
〔註9〕卦名「小畜」，似難與教化有關連，亦未能提供意向指引。但仍可從自然圖象（前句）感受，以及從中所得之啟發（後句）中，推導出大象傳以"教化未行"解釋小畜卦。

人之間的隔閡不通，是爲亂世之象，故曰「君子以儉德辟難，不可榮以祿。」

13　同人（下離上乾）：天與火，同人；君子以類族辨物。

離爲火，乾爲天，「天與〔註10〕火」之自然圖象爲火光向天，天與火光共一片，此爲夜間眾人舉火聚集於戶外之象。同人即同志，以同志爲指引，比諸人事，當指舉火辨識同志以相聚，故曰「君子以類族辨物。」

14　大有（下乾上離）：火在天上，大有；君子以竭惡揚善順天休命。

乾爲天在下，離爲火在上，其自然圖象爲火在天上，天上之火爲日，白晝日光普照四方。比諸人事，當指光照明察善惡〔註11〕，故曰「君子以竭惡揚善，順天休命。」

15　謙（下艮上坤）：地中有山，謙；君子以裒多益寡稱物平施。

艮爲山在下，坤爲地在上，其自然圖象爲大山隱藏於地下，雖高大而不顯。謙爲謙藏，以謙藏爲指引，比諸人事，當指藏而不露，有而不自以爲有，樂與人分享。故曰「君子以裒多益寡，稱物平施。」

16　豫（下坤上震）：雷出地奮，豫；先王以作樂崇德殷薦之上帝以配祖考。

坤爲地在下，震爲雷在上，其自然圖象爲雷鳴聲出而大地振奮，是爲大地與雷聲共鳴之象。豫爲樂〔註12〕，樂本意爲音樂，爲五聲八音之總名〔註13〕，以樂爲指引，比諸人事，人聽大地與雷聲共鳴之音隆隆厚重，有如先王祭祀行禮所奏之莊嚴樂章，故思「先王以作樂崇德殷薦之上帝，以配祖考。」

17　隨（下震上兌）：澤中有雷，隨；君子以嚮晦入宴息。

震爲雷在中，兌爲澤在外，其自然圖象爲雷作於大澤之中。雷電原作用在天上，澤則處於低處，今以雷作於大澤之中，意即雷聲在天邊低遠之處，

〔註10〕　與，《説文》「黨與也。」
〔註11〕　卦名「大有」，似亦未能提供意向指引。但仍可從自然圖象（前句）之感受中推導出大象傳以“日光普照”解釋大有卦。
〔註12〕　《爾雅‧釋詁》「豫，樂也」。
〔註13〕　《説文》「樂，五聲八音之總名」。

其聲必遠弱將竭。隨爲順隨，以順隨爲指引，比諸人事，當指人於一日活動之後，身體疲累精神耗弱，亦應隨之安養休憩。故曰「君子以嚮晦入宴息。」

18 蠱（下巽上艮）：山下有風，蠱；君子以振民育德。

巽爲風在下，艮爲山在上，其自然圖象爲山下之風，風吹而爲山所阻。蠱爲蠱惑，風爲教化，比諸人事，當是教化未能行之於民衆，民衆愚昧不明易受迷惑。此時應破除障礙，推動教化，以振作民衆，故曰「君子以振民育德」

19 臨（下兌上坤）：澤上有地，臨；君子以教思无窮容保民无疆。

兌爲澤在下，坤爲地在上，其自然圖象爲湖澤低陷於地面之下，地在湖澤之上。人臨岸而觀澤水，必站於較高處往下看。臨爲監臨，〔註14〕自高處往下察看曰臨，今以臨爲指引，比諸人事，是爲居上位者視察關心在下位者，故曰「君子以教思无窮，容保民无疆。」

20 觀（下坤上巽）：風行地上，觀；先王以省方觀民設教。

坤爲地在下，巽爲風在上，其自然圖象爲風吹於地上，人生活於地上，地上之風拂面而及人。觀爲觀察，風爲教化，以觀察爲指引，比諸人事，因風遍拂民衆而思先王視察民情以推動教化，故曰「先王以省方，觀民設教。」

21 噬嗑（下震上離）：雷電，噬嗑；先王以明罰敕法。

震爲雷，離爲電，其自然圖象爲雷電交加，雷有威而電有光。噬嗑爲決斷，以決斷爲指引，比諸人事，當是如光電明察明斷善惡，以顯懲惡揚善之威，故曰「先王以明罰敕法。」

22 賁（下離上艮）：山下有火，賁；君子以明庶政无敢折獄。

離爲火在下，艮爲山在上，其自然圖象爲山下有火光。火爲文明的象徵，人於山上而見山下之火光，火光雖遠弱，但已是文明在望。賁爲文飾，以文飾爲指引，比諸人事，當爲脫離野蠻往文明社會前進之時，此時領導者應明察施政細節，以應付日漸複雜的社會，勿草率施以刑罰。故曰「君子以明庶政，无敢折獄。」

〔註14〕　《說文》「臨，監臨也」；「監，臨下也」。

23 剝（下坤上艮）：山附地上，剝；以厚下安宅。

坤爲土在下，艮爲山在上，其自然圖象爲山與土相連處，山附於地而高起。剝爲剝落，以剝落爲指引，山之土石有崩塌落地之虞，比諸人事，當注意人之居所不使有傾頹倒塌，故曰「上以厚下安宅。」

24 復（下震上坤）：雷在地中，復；先王以至日閉關商旅不行后不省方。

震爲雷在下，坤爲地在上，其自然圖象爲雷潛伏於地下。在季節上，雷大體起於春，盛於夏，息於秋，藏於冬。雷潛藏於地中，有冬日萬物蟄藏之象。復爲復返，今以復返爲指引，比諸人事，當指冬藏至極而將復蘇回春之時，是爲冬至日，故思「先王以至日閉關，商旅不行，后不省方。」

25 无妄（下震上乾）：天下雷行物與，无妄；先王以茂對時育萬物。

震爲雷在下，乾爲天在上，其自然圖象爲雷作於天幕之下。雷鳴天下，萬物震動，無物不與，故曰「天下雷行物與」。自然界雷行而後雨施，雨爲萬物滋生之必要，天下雷行爲萬物將作之前刻。无妄即不妄作，以不妄作爲指引，比諸人事，當指萬物應天時而作，人應順合天時以盛育萬物，故曰「先王以茂對時，育萬物。」

26 大畜（下乾上艮）：天在山中，大畜；君子以多識前言往行以畜其德。

乾爲天在中，艮爲山在外，其自然圖象爲天爲群山所包圍。大畜即大積畜，以大畜爲指引，此爲天爲山所容畜之象。天與山俱是自然物中甚高大而遠闊者，比諸人事，當指人之所畜，其格局高大遠闊，故曰「君子以多識前言往行，以畜其德。」

27 頤（下震上艮）：山下有雷，頤；君子以愼言語節飲食。

震爲雷在下，艮爲山在上，其自然圖象爲山下之雷，其雷聲受高山之阻檔而不能遠播。頤爲口頰，以口頰爲指引，比諸人事，當指人之口頰舌亦應有所節制，故曰「君子以愼言語，節飲食。」

28 大過（下巽上兌）：澤滅木，大過；君子以獨立不懼遯世无悶。

巽爲木在下，兌爲澤在上，其自然圖象爲樹木爲澤水所淹沒。大過即情勢太過，「澤滅木」即水澤太過成災之象。比諸人事，當指情勢太過處境危難之時，故曰「君子以獨立不懼，遯世无悶。」

29 習坎（下坎上坎）：水洊至，習坎；君子以常德行習教事。

坎爲水，其自然圖象爲水流不息，正所謂「逝者如斯夫，不捨晝夜。」（論語・子罕）之意。卦名習坎，習爲熟習，水不間斷，習坎比諸人事，即演練熟習而不間斷，故曰「君子以常德行，習教事。」

30 離（下離上離）：明兩作，離；大人以繼明照于四方。

離爲火爲明，「明兩作」即火光持續之象。光照持續不斷足以明察事物，比諸人事，即持續明察明斷，故曰「大人以繼明照于四方。」

31 咸（下艮上兌）：山上有澤，咸；君子以虛受人。

艮爲山在下，兌爲澤在上，其自然圖象爲山頂之澤。水性向下而流，澤應處於低窪之處方有流水注入。山頂之澤難有固定的水源，只能空窪以待雨雪挹注。咸爲感受，人與外物相應，方能有所感受，今以感受爲指引，比諸人事，當在強調人欲與外物感應，應虛懷若高山之澤，不宜有太多的成見，故曰「君子以虛受人。」

32 恆（下巽上震）：雷風，恆；君子以立不易方。

巽爲風，震爲雷，其自然圖象爲，雷與風並作。古代視雷風並作爲天降災異之兆，《書經》有「天大雷電以風，禾盡偃，大木斯拔」（周書・金縢）之語，概指此。恆爲恆常，今以恆常爲指引，比諸人事，當在強調於雷風並作天地變色之時，仍能挺立如常，堅持不改，故曰「君子以立不易方。」

33 遯（下艮上乾）：天下有山，遯；君子以遠小人不惡而嚴。

艮爲山在下，乾爲天在上，其自然圖象爲天邊之山。近處觀山，但覺有山，而未必能感受山於蒼穹之下的形貌。唯有遠處觀山，山形逶迤於天邊，而有「天下有山」之遼闊。遯爲遁隱，以遁隱爲指引，比諸人事，當爲躲避遠離不當之人事，有如遁隱天邊遠山處，故曰「君子以遠小人，不惡而嚴。」

34 大壯（下乾上震）：雷在天上，大壯；君子以非禮勿履。

乾爲天在下，震爲雷在上，其自然圖象爲雷作於頭頂之天之上。天高雷更高，以形容雷在正上方之震懾。大壯即壯盛，以壯盛爲指引，比諸人事，在形容當頭之雷，其聲壯盛，使人震懾而不敢不循規蹈矩，故曰「君子以非禮勿履。」

35 晉（下坤上離）：明出地上，晉；君子以自昭明德。

坤爲地在內，離爲明自內而出，其自然圖象爲日出於地而天明。晉爲進，《說文》「晉，進也」段註「日出萬物進。故其字從日」。日出於長夜之末，日出而驅逐黑暗，照明萬物，新的一天於焉開始。比諸人事，如人於暗夜中當期待光明之顯現，晉卦在說光明進入，驅逐生命之黑暗，故曰「君子以自昭明德。」

36 明夷（下離上坤）：明入地中，明夷；君子以蒞衆用晦而明。

離爲明在內，坤爲地在外，其自然圖象爲日沒入於地內，爲暗夜來臨之象。夷爲誅滅，明夷即光明殞滅，比諸人事，即勢態晦暗不明，今以晦暗爲用，外似晦而內實明，故曰「君子以蒞衆，用晦而明。」

37 家人（下離上巽）：風自火出，家人；君子以言有物而行有恆。

離爲火在下，巽爲風在上，其自然圖象爲風自火源往上而出，此風必爲因火而生，故爲煙。以家人爲指引，有人家之處必有炊煙，當知此煙爲炊煙，比諸人事，因炊煙而想家人，因家人而思家人相處之道，故曰「君子以言有物而行有恆。」

38 睽（下兌上離）：上離下澤，睽；君子以同而異。

兌爲澤在下，離爲火在上，其自然圖象爲澤與火並處，火向上而澤向下。睽爲乖違，火性向上而澤性向下，二者習性相違相異，比諸人事，人之習性不盡相同，亦常有相違相異之處，以此啓發，故曰「君子以同而異。」

39 蹇（下艮上坎）：山上有水，蹇；君子以反身修德。

艮爲山在下，坎爲水在上，其自然圖象爲山上之積水。水積滯於高山之上，欲往低處流而無宣泄出路。蹇爲蹇難，以蹇難爲指引，比諸人事，當指

處境窒礙，無法開展，故曰「君子以反身修德。」

40 解（下坎上震）：雷雨作，解；君子以赦過宥罪。

坎為雨，震為雷，其自然圖象為雷雨並作。解為消解，夏日雷雨並作，大雨驟降，消解土地之乾旱。以消解為指引，比諸人事，當指處境之寬放舒解，故曰「君子以赦過宥罪。」

41 損（下兌上艮）：山下有澤，損；君子以懲忿窒欲。

兌為澤在下，艮為山在上，其自然圖象為山下之澤。損為減損，湖澤於山腳之下，山之土石日受風雨沖刷，山漸頹而澤漸淺，是為減損之象。比諸人事，不當之事亦應去除減損，故曰「君子以懲忿窒欲。」

42 益（下震上巽）：風雷，益；君子以見善則遷有過則改。

震為雷，巽為風，其自然圖象為風雷並作。益為增益，風烈則雷迅，雷激則風怒，風雷恆相助益。比諸人事，進德修業應日有所增益，故曰「君子以見善則遷，有過則改。」

43 夬（下乾上兌）：澤上于天，夬；君子以施祿及下居德則忌。

乾為天在下，兌為澤在上，其自然圖象為高處之澤。澤為水聚匯之處，天形容其澤之高。夬為決，以決為指引，高處之澤，潰決時水必泄出而向下注溉。比諸人事，居上位者亦有施惠潤澤下屬之時，故曰「君子以施祿及下，居德則忌。」

44 姤（下巽上乾）：天下有風，姤；后以施命誥四方。

巽為風在下，乾為天在上，其自然圖象為風遍吹於天下。姤為邂逅，風為教化，以邂逅為指引，比諸人事，當指教化遍施於天下，故思「后以施命誥四方。」

45 萃（下坤上兌）：澤上於地，萃；君子以除戎器戒不虞。

坤為地在下，兌為澤在上，其自然圖象為於地上築堤聚水成澤。萃為萃聚，以萃聚為指引，比諸人事，指聚歛財物，築堤聚水當警戒勿使堤防潰決。萃聚財物亦當妥善保護戒備以防盜賊搶奪，故曰「君子以除戎器，戒不虞。」

46 升（下巽上坤）：地中生木，升；君子以順德積小以高大。

巽爲木在內，坤爲地在外，其自然圖象爲於地中有樹木生長而出。升爲上升，以上升爲指引，樹木自地中生出，由小苗而日漸生長高大。比諸人事，進德修業亦非一蹴可及，故曰「君子以順德，積小以高大」

47 困（下坎上兌）：澤無水，困；君子以致命遂志。

坎爲水在下，兌爲澤在上，其自然圖象爲水在澤之下，此爲澤水下漏乾涸無水之象，故曰「澤無水」。困爲困窘，以困窘爲指引，比諸人事，是爲資源枯竭，處境困窘之時，故曰「君子以致命遂志。」

48 井（下巽上坎）：木上有水，井；君子以勞民勸相。

巽爲木在下，坎爲水在上，其自然圖象爲以木器汲水向上，以井爲指引，此即井邊汲水之象，井堪爲爲古代公共工程之代表，比諸人事，以築井修井象徵動員民眾，故曰「君子以勞民勸相。」

49 革（下離上兌）：澤中有火，革；君子以治歷明時。

離爲火在中，兌爲澤在外，其自然圖象爲火在澤之中。革爲變革，以變革爲指引，澤中之火，無法長久，而必有變化。比諸人事，事無恆常，必有變革，改朝換代更動歷法，尤爲變革之大者，故曰「君子以治歷明時。」

50 鼎（下巽上離）：木上有火，鼎；君子以正位凝命。

巽爲木在下，離爲火在上，其自然圖象爲燃木取火，火炎向上。鼎爲食器，以鼎爲指引，此爲燃木取火以烹食物之象。比諸人事，鼎亦爲銘功記績之禮器而用於宗廟，爲朝庭王權之象徵，故曰「君子以正位凝命。」

51 震（下震上震）：洊雷，震；君子以恐懼修省。

震爲雷，其自然圖象爲雷聲連連。雷爲天威之顯現，比諸人事，天威懲惡揚善，使人有所畏懼，故曰「君子以恐懼修省。」

52 艮（下艮上艮）：兼山，艮；君子以思不出其位。

艮爲山，其自然圖象爲山嶺重重。艮爲限〔註15〕，山嶺重重亦有阻擋，

〔註15〕艮，限，古聲相同，應可通假，《說文》「限，阻也。從阜艮聲。」

限制之意。比諸人事，當是使自我限制，安守其分，勿作僭越非分之想，故曰「君子以思不出其位。」

53 漸（下艮上巽）：山上有木，漸；君子以居賢德善俗。

艮爲山在下，巽爲木在上，其自然圖象爲山上之樹木，山上之樹木必高大。漸爲漸至，以漸至爲指引，知山中樹木之高大，亦歲月徐徐漸積所致。比諸人事，當知欲教化民眾，良善其風俗，亦需假以時日，故曰「君子以居賢德，善俗。」

54 歸妹（下兌上震）：澤上有雷，歸妹；君子以永終知敝。

兌爲澤在下，震爲雷在上，其自然圖象爲澤上之雷。澤在低處，澤上之雷作於低遠之處。歸妹爲嫁女，諸侯嫁女，必是他姓之國，他姓之國必遠，婚姻關係亦求長遠，以此將空間的遠引申爲時間的遠，故曰「君子以永終知敝。」

55 豐（上震下離）：雷電皆至，豐；君子以折獄致刑。

震爲雷，離爲雷，其自然圖象爲雷威電明，雷電皆至。豐爲豐盛，以豐盛爲指引，知雷電之盛大，雷聲威赫震懾，閃電明快決斷，比諸人事，爲審判刑罰之威赫明察，故曰「君子以折獄致刑。」

56 旅（下艮上離）：山上有火，旅；君子以明愼用刑而不留獄。

艮爲山在下，離爲火在上，其自然圖象爲見火光於山上。人於山下見山上之火光，山高遠，火在山上其光必微弱。旅爲羈旅，以旅爲指引，羈旅他鄉之時應隨時謹愼專注，旅途中若察覺到遠山之火光，雖微弱，亦或爲可投宿之處。比諸人事，審理刑罰案件亦應愼察明細，小心斷案，儘量勿羈留人犯，故曰「君子以明愼用刑，而不留獄。」

57 巽（下巽上巽）：隨風，巽；君子以申命行事。

巽爲風，其自然圖象爲風吹陣陣。風爲教化，風吹陣陣比諸人事，是爲政令教化之反覆施行，故曰「君子以申命行事。」

58 兌（下兌上兌）：麗澤，兌；君子以朋友講習。

兌爲澤，其自然圖象爲水澤相連。水澤相連，則澤中所畜之水可互通。

兌爲喜悅〔註16〕，水澤相通比諸人事，是爲同道朋友，相互論道，交流學習，並以此爲喜悅，故曰「君子以朋友講習。」

59 渙（下坎上巽）：風行水上，渙；先王以享于帝立廟。

坎爲水在下，巽爲風在上，其自然圖象爲風吹水面之上。渙爲水渙，以渙爲指引，人原居陸上，今感受風吹於水面上而非地面，是爲水漫大地之象。比諸人事，水漫而成災，人於水漫成災之後，當思立廟祭祀以求保佑，故曰「先王以享于帝，立廟。」

60 節（下兌上坎）：澤上有水，節；君子以制數度議德行。

兌爲澤在下，坎爲水在上，其自然圖象爲澤水漲滿。節爲節制，澤中容水有限，過之則水滿溢於澤上，故須調節約束，勿使溢出成災，亦勿使流失殆盡。比諸人事，亦應制定禮法度數以約束民眾。評定人員的德行以約束僚屬，故曰「君子以制數度，議德行。」

61 中孚（下兌上巽）：澤上有風，中孚；君子以議獄緩死。

兌爲澤在下，巽爲風在上，其自然圖象爲澤上之風。澤上之風必清涼，可消酷暑，比諸人事，施政寬刑慎罰如酷暑中之清風〔註17〕，使民眾免遭酷政之苦，故曰「君子以議獄緩死。」

62 小過（下艮上震）：山上有雷，小過；君子以行過乎恭喪過乎哀用過乎儉。

艮爲山在下，震爲雷在上，其自然圖象爲雷作於高山之上。小過爲稍過，雷作於高山上而未及於天，其威勢略盛，但尚不至如頭頂之雷。比諸人事，有些事寧少許超過，勿爲不及，故曰「君子以行過乎恭，喪過乎哀，用過乎儉。」

63 即濟（下離上坎）：水在火上，即濟；君子以思患而預防之。

離爲火在下，坎爲水在上，其自然圖象爲水置於火之上，爲以火沸水之

〔註16〕古字 "說"、"悅"、"懌" 相通。懌，說（悅）也。从心睪聲。澤，光潤也。从水睪聲。澤，懌同音，或可通假。

〔註17〕卦名「中孚」，似亦未能提供意向指引。但仍可從自然圖象（前句）之感受中推導出大象傳以 "澤風消暑" 解釋中孚卦。

象。既濟爲事成，以既濟爲指引，比諸人事，以火沸水是爲文明秩序有成之象，宜保護不使失序，故曰「君子以思患而預防之。」

64 未濟（下坎上離）：火在水上，未濟；君子以愼辨物居方。

坎爲水在下，離爲火在上，其自然圖象爲火在水上，火上炎水向下，水火不容，未濟爲事未成，以未濟爲指引，比諸人事，火在水上兩不相交，不成功用，未能濟物，是爲文明秩序未成之象，宜及早設法使有秩序，令物各當其所，故曰「君子以愼辨物居方。」

附錄 D：《大象傳》後句作用及價值分類表

卦名	後句	作用	價值追求
乾	君子以自強不息。	修身	進取
坤	君子以厚德載物。	修身	仁慈
屯	君子以經綸。	修身	進取
蒙	君子以果行育德。	修身	剛毅
需	君子以飲食宴樂。	處世	―
訟	君子以作事謀始。	處世	―
師	君子以容民畜眾。	政事	仁慈
比	先王以建萬國，親諸侯。	政事	―
小畜	君子以懿文德。	修身	進取
履	君子以辯上下，定民志。	政事	守禮
泰	后以財成天地之道，輔相天地之宜，以左右民。	政事	敬天
否	君子以儉德辟難，不可榮以祿。	處世	謙退
同人	君子以類族辨物。	修身	明辨
大有	君子以竭惡揚善，順天休命。	修身	敬天
謙	君子以裒多益寡，稱物平施。	處世	仁慈
豫	先王以作樂崇德，殷薦之上帝，以配祖考。	政事	守禮
隨	君子以嚮晦入宴息。	處世	―
蠱	君子以振民育德。	政事	教化
臨	君子以教思无窮，容保民无疆。	政事	教化
觀	先王以省方，觀民設教。	政事	教化
噬嗑	先王以明罰敕法。	政事	明辨
賁	君子以明庶政，无敢折獄。	政事	明辨
剝	上以厚下，安宅。	政事	仁慈
復	先王以至日閉關，商旅不行，后不省方。	政事	守禮
无妄	先王以茂對時，育萬物。	政事	仁慈
大畜	君子以多識前言往行，以畜其德。	修身	進取
頤	君子以慎言語，節飲食。	處世	節制
大過	君子以獨立不懼，遯世无悶。	處世	剛毅
坎	君子以常德行，習教事。	修身	進取

卦名	後句	作用	價值追求
離	大人以繼明照于四方。	修身	明辨
咸	君子以虛受人。	處世	謙退
恆	君子以立不易方。	處世	剛毅
遯	君子以遠小人,不惡而嚴。	修身	剛毅
卦名	後句	作用	價值追求
大壯	君子以非禮勿履。	處世	守禮
晉	君子以自昭明德。	修身	真誠
明夷	君子以蒞眾,用晦而明。	政事	明辨
家人	君子以言有物,而行有恆。	處世	—
睽	君子以同而異。	修身	剛毅
蹇	君子以反身修德。	修身	真誠
解	君子以赦過宥罪。	政事	仁慈
損	君子以懲忿窒欲。	修身	節制
益	君子以見善則遷,有過則改。	修身	進取
夬	君子以施祿及下,居德則忌。	政事	仁慈
姤	后以施命誥四方。	政事	教化
萃	君子以除戎器,戒不虞。	政事	—
升	君子以順德,積小以高大。	修身	進取
困	君子以致命遂志。	修身	剛毅
井	君子以勞民勸相。	政事	教化
革	君子以治歷明時。	政事	明辨
鼎	君子以正位凝命。	政事	守禮
震	君子以恐懼修省。	修身	敬天
艮	君子以思不出其位。	處世	守禮
漸	君子以居賢德,善俗。	處世	—
歸妹	君子以永終知敝。	處世	—
豐	君子以折獄致刑。	政事	明辨
旅	君子以明慎用刑,而不留獄。	政事	明辨
巽	君子以申命行事。	政事	教化
兌	君子以朋友講習。	修身	進取
渙	先王以享于帝立廟。	政事	敬天

卦名	後句	作用	價值追求
節	君子以制數度，議德行。	政事	－
中孚	君子以議獄緩死。	政事	仁慈
小過	君子以行過乎恭，喪過乎哀，用過乎儉。	處世	節制
即濟	君子以思患而預防之。	處世	－
未濟	君子以慎辨物居方。	處世	明辨